認知行動療法の科学と実践

編
David M. Clark and Christopher G. Fairburn

監訳
伊豫 雅臣

星 和 書 店

Seiwa Shoten Publishers

2-5 Kamitakaido 1-Chome
Suginamiku Tokyo 168-0074, Japan

Science and Practice of Cognitive Behaviour Therapy

Edited by
David M. Clark and Christopher G. Fairburn
Department of Psychiatry, University of Oxford

Translated from English
by
Masaomi Iyo M. D.

English edition copyright © David M. Clark and Christopher G. Fairburn, 1997 Originally published in English in 1977. This translation is published by arrangement with Oxford University Press. Japanese edition copyright © 2003 by Seiwa Shoten Publishers, Tokyo

監 訳 者 序 文

　近年，精神医療においても他の領域と同様に，海外から治療アルゴリズムや治療ガイドラインが数多く紹介され，またわが国独自のものも提唱されてきている。同時に Evidence Based Medicine が強く叫ばれている。
　ところで，精神医療に従事する人たちにとって，精神疾患の治療の中心は薬物療法と精神療法であることには異存のないことと思う。しかし，わが国に海外の治療アルゴリズムが紹介されるときはほとんどが薬物療法についてである。また，わが国で治療アルゴリズムを作成したり，標準的な治療法を確立しようとする場合でも，そのほとんどが薬物療法に限定されているように思われる。ところが，欧米における治療アルゴリズムには特定の精神療法も入っている。このことは標準的な治療をする際には，そこに紹介されている精神療法を患者さんに提供できなければ良い精神科医とはいえない，とも言い換えることができると思う。
　では治療の両翼の一方である精神療法についての標準化はわが国では行われているだろうか。また，若い精神科医にもそのような適切な精神療法のトレーニングを受けさせるべきであると思われるが，わが国でそのようなトレーニングを初期研修期間に提供できる人，または施設は十分にあるだろうか。ところで，標準的治療として精神療法が存在するには科学的な理論と実践に基づく実証的な証拠が必要である。そのような治療法として海外では認知行動療法が展開されてきており，その有効性は実証されてきている。患者さんに良い医療を提供するには，わが国においてもそれを採用し，また検証し，発展させる必要があると思われる。

　今回われわれが翻訳したのは，まさに認知行動療法の科学と実践（Science and Practice of Cognitive Behaviour Therapy）とタイトルされる Fairburn らによる本である。ここには，この治療法の科学的根拠と各疾患に対する具体的な治療法が記載されている。疾患ごとに存在する特有な，または他の疾患と共通する精神病理を科学的に解析し，その病理をより効果的に改善させる方法が記載されている。認知行動科学的に仮説される精神病理モデルは疾

患や患者さんの理解に非常に役立つ。また，その治療効果は目を見張るものがある。私たちはこの方法を展開する手始めとしてこの本を翻訳することとしたが，その治療効果から，多くの精神医療現場の方々にも読んでいただき，この治療法を実践していただきたいと思う。

　なお，今回は原著から特に重要と考えた章だけを選び翻訳いたしましたことを付け加えさせていただきます。

　　2003年2月

　　　　　　　　　　　　　　　　　　　　　　　　　　　　伊豫　雅臣

目　次

監訳者序文　*iii*
序　　文　*1*

第1章　認知行動療法の進歩　　　　Stanley Rachman　*3*

Stage 1：行動療法の進歩 ……………………………………… *4*
　共通の基盤　*11*
Stage 2：認知療法の出現 ……………………………………… *13*
Stage 3：統合 ……………………………………………………… *18*
予期される流れ …………………………………………………… *24*
発展する点 ………………………………………………………… *25*

第2章　認知行動療法の科学的基盤
　　　　　　　　　　　　　　　　　　Michael Gelder　*27*

モデル・仮説・そして臨床的観察 …………………………… *29*
認知を特徴付けること …………………………………………… *30*
　思考　*31*　　注意　*34*　　記憶　*36*　　視覚イメージ　*37*
　心配　*37*　　後続性認知　*38*
予測されることを検証する …………………………………… *39*
認知を持続させる要因 …………………………………………… *42*
結論 ………………………………………………………………… *44*

第3章　情動障害における情報処理の偏り
　　　　　　　　　　　　　　　　　Andrew Mathews　*47*

認知と情動における情報処理の性質 ………………………… *47*
情報処理の偏り（バイアス） …………………………………… *49*

　　　　知覚の符号化 50　　　意味の解釈 52
　　　　暗示的記憶と明示的記憶 54
　　自動的な処理と制御された処理 …………………………………… 56
　　内容特異性 ………………………………………………………… 59
　　障害間での差異 …………………………………………………… 60
　　どんな種類の理論が必要か？ …………………………………… 61
　　正常な気分と異常な気分の差異 ………………………………… 62
　　バイアスは本当に原因か？ ……………………………………… 64
　　研究と治療の結合 ………………………………………………… 65
　　結び ………………………………………………………………… 66

第4章　パニック障害と社会恐怖　　David M. Clark　69

　　パニック障害と社会恐怖の臨床的特徴 ………………………… 70
　　　　パニック障害 70　　　社会恐怖 71
　　以前の治療的アプローチ ………………………………………… 71
　　パニック障害と社会恐怖の認知モデル ………………………… 72
　　　　パニック障害 73　　　社会恐怖 75
　　認知モデルの経験的な位置付け ………………………………… 78
　　　　パニック障害 78
　　　　　パニック障害における身体感覚の誤った解釈とその役割 78
　　　　　治療されないときに認知の変容を妨げる要因 83
　　　　社会恐怖 84
　　　　　社会恐怖における否定的な思考 84　　　実際の場面での安全
　　　　　行動 85　　　自己へ集中してしまう注意と社会的対象として
　　　　　の自己像を構成するために内部感覚情報を用いること 85
　　　　　予期不安と選択的記憶 87
　　専門化した認知療法の解説 ……………………………………… 88
　　　　パニック障害 88
　　　　　発作の引き金を同定すること 88　　　認知的手順 89
　　　　　行動実験 90
　　　　社会恐怖 91

安全行動実験 92　　　ビデオとオーディオのフィードバック 92
　　　他者から否定的に評価されるという予想をテストすること 94
　　　終わった後でくよくよ考えることにかたをつける 94
　　　思いこみを正すこと 95
　認知療法の有効性……………………………………………………… 95
　　パニック障害 95
　　　　Barlow のパニックコントロール治療 99
　　社会恐怖 101
　要約と結論 ……………………………………………………………… 102
　謝辞 ……………………………………………………………………… 102

第5章　全般性不安障害
　　　　　　　　　Adrian Wells and Gillian Butler　103

　全般性不安障害（GAD）の性質………………………………………… 103
　GAD の心理療法の発展 ………………………………………………… 105
　心配の概念 ……………………………………………………………… 110
　　心配の対処不可能性 112　　心配の多次元的性質 116
　全般性不安障害の認知モデル ………………………………………… 116
　　GAD における回避 119
　後続性認知モデルの治療応用 ………………………………………… 120
　　心配の機能 121　　後続性認知モデルが予想するもの 122
　後続性認知と自己制御：
　　他の感情障害における認知モデル構築への示唆……………… 123
　結語 ……………………………………………………………………… 125

第6章　強迫性障害　　Paul M. Salkovskis and Joan Kirk　127

　問題の本質 ……………………………………………………………… 127
　頻度 ……………………………………………………………………… 128
　現在の治療の発展 ……………………………………………………… 129
　行動理論 ………………………………………………………………… 130

行動療法の実際 …………………………………………………… *130*
　　欠損理論と認知の要素 …………………………………………… *131*
　　認知行動理論 ……………………………………………………… *133*
　　正常な侵入思考についての最近の実験的研究 ………………… *136*
　　　責任の測定法 *136*　　侵入思考への反応に関する研究的あるいは
　　　臨床的実験 *137*
　　歪んだ思考：否定的評価の起源 ………………………………… *140*
　　認知行動療法の治療的意味：概観 ……………………………… *142*
　　　強迫的問題における認知行動療法：特別に考慮すべき問題点 *145*
　　OCDにおける一般的治療戦略 …………………………………… *146*
　　　契約 *146*
　　認知行動療法におけるポイント ………………………………… *147*
　　　取って代わる別の説明の根拠を患者が考えられるよう援助する *147*
　　強迫的反すうに対する認知行動的戦略 ………………………… *151*
　　　第1段階：評価と目標設定 *151*　　第2段階：正常化と非脅威的な
　　　代替説明の考慮 *151*　　第3段階：問題の再検討 *153*　　第4
　　　段階：録音テープ曝露と信念の修正 *153*　　第5段階：実生活にお
　　　けるさらなる行動実験 *153*　　最終段階：再発予防 *154*
　　治療の有効性 ……………………………………………………… *155*
　　将来の方向性 ……………………………………………………… *155*
　　謝辞 ………………………………………………………………… *156*

第7章　摂　食　障　害　　　　Christopher G. Fairburn　*157*

　　摂食障害の治療に認知行動療法を用いる事の理論的根拠 … *158*
　　　神経性無食欲症と神経性大食症の症状の持続 *158*　　治療の
　　　意味合い *162*　　維持に関する認知の観点に基づく根拠 *163*
　　　むちゃ食い障害の維持 *164*
　　認知行動的なアプローチの有効性 ……………………………… *164*
　　　神経性大食症 *164*　　神経性無食欲症 *168*　　他の摂食障害 *168*
　　神経性大食症の認知行動療法 …………………………………… *169*
　　　第1段階 *170*

神経性大食症の持続に関する認知的視点に基づいた説明 *170*
　　　セルフモニタリング *171*　　　体重のモニタリング *171*
　　　教育 *173*　　　摂食，嘔吐，下剤や利尿剤の乱用についての
　　　助言 *173*　　　キーパーソンである友人や家族・親類と面接
　　　する *176*
　　第2段階 *176*
　　　ダイエットと対決する *176*　　　問題解決技能を高める *178*
　　　体型と体重に対する関心を取り扱う *178*　　　他の認知的ゆがみ
　　　を取り上げる *182*
　　第3段階 *182*
　　　将来の困難に備えること（「再発予防」）*182*
　神経性無食欲症の認知行動的治療 ………………………………… *183*
　　　治療への動機付けを促進すること *183*　　　健康を維持するための
　　　体重を取り戻すこと *184*
　他の摂食障害における認知行動療法 ……………………………… *185*
　神経性大食症の認知行動的治療を普及させる …………………… *186*
　　　短期認知行動療法 *186*　　　自助治療と指導付き自助治療 *187*
　認知行動療法が失敗する時 ………………………………………… *188*
　謝辞 …………………………………………………………………… *191*

第8章　う つ 病　　　　　　　　　　J. Mark G. Williams　*193*

　問題の性質 …………………………………………………………… *193*
　学習理論と社会技能アプローチ …………………………………… *195*
　セルフコントロール理論 …………………………………………… *197*
　うつ病の認知理論と治療 …………………………………………… *198*
　認知療法の効果の評価 ……………………………………………… *202*
　NIMHにおけるうつ病治療共同研究プログラム ………………… *203*
　再発・再燃の予防 …………………………………………………… *207*
　変化のメカニズム …………………………………………………… *211*
　　　うつ病と自伝的記憶の特異性 *213*　　　過度に一般化された記憶の
　　　効果 *214*

結語 ··· 217
謝辞 ··· 217

第9章 心気症
Paul M. Salkovskis and Christopher Bass 219

定義 ··· 219
有病率 ··· 220
合併症 ··· 220
治療の進歩 ·· 221
健康不安と心気症の理論 ·· 222
理解と治療への認知行動学的アプローチ ···················· 223
健康不安を維持する要素 ·· 225
認知行動療法 ··· 227
 概観 227
心理的治療の評価 ··· 229
 評価の導入と促進 229 総合評価 230 セルフモニタリング 234
介入 ··· 236
 治療契約 236 問題の性質と結果について信念を変化させること 240 行動の変化 242 問題に直接関係した行動 242 保証 243
予後研究のレビュー ·· 246
新しい指針 ·· 247

文献 249
索引 279

序　文

　認知行動療法という術語が科学的な文献に最初に用いられたのは，1970年代半ばのことであり，その同じ1970年代末には，その治療法の最初の対照比較試験が複数，発表された。それから比較的短期間の内に，認知行動療法は，ほとんどの西側諸国で，第一級の主要な精神療法になっていった。なぜか？　簡単な答えはない。しかし，我々は，認知行動療法の成功の理由の一部は，認知行動療法運動を特徴付ける科学と実践の間の密接な関連，及び，その治療法の証明された有効性であると推測している。ほとんどの認知行動療法は，症状がそのまま維持されることに関わる認知的，行動的因子の詳細なモデルを基盤としている。これらのモデルは，相互に関係のある実験的な研究で試され，その研究の結果は，モデル自体とそれらから派生した治療法の手順の双方を修正するために用いられる。ひとたび有望な治療法が開発されれば，対照比較成果試験で評価されるまでにはごく短期間しか要しないのが普通である。対照比較試験の結果と試験実施時に得られた経験は，その後，認知行動療法をより効果的かつまたより効率的に行っていく試みの中で，その治療をさらに洗練していくために用いられる。

　この本は，現代の認知行動療法における科学と実践の間の多くの密接な関連を説明している。そして障害の広い領域にわたって代表的な認知行動療法モデルを記述しており，それらの経験に基づく位置付けの根拠を述べている。また，認知行動療法自体とその有効性に関する研究についても記述している。

　認知行動療法は，初期の行動療法から発展した。英国では，Michael Gelderが行動療法のパイオニアの1人であった。Gwyn Jones, Isaac Marks, Jack Rachmanとともに，彼はモーズレー病院を行動療法の卓越した研究センターとして設立した。オックスフォードの最初の精神医学教授としての職務に続き，彼は，不安障害の心理学的治療法に関する国際的に高く評価された研究プログラムとそれに並行して行った多くの他の状態への心理学的治療法に関する研究の双方を発展させ続けた。彼は，認知モデルとその手順を行動療法に取り入れる重要性を最初に認識した1人で，結果として認知行動療法に関する研究が隆盛となってきているのである。多くのよく知られている研究

者たちは，彼が教授としてオックスフォード在職中に彼の部門で仕事をし，また他の者たちもオックスフォードでの有給休職期間を生産的に享受した。彼の指導力と激励に対する感謝の証しとして，この本の一章一章がこれらの研究者たちによって書かれている。

この本は，2部構成となっている。第1部は，全般的な諸問題にわたって書かれており，認知行動療法の進歩，科学と実践の間の相補的な交互作用，認知と感情の間の関連性，認知行動療法の評価と普及に関する章を含んでいる。第2部は，特定の障害に関して書かれている。それぞれの章は，ひとつの障害の認知行動的な概念化についてあらましを述べ，関連する研究をレビューし，現在の認知行動療法の手順を記述している。

オックスフォード
1996年4月

David M. Clark
Christopher G. Fairburn

第1章
認知行動療法の進歩

Stanley Rachman

　この本は Gelder 教授に敬意を表して準備されたものであるので，認知行動療法の発展について述べた章があるべきであると思います。彼は，モーズレー病院精神科において研修を積んだ精神科医で構成されていた小グループの一員であった。そして 1960 年代に，心理学を精神医学に応用することに強い興味を示していた。60 年代には行動療法を形作る重要な進歩があり，Michael Gelder はその発展，特に広場恐怖と性的障害の治療において中心的な役割を果たした。彼は，オックスフォードの精神科長に任命されると，その機会を利用して心理学的療法の発展を進め，才能ある研究者と治療者のグループを集めた。彼らには，行動療法の発展とその認知療法への拡大に関して，鍵となる見事な役割を演じるだけの用意があった。オックスフォードは認知行動療法の指導において世界の中心となったのである。

　Gelder 教授はこの発展を促し，支持し，指導したが，その上時間を見つけては日々の臨床研究に力を注いだ。Gelder 教授は，オックスフォードにおける特筆すべき業績を上げるのに決定的な役割を演じたが，明晰な思考，論議を呼ぶ問題への冷静なバランスのとれた見方，そして明快な著述と話のスタイルを上手く結合させていた。私は，個人的に，Gelder 教授との啓発的で価値のある議論を喜びと感謝の念を持って思い出す。

　認知行動療法の発展は 3 つの段階を経ている。第 1 段階は 1950～70 年代に，英国と米国において，行動療法の発展が独立に並行して生じた時期である。第 2 段階は，1960 年代半ばから，米国において認知療法の成長があった。第 3 段階は，行動療法と認知療法が融合して認知行動療法に至る段階で，1980 年代後半に勢力を増し，現在ではヨーロッパと北アメリカにおいて発達を遂げている。認知行動療法は広く受け入れられ，ますます多くの臨

床家によって実践されつつある。おそらく，今日，精神療法の中では最も広く容認され信頼されているものである。認知行動療法は，世界各地で臨床の研究と実践において優位を占めている。

Stage 1：行動療法の進歩

　この新しい心理学的療法が生まれた正確な日付を記せないが，新しい治療法が2つの国で独立して，2つの形で生じた期間を示すことはできる。

　イギリス式の行動療法は1950年代初期に出現し，主にPavlov, Watson, そしてHullの概念に由来し，成人の神経症に力を注ぐものだった。行動療法の初期の発展に大きく貢献したのはJoseph Wolpe（動物での神経症的行動の実験的発現に関する実験研究が彼の恐怖弛緩技法 fear-reduction techniquesの基礎となった；Wolpe, 1958）とHans Eysenck（行動療法に対する強固な理論的構造と論理的根拠を提供した；Eysenck, 1960）だった。先導的段階でも後の段階でも比較的孤立して仕事をしたWolpeと違い，Eysenck教授は英国最大の精神医学研究所の所長であり，彼はその地位を利用してロンドン大学精神医学教室で行動療法の研究と教育を促した。

　その間，あるアメリカの心理学者グループはスキナー理論の発想と技法を臨床的問題に応用することを推し進めていた。Skinnerの支持を受け，彼の学生と同僚の中には既に鳩や他の実験動物では達成されていた条件付け効果の再現を精神科患者に試みた者もいた。Lindsleyによる最初期の試み（1956）では，レバーと受け渡しシュートから成るスキナーボックスの複製が，精神科的問題に対する研究のために組み立てられた。ここで意図され目的とされたのは，「ボックス」内での系統的なオペラント条件付けによって，患者の行動を形成，再形成することであった。動物における研究と同じように，建設的な反応をすれば患者にはわかりやすい報酬が与えられ，当てもなく動き回るような混乱した反応をすれば報酬は与えないという試みが行われた。その根底にある概念は，精神科患者の「異常な」行動は不適切な条件付けによる二次的な結果であり，その「異常」行動は正しい「強化報酬」があると正常な行動に再形成されうる，というものである。例えば，適切な発言をするというような順応した行動を行った際に，即座に報酬が与えられるよう設定することで，心理療法家は患者の異常な行動を再形成できる。それは単に，

どのように誘導されても，適切な行動には報酬が続き，不適切な行動には報酬がないということを確認する事である。
　「精神障害」と「異常な行動」の概念は根本的に改められ，それらの価値は断固として否定された。患者の苦境は行動の問題であると，純粋そして単純に再定義され，解決は正しいオペラント条件付けを提供することにあるとされた。このアメリカ式の新しい治療法には「行動療法」という用語が後に導入されたが，これは実に正確なものだった。後に示すように，この用語をイギリス式の治療法に適用するのは適切ではない。
　アメリカの心理学者たちは，慢性のいわゆる精神障害に苦しんでいる患者の行動に研究を発展させた。Ayllon や Azrin（1968）のように初期の勇敢な研究者たちは，気高くも，また傲慢といってよいほど，大きな精神病院の「裏」病棟に住んでいるような最も重篤な症例に取り組むことに固執した。彼らの研究の多くは巧妙で独創的であることで際立っていた。
　施設上の理由と，より興味深い理論的な理由から，アメリカとイギリスの臨床家は彼らの注意を，異なる対象，異なる問題に向けた。アメリカの臨床家は，他のほとんどの医療者からは，慢性でまさに変わりようがないと信じられた深刻な問題を抱えた入院患者に関心を向け続け，イギリスのグループは主に外来患者に取り組み，成人の神経症的問題を追い求めた。
　この違いは，2つのグループの取り組んだ代表的な課題を通して示すことができるだろう。アメリカのグループは，精神分裂病，躁うつ病のような深刻な精神障害患者の行動を改善しようと試み，その後小児自閉症，精神遅滞や自傷行為といった問題にも手を広げた。イギリスの臨床研究者たちは，初診で来た未治療の社会生活を営んでいる成人外来患者に見られる，広場恐怖や不安障害に対する治療に取り組んだ。明確を期して，また話の流れから，私はこのような障害に対して当時用いられてきた伝統的用語を用いている。アメリカの研究者たちは特に，徹底して精神病 mental illness のような用語を使うことを避けていた。代わりに「障害 disorders」は，「言語的行動欠損 verbal behaviour deficits」や「分裂的行動 disruptive behaviour」などのような，純粋に行動学的な用語で再記述した。アメリカでの初期の目立った試みには，Lindsley（1956）の精神科患者における言語反応の再形成，Krasner（1958）の言語的条件付けの範囲の拡張，Lovaas（1961）の自閉症治療への異常なまでにねばり強い仕事，Ayllon（1963）や Ayllon と Azrin（1968）

が発展させた，奇妙な精神病的行動を扱うための巧妙な技法などがある。Ayllon と Azrin は，Staats（1962 personal communication）の研究の助けを受け，後に「トークンエコノミーシステム token economy systems」——適切な行動は強化され，不適切な行動は強化されない系統的プログラム（トークンは元々はプラスチックの円盤だが，甘いもの，たばこや雑誌などのように患者が明らかに報酬物質として交換できる，無くても済むが価値のある補強材料として取り入れられたもの）——として知られるものの基礎を築いた。

　最初期のトークンエコノミーシステムは精神科施設において確立され，後に学校や，法律違反を犯した若者たちのホームや寮，そして精神発達遅滞者のための病院に導入された。このような試みの中で，行動だけを強調することが着実に養われ，新しい（行動学的）語彙を用いることと，これらの問題の全てを，新しい行動学的用語で再定義することに注意が払われた。多くが根本的に変化していく中，新しく正しい語彙を用いようとこだわり，伝統的な用語を使い続ける人や論文を許容しなくなった。しかし，これには単にマンネリズムや不便さの問題ではなく，心理学的な問題の記述の仕方には，当然ながら深い意味が含まれるからである。

　要約すると，アメリカの心理学者たちはトレーニングと視点において Skinner 学派であり，思考と言語において根本的に行動学者であり，あらゆる心理学的精神医学的障害は誤った学習の問題であると信じ，行動に専念して精力を注ぎ，施設に住み，主に深刻な「治療困難な」問題を抱えた患者に取り組んだ。彼らは無条件に環境決定論を支持し，自身を「行動学の技師」とみなす傾向にあった。アメリカでは，精神科医がわずかな役割しか果たさなかったが，イギリスでは，行動療法における先駆的仕事は，心理学者と精神科医によって指揮された。イギリスでは，特別に何々の理論家とか何々の理論によってということではないが，特に Skinner の発想（1959）には批判的で，視野が狭く役に立たないと拒絶しがちであった。心理学者の間では，Pavlov の発想や発見に対する静かな敬意があり，2 人の指導者，Hans Eysenck と Wolpe は 2 人とも Hull 式学習理論（Hull, 1943）を好んだ。これは，仮説演繹理論で，称賛に値する正確さと科学的形式を提供し，当時広く受け入れられていた。異常行動だけでなく正常な行動に対しても，Hull 理論の臨床的問題への発展，量的仮説演繹構造の発展への望み，疑いようのない科学的様相には，魅力的な可能性が感じられた。臨床的問題と症例は，国民健康保険

制度のために働いていた多数の精神科医と事実上全ての臨床心理学者によって，そして一部は既存のヘルスケア体制の外で選択された。イギリスの心理学者，精神科医のための最大のトレーニングセンター（精神医学研究所）と関連していたモーズレー病院（ロンドン）には，臨床心理学者が多数集まっていたので，この非常に活動的で一流の精神科施設で，若き行動療法家は，良質な選択された精神障害に出会うことが保証されていた。

モーズレー病院は，慢性の精神的問題を抱えた患者の要求は満たしていなかったが，選ばれた入院患者と広範囲の外来患者に対してサービスを提供していた。このサービスを受けた患者の多くは神経症的問題，とりわけ不安と抑うつを抱えていた。そのため，イギリス人研究者が成人の神経症的問題へ専念したのは一部は環境によって，一部は内在した興味によって決定されたのであった（EysenckとWolpeは神経症の本質に深く興味を抱いていた）。

イギリス人研究者も，多くの心理的精神的障害を，誤った学習の産物だと解釈していたが，アメリカ人たちのように，遺伝の寄与を無視はしなかった（当時のアメリカの出版物には「遺伝子の，遺伝的な，遺伝した」という用語の入る余地はなかった）。イギリス人は，神経症的障害が，環境の出来事，学習による経験，とりわけ条件付けの産物としてみなされる限定的な意味で環境決定論を支持した——しかしその学習過程でさえも遺伝的性質によって影響されると考えた。あらゆる不安障害は不運な条件付けとなる出来事の結果であるとみなされた。外傷的条件付けや，繰り返される亜外傷的エピソードが，不安の原因であると考えられた。結果として，それらの影響を受けた人は偶然の条件刺激に応じて恐怖が条件付けられ，反応は不適切に条件付けられた。特に注意が向けられたのは広場恐怖で，それは障害を定義する助けとなる拡張された回避行動の基盤と原因を提供する条件付けられた反応とみなされていた。

なぜ広場恐怖が神経症性障害の原型として選ばれたのかは簡単である。恐怖条件付け反応は，広くは同一とみなされる刺激（交通機関，店，広い場所など）によって引き起こされ，乱された行動が障害の定義をなす特徴である。イギリスのグループは，行動の学習と修正にも関心を奪われていた。毛色は異なっていたが，彼らは行動主義者でもあったのだ。条件付けやそのほかの学習理論のほとんどは動物行動の実験研究からきていたもので，とりわけ動物における実験的神経症の誘導が，異常行動の理論を生み出すのに決定的に

重要だった。

　Pavlovが独創的に証明したことに始まり，Gantt（1944），Liddell（1944），Masserman（1943）らによってなされた，アメリカ人の研究に強く支持された実験的神経症での結果は，人間の神経症に関する考察の基礎となった。多くの動物が神経症的行動に陥りうることが示されており，条件付けの技法によってそのような神経症的行動を作り出すことが示されていた。さらにこの神経症的行動は，正常な学習，条件付けのプロセスのあらゆる特徴をも示していた——すなわち，刺激の一般化，消滅，二次的条件付けなどである。明らかに我々はほとんど理想的な実験モデルを手に入れていたのである。

　確かに，動物の行動は比較的原始的であること，話すことができないこと，このような実験的行為が人間の神経症で同じように発展する（すなわち，外傷的，亜外傷的条件付けとして）ことなどいずれも証明していないし，することができないという制限はあった。しかし実験によって合理的な推測をするのに十分な多くの知見，そして正常な学習の特徴を得ることができることが示された。

　このような発展の中で人間での研究はほとんどなかった。そのため，WatsonとRayner（1920）が証明した，若きAlbertの恐怖条件付け反応の起源が過度に解釈された。しかしながら，それは，人間の恐怖が条件付けされうるという考えを支持し，Mary Cover Jones（1924）の子供たちの恐怖の消去に関する非常に貴重な研究をも呼び起こした。特に，彼女の研究は，冒険的な仕事を実効可能に思わせ，子供たちのために30年後に発展した行動療法の形式に，直接影響を与えた。彼女の仕事の価値が十分に認められたのは，30年間の休眠状態の後であったが，このことは不当に無視されている自分たちの宝石が認められることを切望している臨床研究者に，希望を沸き立たせるひとつの歴史的な事例である。

　歴史的に興味深いのは，条件付けの手順と理論の生みの親は実験室において異常な，神経症的行動を作り出す方法を見いだしていながら，人工的神経症を元に戻す論理的な次のステップをとらず，条件付けの技法を探さなかったことである。代わりに，Pavlovは当時行われていた薬物療法を主に試み，長期に休養するよう指示もした。条件付けと学習による治療を見つけようと系統的な試みを最初に行った実験家はMassermanで，条件付けの技法により動物の恐怖や異常行動を減ずることができる可能性を示すことで，確かに

有益な進歩をもたらした。Wolpeはその知見を確実なものとし，拡大して，誘導された恐怖・異常行動を減ずる最も効果的な方法は，恐怖を抑制するためにその動物に餌を与えている間に，時々段階的で緩やかに条件付け恐怖刺激を再度与えることだと結論付けた。このような実験は，系統的脱感作の基盤を提供し，これが現代の行動に基づく恐怖減弱の手続き全ての基盤となった。

さらにいくつかの実験と試行錯誤の後，Wolpeは系統的脱感作の方法に2つ変更を加えることで，実験室から臨床の場へと移行させることに成功した。恐怖刺激に対する直接的曝露は想像（イメージ）による曝露に，恐怖を抑制するものは餌からリラクゼーションに代えられた。自らの発見に基づいてWolpeは相反抑制（reciprocal inhibition）の理論を作り上げた。これに従って，リラクゼーションのような両立しない反応を課すことにより，恐怖の相反抑制をくり返すことで，全てのあるいはほとんどの治療成績の改善（少なくても不安障害において）が達成された。彼の動物実験では，飢えた動物に餌を与えると恐怖の表出が同時に起きることはなかった——餌を与えることによる反応が恐怖を抑制したのだ。そのような恐怖の相反抑制をくり返すことで，恐怖の永続的な抑制が育ってくるだろう（いわゆる条件付け抑制）。Wolpeは患者の治療において，餌を与えることに代えて，リラクゼーションを恐怖の主な抑制因子として用いたが，全ての恐怖の抑制因子が上手く働くかどうかに関しては注意深く議論した。

Wolpeの理論はわかりやすく，臨床家は治療的問題について建設的かつ体系的に思考できるようになったが，Wolpeの明快さにもかかわらず，理論を実験に適用し決定的とするのは困難なことがわかった。彼の理論は有用であり続けているが，たとえそれが大部分で正しいと示されても，それ以上不安障害における治療的効果に対して包括的な説明を提供できない。同様にWolpeも共著者であった恐怖獲得の条件付け理論もわかりやすいが，あらゆる恐怖の発生を説明するものではない。少なくてもあと2つ，つまり代償的獲得と情報的獲得の経路が含まれなくてはいけない（Rachman, 1978, 1990）。近年の条件付け理論の発展（例えばMackintosh, 1983；Rescorla, 1988）によって，条件付けの情報としての性質が強調され，恐怖と不安の満足できる包括的な理論に道が用意されてきていると言って差し支えない（Rachman, 1991）。

理論家たちは不安と非適応的な行動の発生に加えて，それらの持続につい

て説明することを試みた。ここに Mowrer の「神経症的パラドックス」の説明が極めて有用であることが示されたのだった。彼は恐怖と回避の2段階モデルを主張し，回避行動は少なくとも短期間は有効であるが，まさにそのために維持されると論じた。不安を減ずるような回避行動やその他どんな行動も強化される。このモデルはタイムリーかつ適切で，行動療法家はその説明的価値を最大限利用した（その限界は 1970 年代中頃から終わりにかけて明らかになってきた）。これにより彼らは，重大な不安と「非適応的な」回避行動，とりわけ広場恐怖の発生と持続を説明できた。

Wolpe の脱感作方法は，Peter Lang (1963, 1968) の先駆的研究に実験の強固な基礎を置いていた。Peter Lang は，実験的手続きを確立して，脱感作の恐怖減弱効果を確認したり，恐怖の性質について我々の理解を拡大した数多くの実験に，モデルを提供した。

Hans Eysenck は，学究的な役割に加えて，巧みに行動療法を精神療法の主役の座へ進めた。彼の手にかかって行動療法は，それが主張する治療だけでなくそれが拒絶した治療にとっても重要なものとなった。解釈的な精神療法家たちの主張に対する，彼の名高い厳しい批判 (Eysenck, 1952) の余波の中，彼は精神力動的治療の理論的基礎に異議を唱え続け，行動療法をその建設的代役として提示することができた。無意識の（性的な）葛藤によって生じ出現した神経症の症状は，そうでなければ耐えられない苦痛に対しての防衛であるという理論を，彼は拒絶した。特徴的で挑発的なスタイルで，彼は，もし症状を取り除くことができれば，神経症を取り除くことができるのだと主張した (Eysenck, 1960)。実際，彼は障害された行動は何かの徴候を示しているわけでもなく，むしろ問題の全体そのものだと論じた。神経症的行動というのは「学習された」行動であり，したがって捨て去ることができると論じた。行動が問題であり，行動を捨て去ることが解決だというわけである。

他の根本的な思考の変化と同じように，行動療法の発展の一部は反動的なものだった。Eysenck や Wolpe，彼らのイギリスの同僚たち，そして Skinner とその影響を受けたアメリカの行動療法家たちは，精神分析家にも，その思想に基づく治療にもあまり敬意を払わなかった。精神分析とそれから派生したものには経験的土台が欠け，精神分析家の主張には根拠がないと論じ，他の批評家たちは，あらゆる試みが見当違いで常軌を逸しているとみなした。

WolpeとEysenckや彼らの同僚は，Karl Popper（1959）の著作に強く影響を受け，精神分析はいつわりでないと立証できない点で科学の外にある，というPopperの考察を受け入れ，提唱していた（この見解は，現在ではGrunbaum（1984）によって，精神分析はいつわりであると立証可能で，実際誤っていると異を唱えられている）。理論というものは消えてなくなるのではなく，より好ましい強力な概念に取って代わられるとは時々言われることであり，初期の行動療法家たちの多くが代替物を提供する必要があると感じていた。他の治療家はより優れた治療形式を作り出すよう直接求められ，それに着手した。1958～70年は極めて生産的な期間であった。そこには運動の空気があり，間違いなく変化の感覚があった。イギリスらしくない熱狂のレベルにまで到達し，確かに従来のものとは根本的に異なり，はっきりとした新しい理論と治療がこの時期に現れた。

共通の基盤

アメリカのグループとは対照的に，イギリスのグループはSkinnerの発想に批判的であり，広い行動学的概念と方法を用いた。彼らは初めに成人の神経症的障害に取り組み，アメリカで意義ある進歩が達成されるまでは，慢性の精神病的疾患や知的障害者の問題には，ほとんどまったく注意を払わなかった。両グループとも行動上の問題に集中し，おかされた患者の行動を変えることが必要でかつ通常は十分であると信じていた。両グループとも心理的問題を誤った学習の問題だとみなしていたが，イギリスのグループは無条件の環境決定論にははまらなかった。両グループとも行動科学を心理学的／精神医学的問題に適用しようと試み，厳密な科学的基準を用いることを支持し，経験主義の流れを汲んでいた。

アメリカとイギリスにおける初期の行動療法は別々に発展したが，少なくとも目的とほとんどの方法に関して2つのアプローチは融合していった。スキナー理論の枠組みへの強い執着は，アメリカに根強く残ってはいたが，それでも次第に薄らいでいった。1970～80年の期間，初期の進歩が強化され，革新的な発想や技法から，治療的有効性を厳密に評価するという，やや魅力に乏しい仕事への動きがあった。予後研究が盛んとなってメタ分析学者にとっては喜ばしいことになった。全体として，経験的な応用科学への傾倒は，治療的効果を評価するための，より洗練され厳密な基準の発展につながった。

行動療法家は要求水準の厳しい標準を確立するのに指導的役割を演じたが，その多くは今では一般的に通用するものとなっている。

このような科学的方針に従う流れの中，新しい治療家たちの巧みで熱心な努力から多くの人が恩恵に与った。不安障害の軽減，攻撃的行動や反抗的行動などの小児の障害の克服，障害者のQOL（quality of life）の向上において大きな進歩が達成された。この初期の段階で失望的だったのは，うつ病やアルコール中毒，摂食障害，性的障害などの欲求障害や精神病性障害への対処で，ほとんど進歩がなかった。うつ病を純粋に行動学的手法で分析したり治療する試みは，ほとんど成功しなかった。

行動療法が始まった最初の10年間に多くの理論付けや基本的な構想が提案されたが，技術的論題の力点は徐々に治療的効果の評価に移っていった。理論から実践への移行は自然なもので，その時代に即しており，ある種の勝利を刻んだ。経験主義を採用することでその時代の「内側に向かう仕事」としては臨床心理学の手法を転換させ，行動療法は「外に開かれた事実」のひとつとなった。

行動療法を確立することの魅力は，その基礎を学問的科学的心理学に置く正当性とその主唱者たちが，（部分的には理解しにくい精神分析への不満に対する反応として）経験主義的な標準を主張していることにあった。おもに心理学者による行動療法の確立は，従来は測定と評価だけに制限されていた臨床心理学が，職業として発展する大きな要因となった。確固とした基礎のある効果的な心理学的治療の導入によって，心理学者は正当性と道具を手に入れることができた。

奇妙なことに，学問的心理学との特定の関係，とりわけその時代に支配的だった学習理論は衰えてしまい，今ではその関係を知る者は少数で，さらに少数が，その関係やその喪失に気をかけているだけのようだ。HullやSkinner, Guthrieらの理論の，長所や欠点に対する情熱的な討論は，徐々に訴えかける力を失い，そのような討論が果たして価値あることなのか否か疑問を持たざるを得なくなった。それはおそらく歴史の必然なのだろう。学習理論は，確かに行動療法の発進に重要な役割を演じたが，やがて視野の外に消えていってしまった。代わりに我々は，経験主義的で精力的な行動療法の発展を見ることになり，それは貴重な実用的進歩を遂げるが，理論構築への関心の低下をもたらした。それは科学から技術へと移行したのだ（Wolpert, 1992）。

認知的概念の導入は，技術と科学の間の溝を満たすことに効果があり，私が信じるには，そのような発想が急速に受容されたのは，経験主義が無批判で要求の少ないものであることへの不満の反映だった。

1970−90年の期間において，行動療法に関して理論の進歩が無かったことは，次第に不満の種となっていった。加えて，この新しいタイプの心理学的治療の最初の段階を特徴付けた純粋に行動学的な技法を越えて探求を行うことには，第2のより実用的な必要性があった。不安を軽減し非適応的な回避行動（例えば広場恐怖）を克服することには，初期にかなりの成功があったが，一方の大きな「否定的感情」の要素である「うつ」（多くの成人患者は不安とうつの混合を訴える）への対処には成功しなかった。うつ病に対して，うつ的行動を強化する偶発因子を再配置することによる初期の治療の試みはわずかに進歩を示し，認知療法への扉を開いた（奇妙にも，初期に比べてそのような偶発性を修正する試みは現在有効性が証明されている。殊に，初期にあった認知的分析を進めて説明や助言を与えることへの行動療法家の抵抗感は消え去った）。うつ病における認知的要素は大きく，明らかで，行動学的に成功しなかったことから，認知療法の最初のターゲットとなった。

Stage 2：認知療法の出現

うつ病の治療における進歩が無く，認知の概念を使うことへの抵抗が弱まってくると，多くの行動療法家は，ますます興味を持ってBeckの論文を読んだ。そして，彼のプログラムには行動療法的な指示が含まれることで元気づけられた。彼らは，Beckの，事実を正確に継続的に記録することへのこだわりや，プログラム自体の自己修正的な性質に感銘を受けた。これら非行動的認知概念を扱う適切さについては疑惑が残されていたが，多くの行動療法家は認知療法を用いて抑うつ患者を治療し始めた。成功例が報告され始め，そのような報告は，少なくとも行動療法と併用され，かつ，認知療法の中の行動的要素が強調されていたので，認知療法に対する残されていた抵抗が取り去られるのに一役を買った。

認知療法における最も生産的で影響力のある2人の先駆者がBeckとEllisで，彼らの仕事は，この歴史的解析の基礎を提供している。彼らに共通する見識は，ほとんどの障害は，誤った認知もしくは誤った認知過程から生じる

ということと，治療は正しい行動を発見することであるということだ。彼らの治療形式はともにその誤りを正しく方向づけるもので，早期の精神療法のやり方が過去をさらうのに対して，現在の問題と思考に焦点を当てており，また両者とも行動訓練を含めることを推薦している。Ellis と Beck がともに精神分析的力動的治療者としてスタートしたこと，Wolpe の初期の臨床的技法でさえ精神力動的であったことは述べるに値する。当時，ほとんど治療の選択肢がなかったので，Beck や Ellis，Wolpe らは自分たちの治療法を作り出したのだった。

Beck も Ellis も，行動療法の（不十分さも含めて）価値を認めていて，結果として行動療法家は Beck や Ellis の認知療法の説明に共感していた。そこでは，認知療法は対立するものというより補うものとして見なされていた。Beck は 1960 年代半ばに「私は行動療法に詳しくなり，このアプローチからの多くの原理を取り入れた」と書いている（1993, p. 13）。Beck と Ellis は，行動訓練を，誤りを正す新しい情報を得る手段として認めている。この意味において，彼らは，行動的変化を治療の本質であると考えていた行動療法家と異なり，変化を生み出す二次的手段のひとつと考えていた。認知と行動の変化の相互作用についての論議は続いている。例えば，なぜ行動的曝露訓練が，パニック的認知やパニックエピソードの有意な減少を引き起こすのか，いまだに厳密には明らかになっていない。さらに，なぜ直接的でないように見える曝露法が，時には直接的な認知療法と変わらない認知的変化を引き起こすのかもはっきりしない。

Beck の認知療法の形式は，個人的感情や行動というのは，その人がその人の世界を構成する方法によって定められているという原理（Beck et al., 1979, p. 3）に基づいている。そして治療技法は，歪んだ概念及びこれらの認知の基盤にある非機能的信念（スキーマ）を同定し，現実検討し，修正するよう（p. 4）にデザインされた。それらは全て，厳密に認知的であり，厳格な行動療法家にとっては，あまりに広がりすぎていたが，うつ病の治療で成功したという報告は無視できなかったし，Beck の治療はかなり行動的要素を持っていた。

Albert Ellis（1958, 1962）は，早くから指示的な形式の認知理論を提唱した 1 人である。それを彼は初め論理療法（rational psychotherapy）――この用語はのちに彼が合理的感情行動療法（REBT）へと広げた――として記述

した。彼は，感情的もしくは心理学的障害は，おおよそ，その人の非論理的または非合理的思考の結果であると論じた。さらにもし彼が合理的思考を最大にし非合理的思考を最小にすることを学べば，彼自身から感情的もしくは精神的不幸と障害を取り去ることができると論じている（Ellis, 1962, p. 36）。Ellis の見解では，「人々は比類なく非論理的であると同時に比類なく論理的であり（p. 36）」，そして「彼らの苦悩は，おおよそ歪んだ知覚と非論理的思考による結果だ」。苦悩を克服する方法は，彼らが自分たちの思考と認知を改善するように助けることだとしている。

　初期の論文で，Ellis はこう結論した。「洞察だけでは深く横たわる恐怖感や敵意を克服するように個人を導くことは困難で，かなりの程度の恐怖や敵意を克服する行動も必要となる」（Ellis, 1962, p. 10）。彼は専門的心理医学的援助を必要とするのは，非合理性を表出するとき，特に感情的反応や行動が，個人の合理的な状況判断とぶつかるときに生じることを認識していた。Beck と一緒に（例えば Beck, 1993 参照），彼は早くから行動がヒトの感情と思考に与える影響を認識していて，彼は，彼の治療プログラムの中に，行動上の宿題と実践を含めるよう気を使った。それらは Beck より Ellis の早期の論文によって，治療におけるより重要で明確な役割を与えられていた。そして Ellis は，素直に学習理論を参考にしたことを認めていた。彼は精神分析家としてはじめの訓練を受けており，初期の経歴の中で，精神分析と学習理論を収束することを成し遂げる方法を探索した。彼はまた，早くから，治療の認知形式の最も重要な点は，思考と感情の関係だと認識していた。「論理療法の理論的基盤は，ヒトの思考と感情は 2 つの別々の異なる接近方法ではなく，それらは有意に重なり合い，全ての実際的目的に対していくつかの点において，本質的に同じで，決してまったく別々のものと見ることはできない，という仮説に基づいている。（Ellis, 1962, p. 38）」

　彼が認知と感情の相互関係を，治療への認知的接近における中心的問題として同定することを予見し，早期から行動的変化の力を認識し，そして，彼の論理療法の形式を，確信を持って断定的に主張し続けたにもかかわらず，Ellis の業績は，Beck の業績ほどには研究や臨床で注目を浴びなかった。彼の仕事の科学的ステータスは Beck のそれに遅れた（Kendall et al., 1995）。疑いもなく，部分的にはこの違いは彼らの著作の形式による。Beck に比べて，Ellis の著作はより逸話的であまり組織立っていなかった。加えて，Beck

の初期の仕事の目的は，うつ病の理解と治療であり，行動療法家によって本質的には解決されず残っていた臨床的問題だった。それゆえ，臨床家が，他の臨床的課題の治療に行動的技術を使っていたとしても，うつ病の克服を援助する試みの手引きとして Beck の仕事に頼ったことは理解できる。もし Beck が彼の最初の研究を，行動療法家がすでに有意な進歩をなしていた不安障害の研究から始めていたら，彼の業績の正しい理解はかなり遅れたかもしれない。

　Beck のうつ病に対する認知療法は，患者は誤った情報処理の仕方や推論の方法にとらわれていて，自らをうちのめすスキーマを描いている，との仮説に基づいていた。特に，うつ状態の人は Beck が「認知の3つ組」と呼んだものに従属している。それは，患者自身・世界・未来についての悲観的無力感である。認知療法家の目的は，患者が歪んだ考えを同定し修正するのを手助けすることである。そして，彼らの情報処理の仕方と思考法をも改善することである。治療手順は，高度に構造化されていて時間の上限がある。まずはじめに，認知と感情との結びつきを理解し，それらの関係を注意深く記録し，その思考の是非の根拠を集め，次に，より適応的で現実的な解釈に置換する。非機能的思考を記録し，それらに立ち向かうことに加えて，患者は，様々な宿題に取り組むように励まされる（初歩的な行動療法の形式である）。これらの方法による，うつ病の正確な分析と治療は，スーパーバイザーによる修練を通してしか到達できない細やかさと技量を必要とする。

　認知療法は，心理学全体が認知的解釈の方向に強く動いている時期に一致して発展したが，これら2つの動向の間には奇妙なギャップがあった。認知行動療法と認知心理学の結合について初期に主張されていたのは，事実というより希望を述べたものであった。Teasdale が最近述べたところでは「うつ病に対する認知療法の発展は，基礎的認知科学からほとんど分離して発展してきている (Teasdale, 1993, p. 341 ; Seligman, 1988 参照)。2つの最も目立った認知療法の形式は，基礎的認知科学と一般的外観は共有しているが，論理的にも，用語的にも，手法についてもほとんど似ていない。さらに，その2つの認知療法の形式は，もっぱら意識的な思考を矯正すること，それらを情報収集や知的分析，説得，励まし，行動的変化によって，より合理的にしようとしている。認知療法家が，意識に上って体験される思考や想像についてのみ言及する傾向は，認知心理学では，それらの用語がより広い意味で

使用されていることから，はっきりと異なっている。そこでは，認知過程の大多数は，意識に上って受け入れられる思考や想像としては体験されていないものと仮定されている（Teasdale, 1993, p. 340）。

「認知」という単語とそれに関連した概念を，狭い意味で使用することや，「無意識」という過程を無視すること，認知科学との有用な関係の欠如が，関心の源泉であった。加えて，Teasdale（1993）は，特にBeck派の認知療法がさらけ出した問題に関心を持った。彼が言うには，認知療法は，直接的には悲観的思考を扱わない他のうつ病治療に比べ，特別に効果があるわけではない。それに薬物治療での改善が，認知療法後に見られるようなうつ的思考の変化にも関与しているようだ。すなわち，うつ病寛解後には，脆弱性のある人にも非機能的態度が持続することを示すことができないのだ。多くの患者は，情緒的反応に比例した悲観的思考を同定できずに，情緒的反応を体験する。論理的論議はしばしば感情を変化させるのに効果的でなく，認知療法もしばしば効果がない。しかし，彼の最も深い興味は認知療法と認知科学の間のギャップだ。

したがって，TeasdaleとBarnard（1993）は，同時代の認知科学知識と，Beckの仕事に例えられる臨床的認知理論を適応させる意図で，包括的理論的枠組みを発表した。ここでは，それらの案を詳細に記述しないが，ひとついうなら，彼らは，9タイプの情報の存在を提案していて，それぞれが体験の様々な側面を表している。それぞれの情報のタイプは，個々の過程を経て，個々の記憶保管場所を持っている。彼らのモデルが提案していることは，意味のレベルにおいて，2つの精神的コードがあり，特異的タイプと一般的タイプである。陳述的コードのパターンは特異的意味を表現し，一方，暗示的符号は一般的で全体的なレベルの意味を表現する。後者のタイプこそが，情動的経験において最も重要だ。これらのコードは「直接的な情動と結びついている」のである（Teasdale, 1993, p. 345）。暗示的レベルでの意味は，高度の抽象化で表現され，このレベルで示される暗示的知識は，人の世界における規則性をとらえる経験モデルを表している。ジェスチャーのような感覚が変化した物は，これらの暗示的意味に直接貢献している。暗示的コードの重要性は情動との直接的関係にある。対照的に，もうひとつの表現である陳述的符号だけでは情動を引き出せない（p. 346）。Teasdaleによれば，治療の中心的目標は，うつ状態のスキーマモデルに関わる暗示的コードのパター

ンを，より適切な高水準の意味もしくはスキーマモデルで置き換えることだ (p. 349)。この野心に富んだ複雑なモデルの究極的価値は，詳細な研究や議論が行われるまでは明らかにならないだろうが，認知療法が直面する問題に関する Teasdale と Barnard の認識は，時宜を得たものである。彼らはおそらく，陳述的表現が情動を引き出すという可能性を除外することに熱中しすぎている。そして彼らの理論は，あまりに Beck の理論とうつ病の臨床的問題だけに関わっている。彼らの議論のいくつかはうつ病に関してはもっともらしいが，パニックのような不安障害を扱うときは確信させるには至らない。

早期の認知療法の形式と認知心理学の間の関係は希薄で緩くさえあった。しかし，今，情動的体験を通して，注意のゆがみが生じていることが明らかになっている。そして記憶，少なくとも再認よりむしろ想起を含むような記憶では，情動に完全に依存しているとまではいえないが，しばしば情動と関連している。(例えば M. W. Eysenck, 1982；Williams et al., 1988)。それは，感情障害に起因した，あるいは少なくとも関連した知覚のゆがみを捕らえることから始まる。例えば，蛇のような怖がられる対象は，恐怖が高まっている間は平穏なときよりも大きくて活動的に見えうる。恐怖の中では，橋が大きく見えたり，アリスのように部屋が縮んだりする (Rachman and Cuk, 1992)。

それゆえ，恐怖や悲しみは，我々が注意を向けるものに影響を与えているように見える。すなわち，我々が注意を向けるものをどのように知覚するかに影響する。そして，それらは，我々が過去に注意を向け知覚したことの記憶に影響を与える。この情動と認知の相互作用はとても魅力的で，これから数十年強い科学的好奇心をかき立てるだろう。しかし，この魅力的な情動と認知の結合関係こそが，研究者には大いなる壁となるだろう。相互に網の目のように結合したいくつもの要素を一定に保ちながら，興味のある変数を選択し抽出することは困難であり，現在の表面的な方法にとってかわる新しい方法の導入を必要としている。ここでは発明の才が全てであろう。

Stage 3：統合

Beck のような認知的な概念と方法を採用することにより，一般的な心理学は認知心理学へと大きく移動しながら進んだ。以前は疑われていた認知理

論という考え方や用語は許容され，必要なものとさえなり，断片的予測目的反応というような退屈な概念から，確実に置き換わった。純粋な学習理論から認知科学に推移する試みは，動物実験（特に条件付け白ネズミ）に傾けられた膨大な努力や，その結果を優先して考えていくだけでは不十分だったと私は思う。動物実験は，我々の科学的好奇心，すなわち「人の行動と体験」という元来の目的から，だんだん離れていくようになったのだから。

　認知行動的治療形式の期は熟し，2つの流れ，認知と行動はパニック障害の治療の発展によって統合された。

　行動療法と認知療法を統合する過程で，行動療法で経験されてきたことが強調され認知療法に吸収されていった。成績研究を取り扱う行動療法のスタイルが採用された。すなわち，厳密な対象者群，統計デザイン，治療の統合性と信頼性などが要求されたのであった。古いもの（行動療法）と新しいもの（認知療法）との合併は問題がないわけではない。我々はすでに，行動的変化がより得られやすく，はかなく変動しやすい認知よりも，測定しやすいことを明らかにした。この複雑さを差し置いても，認知的概念が，行動療法に吸収され，認知療法家が行動実験と練習をますます強調するようになったという入れ換えが見て取れる。研究者と治療者は患者／依頼人の説明・理解・願望・恐怖に，以前にはなかったほど早く関心を抱き，同調するようになった。認知療法は行動治療に内容を与えている。この発達は，ほとんど認識されていないが，現象学的精神病理学（例えばJaspers, 1963）と認知療法の歴史的結合を確かなものにした。

　この分野に認知的な考えが注入されるずっと以前に，強迫観念は，意志に反して侵入する思考（もちろん，観念や行為も）とみなされ，実際そのように定義されてきた。しかしこれら意志に反した思考の正確な内容には，ほとんど興味が払われなかった。認知療法の影響のおかげで，今では我々は，この内容により深く興味を持ち，ついには強迫観念の真の性質（及び機能）にますます近く，思考の内容をたどることができると望み始めている。

　これは特異的でめざましいことだが，認知療法の影響はより広くなっており，異常な行動とその起源をより深く説明し，理解する可能性をも提供している。ここでの例として目立つものはもちろん，パニックの心理的理論である〔複数の理論が実際にはあるが（Barlow, 1988），ここではClarkの理論（1986）を説明に用いる〕。理論を形成するには困難にも遭遇し，そのいくつ

かは以下にも論じるが，Clarkの理論は我々の理解を高め，いくつかの不鮮明な事柄を取り去り，パニックの多くの局面を説明できるようにしてきた。パニックという現象は，いまでは，筋の通った心理学的に理解できるもののように見える。多くの症例，研究，実験を通して，我々は人の思考や恐怖，そしてそれらがどのようにつながっているのかを良く理解することができる。もし今危険があるとすれば，それは認知的説明があまりにあっさりと流布していることや，それらの根拠のもっともらしさが罠になりうることだ。

要約すると，認知的概念は行動療法について説明できる範囲を広げてきて，全体像を満たすのに役立ってきた。そしてパニック障害の理解と治療で最も確固とした進歩をとげてきた。またそれらの進歩は周囲に広がり，強迫性障害や，今では過剰な健康不安とされている心気症の研究と考察を活気づけた（Salkovskis and Warwick, 1986）。我々はこれらの障害の理解に，さらには，不安障害の全範囲において重要な発展が期待できる。社会恐怖，全般性不安障害，強迫性障害，外傷後ストレス障害における研究が進歩を続けている。

うつ病の性質とその治療は非常に複雑な問題であり，ここではあまり深くは追求しない。過去を振り返ると，治療者は楽観的すぎていたと言わざるをえない。Beck（1967, 1976）の野心的で複雑で多層的な理論は，もっともらしかったが，内在する問題があった（Teasdale and Barnard, 1993）。それは，いくつかの未解決の仮説と，複雑で入り組んだ説明から生じる使いにくさである。時々それは過剰に装飾されているように見える。この理論的枠組みに対決しようとする進歩は遅く，認知療法の優位性を証明する大規模な共同研究の失敗（Elkin, 1994；Elkin and Shea, 1989；Shea and Elkin, 1992）は，その研究でのいくつかの欠陥があったとはいえ，落胆させるものだった。特異的な認知の変化と，うつ病の軽減の間に直接的な関係がある，という主張を支持する根拠がわかりにくいということもやっかいなことで，パニックにおける最新の研究でさえ，この問題の影響がある。

不安の理解が進歩したのは明るいことであるが，必然的に新たな論理的疑問が生じ，そのいくつかは，後で論議する。

因果関係について厳しい疑問がある。そして認知行動療法の効果には，原因，結果，相互関係という別の解釈が可能である。治療が成功して認知や身体感覚が消退したとするには，ひとつ以上の解釈が可能である（例えば

Seligman, 1988)。認知や身体感覚の消退は，パニック発作の減少を生み出すかもしれない。しかし，認知や身体感覚の減衰は，原因ではなく，パニック体験が減少した結果である可能性がある。認知の減衰は，パニック体験の減少と相互関係があるという可能性もある。［認知とそれらの消退は表面的現象に過ぎないと批評する人もいる（例えば Seligman, 1988；Wolpe and Rowan, 1988)]。

このように別の説明が可能であるという考察をさせる重大な理由のひとつは，Margraf と Schneider（1991），及び Margraf（1995）のパニック障害の研究で，認知的操作なしに純粋な曝露療法を受けた患者が，曝露療法を行わない純粋な認知療法を受けた患者と，同じくらいの改善の程度と持続を示したという事実である。さらに，その認知は両グループで同程度に消退した。陰性の認知は，直接的治療でも間接的治療でも同程度に消退するようだ。実際，認知的説明を十分に行うには，曝露法のような直接的でない治療の後に起きる認知の消退を説明する必要がある。最も可能性のあることは，それぞれの曝露で，患者が新しい"疑いのない証拠"を得ることである（例えば，心臓発作はなかったし，コントロールも失わなかったというような）。この個人的で，直接的な疑う余地のない証拠を積み上げることで，破局的な認知を弱める。しかしながら，Margraf と Öst による研究で，認知を直接取り扱うことが，間接的で付随的な曝露の効果と比べ有意に高い効果がなかったのはなぜかを検討せねばならない。認知行動療法の長期的な効果が，治療後の認知の違いがはっきりしないときでも，長期的には認知行動療法の効果が優れているという可能性が残る（例えば Cooper and Steere, 1995)。その上，認知行動療法と認知変化との間に量 – 反応関係があるという確証がある。例えば，Clark ら（1994）による重要な予後研究結果では，直接的認知療法を追加したパニックの患者は，間接的な治療を受けた患者に比べて，優れた治療結果があった。

これらの複雑な理論的問題は，今後数年の内に解決されるだろう。しかし，認知療法の治療の仕組みを振り返るためには，鍵となる認知の減少あるいは除去が，この治療様式の本当に重要な要素であるかどうかを確かめる必要がある。すでに，認知を直接的に修正することが，治療を成功させるための十分な（あるいはそれ以上（例えば Clark et al., 1994）の）条件になることがわかっている。しかし，直接的な修正が，成功のための必要条件ではないこ

ともわかっている（例えば，曝露のみでも認知療法と同じくらいの効果があり，イミプラミンやそのほかの薬物でも治療的改善を得られる。しかし，おそらく異なったメカニズムによるらしい）。

うつ病の治療のように不安の治療を分析するとき，理論を厳密に検証する上で，出来事の時期を特定する必要性があるが，そこからひとつの障害が生じた。もし陰性の認知の減少がパニックの減少と関係しているに過ぎないとしたら，あるいはもし認知の変化が，パニックの減少より先に起きるというより，むしろ後から起きるものだとしたら，我々は発作の経過を注意深く研究する必要がある。恐怖の減少は観察，記録するのは簡単であるが，それらはゆっくりと，何分というよりむしろ何週間という単位で起こってくる。典型的なパニック症例では，何日あるいは何週間という単位である（例，パニックの回数は週単位あるいは月単位）。したがって，もし患者が，例えば週4回から週1回というようにパニックの減少を記録したら，この減少は正確にはいつ起きたのだろうか。

認知の変化の経過を追うことはもっと難しいかも知れない。大きな変化は突然起こりうる（例えばÖst, 1989 ; Rachman and Whittal, 1989）ので，記録することはたやすい。しかしほとんどの場合，臨床的にも実験的にも，認知の変化は分単位よりむしろ週単位で，ゆっくりと進み変化していく［例えば，BoothとRachman（1992）の研究での認知療法集団を見ても］。さらに悪いことに，恐怖感を起こさせる刺激との接触から隔絶された時にも，患者の恐怖感や恐怖の認知が変化することは疑いの余地なくよく起きることである（Rachman, 1990）。変化が起こった時を正確に決めるのは不可能で，もちろん最初の段階で完全な変化が起きたと仮定することもできるのである。このように我々には，認知とパニック体験の連続的変化を計測するという厄介な仕事が残っている。そしてこれらの変化は長い期間で起こり，正確な変化の時点を決めるのは難しいし不可能かもしれない，とわかっている。我々は，認知の変化は，しばらくたってから明らかになるという工程を開始するという証拠も持っている。

認知行動療法を介した一連の過程（工程）は，セッションとセッションの間のある時点でひとつの結論が出る。この意味で，認知行動療法セッションは情動的過程を開始する（Rachman, 1980, 1990）。その過程が終了するのは例えば，恐怖感のある人が恐怖刺激と接触しなくなって，そして通常，セッ

ションとセッションの間に恐怖の軽減が促進するために，よく練られたことを行っていたことを忘れるくらいの期間が空いてからである。認知行動療法の効果が明らかに遅いことは，BoothとRachman（1992）によって記載された実験での閉所恐怖症の減少にも見られた。

Salkovskis（1985）の強迫神経症の新たな認知分析では，患者の行動と衝動の構造化は，問題の始めであり結論でもあるとしている。Salkovskisは患者が強迫的衝動，行動，動機について説明する内容に注目した。このようにして，彼は，それまでわからなかった段階を埋めることに成功した。以前は，強迫観念の具体的内容の性質や意義は調べられていなかった。思うに，これは重要な進歩であり，以後数年はこのことに，かなりの思考と努力が費やされることだろう。

それらの出発点が共通（Salkovskis and Clark, 1993）であることから考えて，心気症やパニック障害の認知分析が似ていることは驚くにはあたらない。心気症の認知的理論もパニック障害の理論を特徴づける大胆さを共有している。身体的徴候と症状が実際よりももっと危険だと知覚し，そして，ある病気が実際にそうであるというよりありそうだと信じる（Warwick and Salkovskis, 1990, p. 110）。パニック障害では，患者は身体的感覚に破局的な誤解をし，それゆえパニックになると想定されている（Clark, 1986）。重要なことは，パニックの論理は切迫した大惨事を予期すること（例えば，私は心臓発作を起こしている）と直接関係している。心気症の論理は健康や幸福への脅威による。それは同様に破局的でありうる可能性があり，それは症状からはより離れたものである（例えば，私の皮膚の隆起が癌になっていくだろう）。しかし根底にある機序は両障害に共通していると仮定されている。

恐怖症や強迫性障害，心気症，及び解析が始まっている心的外傷後ストレス障害に対する認知的アプローチは，主にパニックの認知理論から導き出された共通の核を持っている。パニック障害の治療における認知行動療法は，将来，全ての不安障害への認知的接近として大きく枝分かれしていくであろう。

認知行動療法の進歩，特にパニックの治療の成功は，すでに広く受け入れられていたパニックの生物学的理論に代わる，最初にして唯一の主要な心理学的な理論を生じさせた。議論は激しく行われ，強迫性障害の解釈にも様々な競争が生じてくるだろう。ここで大事なことは，パニックの治療での認知

療法の結果に対する認知的説明は，現在最も支持を得ているということだ。まさに，現在では，認知療法の効果を説明するには，これ以上確からしいものはない。

予期される流れ

1990年に予想されたように，パニック障害の治療の進歩は全ての不安障害を認知的に再分析する刺激的な流れを巻き起こした。広く前向きな流れはうまくいき，成功を約束する。

私は，別の，より進展が目立たないもの，すなわち精神医学以外の医学の側面にまで認知分析が広がることに注目したい。1975年（Rachman and Philips）に議論されたことだが，心理学者は臨床的視野を精神科的問題に限った関心を越えて広げるべきである。実際ある程度は拡張してきており，心理学の応用に成功しているものが増える中で，最も人目を引いたのは，痛みに対する臨床的問題だ。しかし，他の医学的話題における進歩は，望まれ期待されていたよりはゆっくりしている。

我々は今，認知分析の体系的で創造的な応用によって，広い医学心理学の問題への望まれる拡張を進めていく位置にいる。より熱心に取り組むべき課題は，疼痛管理に加えて，ストレスの多い医療行為や，医者と患者とのコミュニケーション，臨床的推論の性質と有効性を取り扱う際の認知的側面である。さらにより深くは，人々が各々の健康や病気を解釈し，あるいは医療情報や治療などを理解する方法に関しての，精密で啓発的な認知分析を期待できる。

これから数年の間に，認知的理論と治療が，臨床心理学自体の根本的広がりとともに，精神科以外の医療問題の中にも力強く広がっていくことを期待できよう。まもなく，充実した臨床認知心理学が確立するだろう。

これらの変化，特に精神医学を越えた広がりは，科学的変化と同様に，制度的なものも含んでいる。そして学問の垣根を越えた配置が生じるであろう。どのように認知行動療法はこれらの変化の中に適合していくのだろうか？

明らかに，そして本質的に，認知心理学との協同的相互変化は進展していくだろう。最近，精神病理を生物学のみで説明する事の限界について一致せず緊張していた精神医学との関係は，おそらく神経科学における進歩によっ

て回復するだろう。多くの医学者は Michael Gelder のみならず，一般的医学の刷新と解明のために，認知分析の導入を見いだしていくだろう。私は，健康や病気そして治療の多くの側面を，認知的な用語で再分析すること，すなわち，医学心理学における認知的革命に不足な何物も予想していない。

発展する点

　要約すると，私はいくつかの点で発展すると期待している。

　認知行動療法の伝統的な領域のなかでは，全ての範囲の不安障害を理解して治療するのに重要な進歩が期待できる。これに対応して情動過程の概念を説明に使用することで，新しい発見と成功に広がっていくだろう。認知情動過程理論の出現に注目していくべきだろう。情動と認知の間の相互作用は，研究の重要な話題になるだろう。

　認知的概念と分析は，精神医学的心理学の伝統的な枠を越えて，一般医学の中にも広がっていくだろう。疼痛に対して認知心理学を広範に応用することは，特に重要な影響を持つだろう。

　神経科学の進歩に認知行動療法をリンクさせる試みは続き，以前より多くの成功をおさめるだろう。神経画像技術の選択的使用は，我々が異常な行動や体験の認知心理学を理解して，それらを治療するための価値ある貢献をし始めるだろう。そして臨床研究での進歩は，根本的基礎，この例では認知心理学そのものを豊かにするようなフィードバックとなるであろう。

第2章
認知行動療法の科学的基盤

Michael Gelder

　行動及び認知療法は明瞭な科学的基盤に基づいているという点で，ほかの精神療法に比べて優れているのだと，その治療が始まった頃から主張されてきた。その点を最初に強調したのはWolpeとLazarus（1966）であり，彼らは以下のように述べている。「（行動療法の）技術を正しく理解するには，学生は次の2つの必要条件を満たすことが不可欠である。第1に，科学的方法の基本について正しい知識を有していること。第2に，現代的な学習理論（とりわけHullやSkinner）に関する知識を有していること」である。このような発言は，当時は行動療法がそれなりの効果しかなかったので，行動療法の新しい方法に臨床家たちの興味を引きつけることを意図したものであった。しかしこの主張について支持を得るには，動物実験の結果に基づく条件付け及び学習理論の汎用性を誇張し，神経症の精神病理を極端に単純化して，学習理論の治療への応用が困難であるということをごまかさねばならなかった。臨床家たちはそのことに気づかなかったわけではなく，むしろ多くの臨床家たちは初期の行動療法理論に対して懐疑的であった。このような疑いは臨床家だけにとどまらず，心理学者にも広がっていた。例えばBregerとMcGaugh（1965）は行動療法について「行動学的指向を持った研究者が用いたいわゆる学習原理の多くは不適切であり，臨床的現象を的確に説明できるとは思えない……伝統的に行動学者たちは，高度にコントロールされた条件下での動物実験によって確立された原理が，学習心理学の科学的基盤を構成すると思っている。しかし，人の学習状況にこれらの原理を適応する時には，動物実験から単純に類推して行われてしまうことが多い」（p. 354）と述べている。オペラント条件付けの原理を慢性期統合失調症の治療に当てはめようとする試み，あるいは負の訓練法によってチックを治療しようとする

試みに関する論文は，BregerとMcGaughが指摘した疑いの全てをよりいっそう強めることになった。

このような行動療法の科学的基盤への疑問に対して，複雑な臨床症状を有する患者の研究から退いて，最初はむしろ健常者（多くは大学生）が抱えるあまり深刻でない精神症状が研究されるようになった。これらの「前臨床的」研究は，学習原理が臨床的障害と類似した障害に対してうまく応用できることを示すために行われた。しかし，この研究の基本的な価値は，実際の臨床的問題に応用しうる実験方法を確立させることにあった。その結果，単に似ているからと動物心理学を臨床的な問題へと移行させるのではなく，例えば単純恐怖のような単一の症候に関する実験的研究を行うことにより，精神障害の治療法を作り上げるうえでより納得のいく基盤ができあがった。

主に恐怖症及び強迫性障害に関する健常者を対象とした研究は，よくコントロールされた数々の臨床試験によって追試され，この方法の価値と限界についてよりよい理解がなされるようになった。患者の態度や信念を組み入れないと治療に限界が生じることを臨床家たちは経験の積み重ねにより確信し，これら重要な要素を組み込む方法が追求された。一方，Beckは情動障害における認知的要素に関して研究を行った。そして彼はうつに対する新しい治療，認知療法と彼が呼ぶものを作り上げた。この治療法は，実験心理学の知見というよりもむしろ洞察に満ちた臨床的観察に基づいているといえる。そしてこれはまもなく患者の症状に非常によく当てはまるものであると臨床家たちに認められた。臨床試験が行われ，うつ病性障害に対して認知療法は価値があることが示された。それは重症度が中等度の急性うつ病に対する治療，及び再発の予防に効果があった。これらの発見により，うつ病性障害における心理学的異常，及び通常の状態での気分の悪さに関する研究が進んだ。このように，行動療法の場合と異なり，認知療法に対する科学的裏付けは，認知療法の発展の中で後からなされるようになったのであった。

近年，認知行動療法は認知科学及び行動科学とより効果的に結びついており，その結びつきにより治療は大いに進歩した。この章ではこのような進歩についての総説を行う。そして実験的研究は以下の3つに分類できる。

(1) 精神障害における鍵となる認知を特徴付ける
(2) 精神障害におけるそのような認知の役割について仮定したことを検証する

(3) そのような認知を持続させている要因を研究する

　これら3種類の研究からいかに効果的な治療が発展してきたかを，例を用いて以下に説明する。例のいくつかはほかの章で別のことを詳述するために使われるものと必然的に重なる。本書のテーマに基づいて，おもにオックスフォードグループの研究の中から多くの例を選んだ。これら3つの事柄について述べる前に，実験を行う上での理論的枠組みについて考えてみる。

モデル・仮説・そして臨床的観察

　認知療法の研究に用いるために，いくつかの理論的枠組みが提案された。すなわち，それらはモデルであるが，現象を説明する情報を広く包括的な方法で秩序立てるための道具であり，かつ容易には反証できないものである。Beckのモデルは図式化されている。つまり，情報のスクリーニングや符号化，それらの評価に関与している一定の精神的体験を図説したものである（Beck, 1964b）。Beckはうつ病においてはこの図式が異常であり，ストレスに満ちた出来事がその枠組みに機能障害を引き起こし，否定的な認知が生じると提唱した。うつ病においてこの異常な図式は持続する。なぜなら彼らは誤った論理を持つからである。例えばひとつの事柄を過度に一般化したり，良い面悪い面をバランスよく見るのではなく悪い面のみを選択的に抽出するのである。Beckのモデルでは第1に，患者が落ち込むと思考はより否定的になりその否定的な考えがうつ状態をさらに持続させることを示している。第2には，うつ病でない人の中にも，悪い環境に直面したときに抑うつを生じやすいような非機能的考えを有している人がいることを示唆している。Beckのモデルは臨床観察に基づいたものであり，非常に影響力が強いが，範囲のより限定された仮説に比べると推定の正確さの面では劣っている。

　認知療法について議論されるときに広く用いられる第2のモデルは，いわゆる情動処理に関するものである。このモデルは臨床で観察されることを説明するための手段であった。すなわち，ある記憶の想起が情動的反応を誘発し，この反応は想起を繰り返すことにより時間とともに減衰する。情動的反応が持続するということは情動処理が失敗したと言える。このモデルはBower（1981）の関連性ネットワークモデルと密接に関連している。このモデルで

は，記憶「構造」は情動に関する情報を含んでいる「構造」と連結しているとしている。そして恐怖ネットワークが生じる時のように，理由ははっきりと特定されていないが，このネットワークは安全な情報と連結できないというものである。

　この手のモデルは，新たに実験的知見を取り入れることができれば有用なものである。そしてこの手のモデルはそれに対する批判的仮説を生じさせにくいので，弱点を見つけ出すのも困難である。しかしそれらは新しい実験のための枠組みを提供できる。例えば，外傷後ストレス障害では情動処理の失敗があるという考え方があるが，それは，起こった出来事を外傷体験直後に，すなわち情動処理が起こっているであろう時に，そのことを検証することが重要であるという考えの元となっている。

　認知療法についての研究ではモデルが作られるが，その際には一般に一連の多くのデータ群が組み込まれる。しかし著者としては，そのようなデータ群よりももっと限定した少ないデータ群について相互関係を仮説して記述するというような，より低次の仮説に基づいたモデルのほうが，より効果的であると考えている。例えば，パニック障害は異常な破滅的認知によって起こるという仮説は，実験的に証明しうるいくつもの仮説を生み出す（本書p. 31〜33参照）。いずれにせよ，実験的研究のガイドとなる枠組みがモデルであろうとより限定された仮説であろうと，そういう研究の出発点は臨床観察にあるべきである。うつ病患者の思考と情動についてのBeckの特記すべき洞察は，患者の話を注意深く聞くことが，研究と臨床実践のための新しいアイデアを得る手段として最もよい例のひとつであることを示した。不安を含む障害（Beck, 1976）と人格障害（Beck et al., 1990）に関するその後の彼の研究もまた同様に刺激的である。

認知を特徴付けること

　認知療法では，長年にわたって確立されてきた思考パターンを短期間で覆そうとするのである。このような急激な変化を成し遂げるための方法のひとつは，障害を持続させている認知の中から最小限に絞って，その認知に治療の焦点を当てることである。別のアプローチにいわゆる広域療法というものがあり，いくつかの認知及び行動的技法を組み合わせて，より広範囲の認知

と症状を変えようとする試みである。この違いはパニック障害に対する2つのアプローチを比べてみることで示すことができる。Clark（1989）によって記述された治療は，今にも起きそうな身体的な病気への恐怖に関わる破滅的認知を変えるために特別に計画されている。対照的に，Barlowら（1989）によって作り上げられた治療は，身体の内受容器のキュー（恐怖のきっかけ）への曝露及び弛緩訓練を，認知療法と組み合わせている。Clark（1989）の治療は，認知の変化が治療に不可欠な段階であるという見地に立っており，破滅的認知を修正することに治療時間の大部分を費す。Barlowのグループが創案した治療は，障害のいろいろな側面において変化を生じさせるべきであるという見地から，治療の時間は様々な手順に割り振られる。治療に対する2つのアプローチのうちどちらがより効果的であるかという問いには，両者を比較することでしか答えられないだろう。しかし私は，精神病理学及び，特に認知の異常についての研究を基盤としたアプローチに焦点を当てて議論しようと思う。認知については，思考，注意，記憶，視覚イメージ，心配，そして後続性認知といくつかの側面から研究されている。

思考

異常思考の研究について，パニック障害を例にして説明しよう。パニック障害の患者は一般に，ひとつあるいはいくつかの不安の身体的徴候（例えば動悸）が医学的な緊急事態（例えば心臓発作）を招くのではないかという恐怖について述べる。このことは遙か昔にFreud（1895）によって報告されており，また何度も確認されている（例えばBeck et al., 1974；Hibbert, 1984；Ottaviani and Beck, 1987参照）。また臨床的観察により，パニック障害に現れる症状と認知の連鎖も明らかにされている。Hibbert（1984）は，患者の53％が恐怖の認知の前に何らかの自律神経症状に気づいており，この連続性は対照患者ではかなり少ないことを見出している。

パニック障害の例について続ける。「身体徴候が破滅的結果を招く」という恐怖がパニック障害においてはしばしばあるという臨床的観察を確かめるために，2種類の計量的手法が用いられてきた。最も単純な手法は，パニック障害とその他の障害に関して，質問紙票を用いて徴候とそれの認知の頻度を調べることである。例えば，van den Houtら（1987）は，パニック障害患者，パニック障害でない神経症対照患者及び健常者における内受容器的恐

怖を評価するために，14項目からなる質問票を用いた。するとパニック障害患者はほかの2つのグループよりも高い値を示し，パニックでない神経症患者と健常者との間には有意差を認めなかった。また，パニック障害患者は震えや感覚異常及び麻痺したような感じを除く，他の全ての不安症状に対してもより強い恐怖を感じていた。不安の計測ができれば，不安のレベルというようなわかり難い要因とこのようなグループ間の差を関連づけることも可能だろう（例えばLast and O'Brien, 1985参照）。他の関連性については，より複雑な統計技法を用いれば検査できるだろう。例えば，Marksら（1991）は，主成分分析を用いて，心臓呼吸器症状と身体的疾患に関連した認知との相関，及び離人症とコントロール喪失に関連した認知との密接な相関を示した。これらの計量的な手法によって，このような思考パターンは全てのパニック障害患者において存在しており，その点で彼らは他の不安障害の患者から鑑別されるのだという臨床的知見を得るまでに進展した。

　質問票を用いるには，患者は症状のあるときに自分が考えていたことをあとで想起できなければならない。例えばうつ病性障害のように，これらの徴候が持続的に頻繁に存在するならば，患者は容易に想起できる。しかし徴候が間欠的な場合，例えばパニック障害の大部分では，正確な想起は難しいだろう。評定するときに，患者の心の中でその考えを再度生じさせてみることにより，正確な想起ができるようになる。ひとつの手法は，症状がいつも現れるような場面についての話を患者に提示し，患者に彼らがそのときに生じた考えを述べさせるか，彼らがそのようなときに生じると思われる考えについていくつかの例の中から選ばせることである。例えば，パニック障害患者の研究（Clark et al., 投稿中）では，心臓の速い動きがまさに今出現したと想像するように話し，そしてこのような体験をしたら何を考えるかを述べるように患者に話した。その後で，検査者が提示した3種類の考えの中からひとつ心に浮かんだことに最も近いものを選ぶように患者に指示した。例えば，心臓の速い動きと関係する例としては以下の通りである：(1) 私は体を動かしていた，(2) 私の心臓に何か悪いことが起こっている（破滅的結末）(3) 私は興奮している，である。この手法により，身体徴候による破滅的結果への危惧が確認された。パニック障害患者は健常者に比べて破滅的結末を選ぶことが多いのである。(この例だと，パニック障害患者は対照者よりも (2) を選ぶことが多かった。Clark et al., 投稿中)

この種の研究は，臨床的観察によって示唆された異常の存在を確認するあるいは否定するのに役に立つ。臨床的手法では容易に観察できない異常を明らかにするには他の手法も用いられる。例えば，Clark らは（準備中 (a)），ある刺激に対して素早く反応するとき，パニック障害患者は対照者とは違った反応をすることを見出したが，さらにそれは破滅的認知への反応が素早くて自動的なものであるということを示唆している。被験者にまず，テレビ画面に映し出された不完全な文を読み，そしてそのすぐ後に同じ画面上に映るひとつの言葉をできるだけ速く大声で読ませる。不完全な文の一例は，「もし動悸を感じたら私はおそらく……」である。この文の後で提示されるいくつかの言葉のうち半分は，パニック障害患者の破滅的認知に特徴的な表現で文を完成させるものである（例えば，「死にかけている」）。残りの半分は恐怖を感じていない表現で文を完成させるものである（例えば，「興奮している」）。全ての被験者はこの課題に，画面に表示されてから読むまでに約一秒という素早さで反応した。健常者は恐怖を感じる単語にもそうでない単語にも同じ速度で反応した。しかし，パニック障害患者は恐怖を表す文を完成させる単語に対して特異的に素早く反応した。恐怖を表す単語に反応するこの速さは，彼らが恐怖を表す文で表現されるような考えを心の中にすでに持っているために，恐怖を表す言葉を予想していることを示唆している。言い換えれば，彼らには恐怖を表す言葉を想起する準備がなされているのである。この反応が素早くそれらの差異がミリ秒単位でしか測れないがゆえに，想起する準備は自動的に起こるのであろう。

うつ病性障害における思考障害については幅広く研究されている。これらの研究は，1964 年に出版された，思考と抑うつに関する Beck の古典的論文（Beck, 1964a, b）に端を発する。彼は「低い自己評価や自己批判，そして逃避あるいは死への期待」をテーマとした伝統的な臨床的記述が確かであることを確認した。しかし彼は，他の人達からはあまり明確には述べられていない特徴，すなわち，自制と命令に関する侵入的考えを，彼が恣意的推論，選択的抽出，極端な一般化と呼ぶところのゆがんだ理由付けの仕方とともに強調している。初期の論文において彼は抑うつ患者におけるゆがんだ理由付けとほかの精神障害に認められるそれとの類似性を著述し，障害された思考の過程は多くの障害において同じであるが，思考の内容はそれぞれ異なっているのではないかと示唆した（Beck, 1964a, b）。後になってから，彼はうつ病

性障害に特異的な特徴についてより重点を置いた。

引き続いて行われた実験，例えば自動思考質問紙（Hollon and Kendall, 1980）や認知的エラー質問紙（Lefebvre, 1981）を用いた研究によって，Beckの臨床的観察は広く確認された。また Deutscher と Cimbolic（1990）は，抑うつ患者は抑うつでない精神障害者に比べて，機能的でないことを受け入れてしまうということがわかった。他の研究では，抑うつ患者は抑うつでない対照者に比べて失敗の原因を外部要因ではなく自分に帰しやすいと報告されている（Coyne and Gotlib, 1983 参照）が，全ての研究がそれを支持しているわけではない（例えば Deutscher and Cimbolic, 1990）。しかし，異常な認知がうつ病性障害になる脆弱性要因であるという確たる証拠を生み出す実験的研究をデザインするのは難しい。すなわち，検査の時にうつ病でなく，かつ検査の前にもうつ病になったことのない人々を対象にして，うつ病の脆弱性要因である異常な認知が存在することを示すのは難しいことである。それゆえ，不安障害・うつ病性障害に見られるような異常な認知はその時点の異常な気分状態の結果であるという可能性も残っているのである。しかしもしそうだったとしても，この異常な認知は現在ある，または将来生じる気分障害を増強，遷延する可能性は高い。したがってこの異常な認知は重要な治療の対象となるのである。

注意

不安障害及びうつ病性障害は，注意の複合的な異常によって特徴付けられるが，その異常は実験的手法を使うしかうまく調べられない。不安障害においてはどっちつかずの刺激よりもむしろ不安を惹起する刺激に注意を偏って向ける傾向があり，一般に個々の障害にはそれぞれもっと特異的な異常がある（Wells and Matthews, 1994 参照）。例えば，Ehlers と Breuer（1995）は，パニック障害患者及び単純恐怖症では身体を脅かすような刺激に対して注意が偏る傾向があるが，パニック障害患者では内受容器的な変化に特異的に偏りがあり，単純恐怖症患者より自分の心拍数の変化に正確に気が付くということを示した。

注意の対象に関する実験的研究により特に社会恐怖について多くのことがわかった。この障害を持つ患者は他者にじろじろ見られたり，批判されることをおそれる。不安と注意の偏りに関する一般的な記載をこのような患者に

当てはめてみると、彼らは彼らの行動に対する他者の反応に選択的に注目し、特に批判を表すどんな仕草にも注意を向けるのだと考えられる。実験的研究により異なる形態の注意が示唆されている。StopaとClark（1993）は社会恐怖やその他の不安な患者、健常者群について研究した。3グループの人達全員に、控えめに、しかしよそよそしくはない態度で振る舞うよう訓練した人と会話をさせた。そのやりとりはビデオで記録された。会話の後で彼らに自分の考えを大声で話してもらい、その後で、考えていそうなことを記載したチェックリストに答えてもらった。相手の容貌や部屋の中にあった物品、会話の内容についての想起と再認記憶をテストすることによって注意の向いている対象について評価したのである。他の2グループと比べ、社会恐怖の人達は自分の社交的振る舞いについて低い自己評価を抱くことが多かった（例えば、「私は人をうんざりさせている」）。しかし他の人が自分に対して低い評価を下している（例えば、「彼は私が人をうんざりさせていると思っている」）という考えが他のグループの人達より多いわけではなかった。社会恐怖の患者は自分を否定するような周囲の兆候から注意を背けて（Clark and Yuen, 準備中）、自分自身の生理学的反応に注意を向ける（Johannson and Öst, 1982）ということが証明されている。このようなことから、患者の注意を患者自身の行動や生理学的反応から他の人の行動に向けさせることによって、他者の反応についてのより正確な情報を集めさせることが患者にとって重要である、ということが示唆される。

　社会恐怖においては注意の自己焦点化が亢進しているという知見が得られたが、これは他の気分障害での知見と類似している。このことから自己焦点化というのはいくつかの異常な状態に共通した特徴であると思われる。健常対照者に比べて不安障害患者（Wells, 1985）とうつ病性障害（Ingram and Smith, 1984 ; Smith and Greenberg, 1981 ; Wood et al., 1990）、強迫性障害（Gordon, 1985）では周囲に対してよりも自分自身に対して注意を向けることが多い。このような知見は重要である。なぜなら自己焦点化は現実検討を妨げ、そして恐怖をもたらす状況を避けるようにさせるからである（Carver and Blaney, 1977）。その上、自己焦点化の亢進によりストレスに反応する身体感覚部分への彼らの意識は増大し、またその注意を喚起する信号を過大に受け止めてしまうとともに（Mandler et al., 1958）、自己焦点化の亢進はより大きな情動的反応を起こす傾向（Scheier and Carver, 1977）と関連し

ている。これら全ての行動は情動障害を悪化させるか遷延させことになるであろう。

記憶

うつ病患者を対象にした，自伝的記憶への気分の効果に関連したいくつかの実験的研究が行われている。Lloyd と Lishman (1975) は，悪い気分は幸せな記憶の想起より不幸せな記憶を速く想起させるという気分と想起の関連を最初に発表した。これはうつ病患者における相関研究であり，このような結果は，(a) うつ病はよくない経験の想起を促進する，(b) 最も抑うつ的になった人はより不愉快な人生を経験してきた，または (c) 抑うつ気分の人は記憶を思い違えて評価する，つまりその時には悲しくなかった出来事でも思い出す時に抑うつ的にラベリングする，ということから生じている可能性がある。人生経験が違うという説明は，次のような実験によって否定された。すなわち，抑うつを生じる可能性のある文章，例えば「私は価値あることなど何も達成できなかったと思う」を読むように言う (Teasdale and Fogarty, 1979)，あるいは悲しい音楽を聴くように言う (Clark, 1983) ことで，気分が変わっている間に記憶を調べるというものである。そのように誘発された気分は，Lloyd と Lishman によって報告された (1975) 知見と同様に，想起における偏りを生み出した。そして気分の変化が単純に記憶の評価を変えるという可能性は Teasdale ら (1980) によって否定された。彼らは異常な気分状態でいるときに出来事を思い出してもらい，そして普通の気分の時にそれを分類するよう頼んだ。普通の気分状態の時に抑うつ的と分類された記憶は，誘発された悪い気分状態にある時により速く想起されたものであった。さらにその後の研究で，Clark と Teasdale (1982) は，気分の記憶に及ぼす影響は，その気分が誘発された時に起きるだけではないことを示した。すなわち，うつ病性障害患者における気分の日内変動のうちの抑うつ的な時期とそうでない時期に，想起を比較しても同じように認められることを示した。

このような記憶に対する気分の影響は重要である。なぜなら，悪い気分は不幸な記憶を想起させ，それがさらに気分を悪くするという悪循環を形成し持続していると思われるからである。

視覚イメージ

　苦痛を生じさせる視覚イメージはいかなる精神障害においても起こりうるが，臨床においては特に外傷後ストレス障害に多く見られる。これは計量的な研究でも確かめられていて，例えば Ehlers と Steil (1995) は路上で事故にあった被害者のうち 45% しか侵入的な思考を経験していないのに対し，65% が侵入的な視覚イメージを経験している，と報告している。視覚的侵入は思考の侵入よりも苦痛を与えるものと評価された。そのような視覚イメージはそれに対応する思考よりも持続し，もしその人がそれらを言語的に符号化するように話すなり書けば，より速く消える (Pennebaker, 1989)。この最後に示した考えは重要と思われるが，確信の得られる実験的な証拠はまだない。

　視覚イメージは，同じ出来事の言語的想起より感情的な処理が困難であるのでより持続的であると示唆されてきた。感情処理モデルとして表現されてはいても，これらの報告は，視覚的侵入的記憶が持続しやすく強い感情と結びついていることが多いという臨床的な観察を繰り返しているに過ぎない。視覚イメージは多くの感情障害において重要な要素であるから，よりよい治療法を編み出すためにも，それを引き起こし持続させる条件についてのさらなる研究が必要である。

心配

　ここでは，心配とは不安を引き起こすテーマを伴った繰り返し起こる思考やイメージのことを指す。持続的に繰り返し起こるという点で，前述の短時間の侵入思考やイメージとは異なる。普通の考え (Borkovec and Inz, 1990) や強迫観念 (Wells and Morrison, 1994) と比べると，心配はイメージよりも思考を多く含む。心配は全般性不安障害の特徴的一面であり，DSM-IV の診断基準の中のひとつのポイントである。心配することは視覚イメージよりも感情の喚起とのつながりは少ないと思われる (Borkovec and Hu, 1990)。そしてイメージや不安から回避するための一形式であるので持続するのかもしれない (Borkovec and Inz, 1990)。

　心配は感情処理理論で考察されてきている。そのような感情処理は，認知的要素と感情喚起の身体的要素を同時に再体験したときに，最も効率よく生じるとされている。もしこれが正しければ，視覚イメージと比べると心配は

より非効率な感情処理をもたらし，その結果長期的不安をもたらすことになる。この仮説を裏付ける証拠が Butler ら（1995）に示された。彼らは被験者にストレスのかかるフィルムを見せ，そのうち半分の人に見た直後にフィルムの内容について心配するように指示し，残り半分の人にフィルムを視覚的にイメージするように指示した。フィルムを見た直後には心配させたグループは明らかに不安になりにくかった。予想に反して"心配グループ"の方がイメージによる苦痛の強さは低かったが，続く 3 日間，"心配グループ"の被験者はフィルムの侵入的イメージをより多く経験した。心配は全般性不安障害の目立った特徴であるので，その原因，効果，そして持続させる要素についてもっと多くを見出すことが重要である。心配を定義し，測定し，研究しようとすることは重要な第 1 の手段であるが，侵入思考と侵入的イメージ，心配の違いをさらにはっきりさせるには，まだ実験的研究が必要である。

後続性認知

「後続性認知（meta-cognition）」とは，人が自分自身の認知を調節したり，認知したことを解釈することに関係する信念や行動のことである（Nelson and Nahrens, 1990 参照）。調節には例えば，心配と視覚イメージの切り替えや，注意を向ける焦点を変えることが含まれる。解釈には例えば，ある出来事について考えることでそれがさらに起こりやすくなるという強迫性障害の人達の信念や，侵入的想起は自分が狂ってしまうとか自分の脳には重い障害があることを示しているのだというような外傷後ストレス障害の人達に見られる信念が含まれる。臨床的観察から，そのような考えは新たなストレスを作り出し，また障害を持続させるのではないかと思われる。かくて Ehlers と Steil（1995）は侵入的想起を否定的に解釈することは侵入症状による苦痛と関連があり，この苦痛の影響は侵入症状の頻度が減じても依然強いことを発見した。さらに Winton ら（投稿中）は性的もしくは身体的侵襲後の最初の外傷後ストレス障害症状への否定的解釈の有無が，その患者が持続性の外傷後ストレス障害となるか一時的なものとなるかを分けることを発見した。

また，そのような考えは考えを変えさせるように話し合ったり，質問したりすることでは改めるのは難しい。このため後続性認知をもっと理解することが重要であるが，今日までほとんど進歩はしていない。実際に後続性認知を系統的に記述し，信頼性のある測定をしようという試みさえ，ほとんど見

られていない。異常な状態における後続性認知の研究によって正常な精神過程における後続性認知のメカニズムに注意が向くようになると思われる。しかし，他の認知障害の研究と同様に，進歩するには病的状態を理解する前に健常対象者における後続性認知過程の知識を増していくことが必要であろう。

予測されることを検証する

先に総説した実験的方法は，特定の精神障害を特徴づける認知や他の心理的異常を同定するのに役立つ。これらの異常の性質を知ることで，その状態を持続させるのにどのような形でその異常が重要な役割を果たしているかについての仮説が導き出される。これらの仮説から予測されることを検証する実験を行うことにより，より確固たる証拠を得ることができる。パニック障害やうつ病性障害においての研究を題材にこの種の実験について説明する。

パニック障害の認知仮説では，パニック発作は患者が喚起された症状に注意を向け，それが身体的原因によって起こると考え，それが破滅的結果（例えば，動悸が心臓発作に至るだろう，といったもの）を招くだろうと恐れるときに生じると予測される。認知仮説によれば，どんな原因による自律神経の興奮も2つの条件を満たせばパニックを起こしうることになる。これは「恐怖への恐怖」仮説――これによると自律神経の興奮はそれが恐怖反応の一部であるときに限りパニックを起こすことになる――から予測されることとは異なるものである。また認知仮説からはパニックは破滅的認知が直接活性化されると起こり，破滅的認知の強さが弱まれば自律神経の興奮はパニックを起こしにくくなるだろうと予測される。

ひとつ目に予測されることは，どんな自律神経の興奮によってもパニックが起こるということであるが，これを強く支持する証拠がある。直接自律神経の興奮を引き起こす，過換気（Gorman et al., 1984），二酸化炭素吸入（Woods et al., 1988），乳酸（Liebowitz et al., 1985）やヨヒンビン（Charney et al., 1984）の注射はパニックを誘発しうる。さらにこれら化学物質は，パニック障害の患者では健常者よりも強い不安を引き起こす。認知仮説から予測される2つ目は，破滅的認知が直接刺激されたときにパニックが誘発されるというものである。このことはEhlersら（1988）の研究によって支持されている。すなわち，彼らは心拍数が増加しているという（実際はそうでは

なかったが）偽の情報を与えることによってパニックを誘発した。この方法は不安を直接作り出す効果はないが，認知的プロセスを通して作用するのである。パニック障害の患者群と健常者群は，正しい心拍数を教えられた時には同じように反応した。しかし実際の心拍数より高い心拍数を信じ込まされたパニック障害の患者群では，同じように偽の心拍数を教えられた健常者群より強い不安が引き起こされた。

認知仮説からのさらに予測されることとして，パニックを起こす刺激を患者に与えても，そのときに認知を不活化すれば，パニックを起こさないというものがある。このことを証明するのに3つの実験的アプローチが用いられている。ひとつ目の実験ではパニック障害患者のパニック発作の誘発刺激として知られる，二酸化炭素濃度の高い空気を吸入させる方法が用いられた（Rapee et al., 1986）。「二酸化炭素による自律神経の興奮は正常な反応でしかも一時的な反応であり危険を伴うものではない」と安心させた患者では，この物質への反応は通常よりも明らかに減少した（同じ実験手順を踏んだ社会恐怖の患者ではどちらの条件でもパニックを起こしにくかった）。もうひとつの実験で，実際には量の調節はできないが，吸入する二酸化炭素の量を自分で調節できると患者に伝えたところ，二酸化炭素吸入によるパニック反応は減少した（Sanderson et al., 1989）。3つ目の実験（van der Molen et al., 1985）では，健常者にこの注射は快適な興奮をもたらすと告げて乳酸を注射すると，不安を起こす注射だと告げたときよりパニックを起こしにくかった。パニック障害患者は健常対照者と比べて乳酸注射によるパニック発作は何倍も起こしやすいので，患者が同じように反応するのかを見定めることが重要である。それに関連した実験でClarkら（準備中（b））は，パニック障害患者を2つのグループに分け，両者に乳酸ナトリウムを標準化された方法で注入した。ひとつのグループにはその注入剤の性質と自律神経への普通の影響について詳細で安心させるような説明を与えた。もうひとつのグループにはこの情報を与えなかった。すると，安心させる説明を受けたグループでは有意にパニック発作を起こしにくかった。

予測されることを検証するための実験方法で他に挙げられる例としてはうつ病性障害に関するものがある。抑うつ患者の認知療法の治療過程に関して実験的研究が行われており，気分と標的である抑うつ的な認知の計測が行われた（Teasdale and Fennell, 1982）。認知療法の手順を，標的となる認知を

変えるために使ったグループと，患者にはその認知について語らせるが認知を変えることは試みないグループとに分けて行うというものである。これらの研究ではそれぞれの患者グループに対しバランスのとれた順序で行われた。認知は前者の条件下の方がより大きく変化し，予測の通り気分もその方がより改善した。これにより最初の予測が確認された。

　侵入思考はうつ病性障害の顕著な側面であるが，他の研究では，侵入思考に対する，注意をそらすことの効果について調べている。「侵入思考は気分を悪くする」ということに基づいて，注意をそらすことが抑うつの認知療法の一部として使われているので，この研究の結果は重要である。Fennellら（1987）は抑うつのレベルが軽度の時には注意をそらすことは抑うつ的思考の頻度を減じ，またそれに関連した気分の改善に望まれたような効果があることを示した。しかしうつ病性障害がより重症でそのパターンがより「内因性」のときには，抑うつ的思考の頻度を減らすことへの注意をそらすことの効果は低く，抑うつ気分にも有意な変化をもたらさなかった。これらの知見から健常対象者の軽度の抑うつについての研究を一般化して，患者に見られるより重症な抑うつに当てはめることが危険であることが指摘される。より重症の抑うつ患者で注意をそらすことの効果が低い理由は3つ挙げられる。第1に，悪化した気分は自己焦点化を増す（Wood et al., 1990）ので，気分が悪い時に注意の焦点を侵入思考からシフトすることがより難しくなるのだろうこと。第2に，臨床的には気分が悪いと侵入思考の強さが増すので，より強い侵入思考から注意を転換することがより難しくなるのはもっともなことであること。第3に，「内因性」の障害では他の抑うつ症例とは異なる病因を持っているかもしれない，ということである。

　注意をそらすことは，不安障害の曝露療法においても研究されてきている。これは不安を即座に減らす効果があるものの，長期的には障害をあまり改善しないという証拠がある。例えばSartoryら（1982）は急速な曝露（フラディング）に引き続いて起きる不安は，曝露直後に恐怖状況から注意をそらした群の方が，その時に恐怖状況について考えるよう指示された群より不安が強いことを見出した。Graysonら（1986）は強迫症状を有する患者で注意をそらすことを曝露と組み合わせたところ，同様な結果を得た。注意をそらすことを行った場合，曝露中は不安は少ないがその後大きくなった。注意をそらすことの効果は，その時患者にとって注意をそらすことがどんな意味を

持つかによって変わるようである。注意をそらすことが不安からの回避行動の1形式と考えられるならば，それは障害を長期化させるだろう。そしてもしそれが不安に積極的に対処する戦略の一部と考えられるならば，それは有益な効果を持つだろう。この考えは次節でさらに考察する。

認知を持続させる要因

　実験研究によって，精神障害に存在する認知の異常を同定することができるようになるだけでなく，そのような認知の異常を変える方法も示唆される。認知は主に2つの方法で変えることができる。第1に，その論理的基盤を問い，反論を示し，その根拠を失う体験ができるように計画することで，直接的に変えることができるというものである——これらの方法は例えばBeckのうつ病の認知療法で使われている。第2に，信念に反する情報や体験に直面した時に通常は信念の変化が生じるが，その変化を妨げる要素があって変化が生じない時に，その要素を取り除くことで間接的に認知を変更できるというものである（実践的には2つのアプローチはオーバーラップしている。というのも認知の異常を持続させる要素を取り除くことは変化を生み，今度はその変化が信念を否定する助けになるからである。）。第2の方法は，なぜ異常な認知は変化しずらく，普通の信念を変えるような情報や体験により変更されないのかという問いから始まっている。例えばパニック障害の患者は，今まで生じた多数のパニック発作が心臓発作に至ったことが一度もないのにも関わらず，その症状が心臓発作に至るのではないかと恐れ続ける。この矛盾については，間近に生じた不安感を軽減するために患者が用いる対処戦略そのものが，付随的にまたは意図せずに，長期的な認知的変化を妨げている可能性があると説明されている（Salkovskis, 1991）。逃避と回避はそのような対処戦略の典型的な例である。これらは不安を防ぐが，また同時に恐れている状況に居続けた場合に実際何が起こるのかを見出す機会を奪ってしまう。混雑した店の中で気絶するだろうと思い，いつもそのような場所を回避したりそこから逃避している患者は，「その店に居続けると気絶してしまう」という信念が本当かどうかを試すことができず，気絶するだろうと恐れ続ける。

　逃避と回避は安全行動という一連の行動の中の2つである。すなわちそれは不安からすぐに解放してくれるが，異常な認知を持続させてしまうので，

長期的な影響を有する活動である。他の安全行動は，パニック障害，広場恐怖，そして社会恐怖に関連して記載されてきており，それらの行動は患者の恐怖に満ちた認知にわかりやすい形で関連しているので，その行動様式は理解できるものである。例えば気絶を恐れる人がものにしがみついたり筋肉を緊張させたりする安全行動をとり，心臓発作を恐れる人がリラックスしたりじっとしたままでいるような安全行動をとったりすることである。Salkovskis ら（1996）は特定の恐怖と特定の行動の結びつきを調べ，Wells ら（1995）は社会恐怖における安全行動の役割を検討し，このような臨床的観察所見が得られている。通常用いられる安全行動は，目を合わせないようにしたり，震えを避けるために物を強く握ったり，冷静を保つために深呼吸をしたり，といったことである。Wells ら（1995）は社会恐怖の患者を不安を引き起こす状況に以下の2つの条件下で曝露した。すなわち，曝露中いつもの安全行動をとるという条件と，できるだけその行動をとらないようにするという条件である。患者の恐れていた破滅的状況での患者の信念の強さを計測すると，安全行動をとらないようにした群での方が安全行動を継続していた群より有意にその値が減っていた。これは安全行動が恐怖に満ちた認知を持続させるという仮説と一致する知見である。不安も安全行動をとらない群でより減少していた。これは患者の認知と感情の関連を裏付けたものである。

　もうひとつの持続させる要因は，侵入思考についての研究で明らかにされている。Salkovskis ら（印刷中）は被験者にいつも浮かんでくる考えを声を出して言ってもらい，それをテープに録音し，後でそれを聞かせて侵入思考を起こさせる。一方ではそれを打ち消すよう努力させ，他方では浮かんでくる考えの数を単に数えるように指示した。対照群と比べ，打ち消すようにさせた群ではテープが止まった後により強い不快感を体験し，考えを抑圧し続けようとする衝動がより強くなった。他の2つの研究は，思考を抑圧しようとする努力は，その後，抑圧した思考の頻度を増やすことになることを示した（Clark et al., 1991, 1993）。しかし全ての研究でこの観察所見が確認されたわけではない。Lavy と van den Hout（1990）は抑圧の直後には増強を認めたが，遅れて生じるリバウンドは認めなかった。しかし，これらの知見は考えを抑圧することが侵入思考を持続させる悪循環を作り上げていることを示唆している点で興味深い。

　侵入思考を抑圧しようとすることは外傷後ストレス障害の持続にも一役買

っている可能性がある。患者は思考の内容が強い苦痛を与えるほど，その思考の侵入を抑圧しやすいので，思考がやっかいであるほどより抑圧し，抑圧し続ける衝動がより強まる可能性がある。侵入思考によりもたらされる苦痛の度合いはその内容，意味，そしてその人がどのくらい責任を感じるかによって異なる。この考えと一致して，外傷後ストレス障害における侵入的記憶は外傷体験がコントロール不能で予測不能と思われた時，より頻回に生じる (Foa et al., 1989, 1992；Baum et al., 1993)。その出来事に対する外傷の時点での意味付けはその後変わりうる。Foaら (1989) の報告した観察所見はこのことを指摘している。あるレイプの犠牲者は犯人が次の被害者を殺したことを聞いた後に初めて外傷後ストレス障害を発症した。強迫性障害では，患者がその思考に責任を感じるほどそれにより生じる苦痛は増す。例えば暴力的な内容のある思考は，そのように考えてしまうのは自分に責任があると考え，それに基づいて行動してしまうのではないかと考えた時に，より苦痛が増す。もし繰り返し抑圧されるためにその思考が持続し，抑圧の度合はその思考により生じる苦痛に左右され，その苦痛はその思考の意味とそれに感じる責任感により変わるとすれば，治療をより効果的なものにするには，抑圧を減ずるだけでなく思考の意味とそれへの責任感を変える方へ治療を向けるべきだろう。

　また，これらと同様の知見は，持続させる要因が認知の変化を妨げることに重要な役割を果たしている可能性を示している。また治療上持続させる要因を変化させる方が，証明や質問により直接認知を変えようとするより効果的であることが示唆されている。

結論

　この章では，選択的で不完全ではあるが，正常及び異常な認知過程についての実験的研究が認知療法の発展をもたらすことを示したいくつかの方法を提示した。また，異常な状態において認知の変化をもたらす要因についての研究は認知過程の研究をする上においての有益な視点を与える。心臓や腎機能の異常によって逆に，それらの正常に機能するための鍵となる側面に注意の焦点が向くように，異常な心の状態を調べることによって正常な認知過程を経るための鍵となる特徴に注意を向けることができる。

近年の実験的認知心理学の進歩にもかかわらず，異常な状態における認知過程についてはまだ答えの出ていない多くの疑問がある。特に異常な感情状態で顕著に持続する2つの特徴である，視覚イメージと心配についての情報が欠けている。このため認知療法は健常者についての科学的研究結果のみを土台とすることはできず，また精神病理学的状態の研究によってのみ得られるものでもない。健常者を対象とした科学的知見は臨床的観察を鋭くし，そこで用いた方法を試すことはできる。しかし，そうでなく科学的知見は臨床的観察と組み合わせるべきである。実験的方法をこのように使い，変数間の関係についての低次元の仮説を立てることは，精神機能についてのより思い切ったモデルを使うよりも一般的に実りが多い。このように健常者を対象とした科学的知見は，基本となっている障害を強め持続させている異常な状態の特徴を同定する助けとなりうる。そのような特徴を持続させる鍵となる要因に焦点を当てることは，その特徴自体を直接変えようとすることと同様に実りが多いことである。

　治療の焦点を主に認知を変えることに置くか，または持続させる要因を取り除くことに置くかによらず，標的とする行動や認知に対して広範囲なテクニックを使って拡散させてしまうということをせずに，変化させる認知や行動の標的を少なくする方が，治療者の時間はより有効に使えるだろう。同じことが精神薬理学の進歩にも見いだせる。広範囲の作用を持つ薬が，特異的なレセプターに的を絞って作用する新しい化合物に置き換わったときに進歩が見られたのである。この精神薬理学の進歩は基礎研究と臨床研究の組み合わせによりもたらされた。もし基礎認知心理学からの知識がここで示したような患者に対する実験的研究と組み合わされれば，認知療法における進歩は非常に早くなるだろう。

第3章
情動障害における情報処理の偏り

Andrew Mathews

認知と情動における情報処理の性質

「何も怖いことなんか起こらないってわかっています，でも心配でどうしようもないんです」。このセリフに描写される心理過程を我々はどう捉えれば良いのだろうか？　この質問にきちんと答える前に，以下のような疑問を明確にしておく必要がある。(1)「何も起こらない」という知識と「起こるのでは」という感覚。この矛盾はどのように生じるのか？　(2) なぜ「出し抜け」に心に心配事が浮かんでしまうのか？　(3) なぜ我々は自分の望む時に心配をかき消すことができないのか？

　認知と情動に対して情報処理の面から接近することは，そんな疑問に直接答えるものではない。しかし，答えを探して行く上での次のような2つの非常に有効な道具を与えてくれる。特異的仮説を導くための大まかな理論的枠組み，及びその仮説を検証するための一連の実験方法である。多くの中心的仮説がこの研究で生まれた。そのいくつかを簡単に述べると以下のようになる。まず始めに，認知と情動の心的操作は，相互に連関する多様で特殊な構成単位として，自分自身，及び世界に関する情報を獲得，変形，及び貯蔵することによってなされると仮定される。そういった構成単位の受容能力に限界があるのに対し，利用可能な情報量は莫大なものである。そのため，十分な処理を受ける情報は一握りしかなく，残りは部分的にしか，もしくはまったく処理されない。その結果，注意のように情報の選択を決定するメカニズムが存在するに違いないことが推定される。

　そのシステムにおける異なった構成単位は並行して情報を扱うことが可能

であり，そのため，ひとつの出来事の様々な面が同時に処理されるのかもしれない。しかしながら，連続した操作を経なければならないような処理もいくつか存在する。前の処理からの出力を受理しないと次の処理を行うことが不可能であるからだ。現在の目的を達成するためには，環境から情報を感覚的に選択することは一連の過程のひとつの段階で，意味の解釈は，別の段階でさらに結論的意味の蓄えが別の段階でなされると考える。しかしながら，これらの段階が複雑な回路を伴うこともしばしばあるだろう。例えば，'palm'という単語を読んだ場合，第一段階として紙面の数行から「帰納的」に感覚的な解釈を行い，ふさわしい言葉を求めて記憶に接触し，さらに深く「演繹的」に，ぴったりであるという確信を求めて注意深い探求をするのである。だが，最終的な意味の解釈は，隣接する言葉の入力で決まるかも知れない（palm「やし」なら tree「木」，これに対して palm「手のひら」なら hand「手」，と呼応する）。

　情報処理の構造として，こういった操作の多くが意識せずに進行する，という性質を帯びる。実際，非常に日常的な作業や習熟した心的操作は自動的であり，無意識的であると思われる。これらの日常的な処理で生まれる産物のいくつかが，意識に到達し，求めるものを計画的に探したり，問題を熟考する，というような意識的にコントロールされた処理を受けるのかもしれない。並行して行われうる自動的処理とは異なり，これらのコントロールされた処理の仕方は，その資源が限られているようで，我々はそのような仕事は一時にひとつしかできない。例えば，筆者は仕事の予定を考えていながら，同時に，さほど支障をきたさずに自動車の運転のような比較的自動化された処理を遂行することができる。しかし，誰かに何か別のことで会話に引き込まれることがあれば，しばらく仕事のことを考えるのをやめなくてはならない。

　ここで，もしくはこの本の別のところで議論する研究の基盤となる重大な仮説というのは，情動が認知処理の操作で生じるものであるということだ。自尊心のような通常の情動が，いくぶんかは意識的な思考（自己の価値や業績を考えるなど）によるというのは明白に思える。しかし，全ての情動の状態がこれに当てはまるのかは明らかであるとはいえない。情動障害においては言うに及ばない。しかし，全ての通常の一般的情動は出来事の認知評価を通じて起こり，情動が生み出される経過はしばしば自動的であり無意識的で

ある，ということは十分ありえる。意識的思考や感覚といった形で情動を生み出す自動処理の結果に気づいて，初めて我々はその結果をある程度故意に制御することが可能となるのである。もしそうであるならば，情動障害もまた類似の無意識的評価の産物であり，また情動障害というものが，情動をコントロールしようとする我々の意識的な試みを打ちまかすのに十分な強さを持っている，と理解されうるであろう。

　この章の始めに述べた問題を振り返ってみよう。何も起こらないと知っていながら心配が消えない，という症例を説明するのに情報処理というアプローチでどのような仮説を導けるであろうか？　可能性として考えられるのは，これら2つの認知の産物が，処理が異なるモジュール（構成単位）の出力をあらわすということだ。現実的に危険性が低いという命題的知識は，思考制御の結果かもしれないが，より自動的にアクセスされる記憶における別の形態の知識が，意識に達する思考と感覚に影響を与えるかもしれない。それゆえ，始めに提起した問題に対する仮定的解答は以下のようになる。(1)命題の知識と感情との間の矛盾が，その2つが異なったタイプの認知過程の産物であるがゆえに生じる。(2)心配事は「出し抜け」に浮かび上がってくる。それは生み出す過程が無意識なものであるからであり，(3)我々の意識的コントロールには限界があるため，心配を止めたいときに止められるわけではない。とはいえ，このような推論的記述は明らかに不適切である。情報処理という面からのアプローチは，そんな仮説を検証可能な形で公式化することと，実験の場へ持ち込むことが必要である。ここで，その研究について目を向けることとしよう。

情報処理の偏り（バイアス）

　得られる様々な情報からある程度の選択をすることは避けられないので，どの情報を処理して，どの情報を捨て去るかを検討しなければならない。ここではバイアスという言葉を，そのような決定，特に情動的意味を持つ情報の取捨選択に影響を及ぼす決定を下す際，何を優先するかという体系的嗜好を記述するために用いる。不安，抑うつといった否定的な情動状態に陥りやすい人は，否定的気分に合致する情報を選択しがちになる筈である。上記の推論は我々をそのような想定へと導くであろう。この類の選択は，情動的情

報の処理において多くの個所で起こる。関連する所見を，便宜上，知覚の符号化，解釈，そして記憶といった見出しで分類し，以下に述べることにする。

知覚の符号化

知覚の符号化を調べる最も簡単な方法は，言葉や絵といった情動刺激を与え，いろいろな被験者群で，その刺激の同定しやすさを評価することである。例えば，PowellとHemsley（1984）は，非常にすばやく（7～100ミリ秒）中立的言葉を提示した場合，抑うつ患者が対照群と比較して高率にその言葉を否定的に認知するということを見出した。同様のより最近の知見では，von Hippelら（1994）が，自己記述課題において自分を極端に評価するような言葉が出たときにのみ，抑うつ的な学生は否定的な言葉をより正確に同定することを見出した。さらにその学生たちを不安傾向（不安状態ではない）の指標のスコアに従って分類した際にも同じような結果であった。これは，何らかの永続的な特性が関係していることを示唆している。

情動刺激を同定しようとする課題を用いて，一定の結論を引き出す際の問題のひとつとして，被験者が課題の結果を報告しようとする意欲にばらつきが見られる可能性がある，ということがある。MacLeodら（1987）は，上記の場合は，知覚の符号化の違いを反映するというよりむしろ，反応の偏りを反映するおそれがある，と論じた。すなわち，言葉の性質について部分的な手がかりを知覚したら，抑うつ的な，もしくは不安な被験者は，多かれ少なかれ何らかの「否定的な候補」について考えたがるであろう，ということだ。これは，ほかのいくつかの作業についてはあまり当てはまらない。例えば，語彙の中から言葉を選ぶ時など，患者は別に口に出さずともよく，ただ単に文字列が適正であるかどうかを決めればよいのである。語彙決定課題については，グループごとの差異ははっきりとは認められなかった（Clark et al., 1983 ; MacLeod et al., 1987）。

反応の偏りで結果のいくつかを説明できるにせよ，その全てを説明するには十分とは思えない。なぜなら，語彙決定課題において，同時に2つの刺激を与えた場合，気分に一致した傾向に有意義な結果が見られたからだ（MacLeod and Mathews, 1991 ; Mogg et al., 1991）。グループ間で符号化の差異が認められるか否かはむしろ処理の選択肢間の競合に大きくかかっている，ということであろう。すなわち，被験者にとって情動の面から見た重要

性が異なる可能性のあるいくつかの標的あるいは反応を選択させる課題の場合，情動性における個人の差異は選択されるものに影響を受けやすい，ということである。たったひとつの標的あるいは反応しかないならば，選択の過程が結果に影響を及ぼす余地はない。

　知覚の符号化を検索するもうひとつの方法として，競合する刺激を短時間呈示し，そして注意の配分を評価するために，これらの刺激に対応する位置にプローブを付け，探索の潜時を用いるやり方がある。例えば，2つの言葉を同時に500ミリ秒で提示し，被験者が探索すべきプローブである点をそのうちのひとつと置換する。すると，不安を抱える患者は中立的な言葉よりも，患者に脅威を与える言葉と置換した場合に，より速くプローブを検出するのである（MacLeod et al., 1986）。これが示唆することは，臨床的に不安な患者はそうではない対照群と比較し，知覚的配列の中の情動的刺激により注目しやすいということである。この選択的注意効果は，提示された刺激と，その個人の，その時の関心事（心配事など）とが一致したときにより強い（Mogg et al., 1992）。それゆえ，パニック障害の患者は，身体的に脅威を与えるような言葉（例；失神，死）に対して注意を払うが，社会的に脅威を与える言葉（例；失敗，間抜け）についてはさほどではない（Asmundson et al., 1992）。選択的注意は常に外へ向かうというわけではなく，自分自身に起きた反応が脅威の起源であると知覚するのであれば，自分に焦点を合わせることもありうる。パニック患者は身体に脅威を与える言葉に目を向けるだけではなく，自身の身体的感覚に，特に注意を払う。そして，より正確にその感覚を検出するのだ（Ehlers and Breuer, 1992）。同様に，社会恐怖の患者は，社交場面での自分自身の行動に関して非常に注意を払うだろう。なぜなら，彼らは自分の反応（例；手が震える）を周囲に見られるのではないかと恐れているからである（Clark and Wells, 1995）。

　選択的符号化を研究する3番目の方法は，情動刺激が「転導物」となる課題を用いる方法である。それらが注意を引けば他の課題に支障をきたすのである。例えば，注意が乱される単語の中に中立的な標的の単語を探す場合である。不安を有する患者は，中立的な意味の単語よりも脅威を与える意味の単語の中から探し出すほうがより時間を取られる。おそらく，脅威を与える言葉にとらわれるのであろう（Mathews et al., 1990, 1995）。しかし，最も多く用いられる妨害課題は，カラー・ネーミングと呼ばれるもので，被験者

は呈示された言葉の意味を無視して，その言葉がどんな色でかかれているかを言うよう要求される。言葉の意味がその個人の関心事と一致した場合，通常，カラー・ネーミングの作業は遅くなる。この所見は不安性障害，うつ病，及び摂食障害の患者について報告されたが，おそらく，ほかの多くの障害についても認められる（レビュー参照，Williams et al., 印刷中）。

これまで簡単に述べた3つのアプローチに共通の機序が存在するかどうか定かではないが，符号化の差異を明らかにする課題は全て選択肢を処理する「選択」を含む。つまり，情動性が関係するのは，本質的に，情動的出来事それ自体を処理する速度や，効率の差異ではなくて，選択が必要となった場合のそういった出来事に対する優先順位の配置なのである。この区別は，同様の課題が競合する選択肢がある場合とない場合で行われる実験により，最も明確に認められる。それゆえ，不安な患者は，脅威を与えるひとつの単語の語彙決定課題が対照と比べて速くなるわけではないが，脅威を与えない刺激と同時に呈示された場合に，脅威を与える言葉を決定する速さが相対的に速くなる（MacLeod and Mathews, 1991 ; Mogg et al., 1991）。

これらの配分の機序についてのより詳細な仮説を考えるよりも，むしろ，現在焦点を当てるべきはこういった選択で引き起こされる結果についてであろう。はっきりと一般的に言えば，選択的符号化は，そのときの情動的関心事と一致した情動的情報を好む，ということである。このように，もし情動に障害のある人が特に恐れていることがあるとすると，彼らはその恐れに関連したきっかけ（自分の外部のことも内部のこともある）に注目するか，もしくは他の作業をしている時に同じきっかけによって注意を乱されやすいだろう。そうすることでおそらく彼らは，出来事の不吉な面に関する情報を他の面を犠牲にして記憶に貯蔵している。それゆえ選択的符号化過程とは，情動の状態を維持し，悪化させ，また反転させられれば悪い情動の状態を減弱させる潜在能力を秘めているのである。

意味の解釈

あいまいな出来事，すなわち多くの解釈が許されるような出来事に遭遇した場合，程々の選択がなされる。そしてある意味付けで捉えれば他の意味付けは抑圧される。実生活での多くの社交的状況では，多くのことが潜在的にあいまいである。例えば，友人なり伴侶なりがあなたを無視しているような

場合，それは本当にあなたのしたことに不満があったかもしれないし，あるいは単にその人自身の問題に気が入っているだけかもしれない。同じように，身体感覚もそれの持つ意味はあいまいであることが多い。こうしたあいまいな出来事の解釈のされ方は，不安障害の患者においては重要な役割を果たす。例えば，心気的不安を抱えている人が，のどが渇くのは自分がガンだからではないか，と不安を訴えたとする。主治医に治療の必要はないと言われた彼女は，それを自分はもう助からず，死に瀕しているという意味だと解釈するかも知れない。

あいまいさの解決に関して，ひとつの単語から複雑な文章にまでわたり，多くの種類の言語材料を用いた研究が行われた。Eysenck ら（1991）の2つの研究では，「医師が幼いエミリーの発育をチェックした」といったあいまいな文章を不安障害患者に聞かせ，その後，「医師は幼いエミリーの身長を測った」もしくは「医師は小さいエミリーの癌を精査した」というような具体的な説明を評価させた。健常者群と比較して，不安障害患者は先に聞いた文章を，より脅威を与えるほうの説明と同じであるとする傾向にあった。不安障害から回復した被験者は，健常者群と同様の実験結果であるか，むしろ，より前向きでさえあった。2番目の実験では，反応の偏りを除外する目的で，もともとの文章の解釈としてはありそうもない「修飾」的な文章をさらに付け加えることとした。不安障害患者は，脅威を与える「修飾文」を無視することに関して対照と差が見られず，信号探索解析によって，群間の差は，中立的な解釈より不吉な解釈に対する反応感度のみに存在することが確認された。

同じ結論が，パニック障害患者が文章を読んでいる時の解釈の仕方を研究したものでも導かれた（Clark et al., 1988）。被験者に，「もし私の考えが普通ではないなら，私は……」というような不完全な文章を読ませ，それに続く単語をできるだけ速く大きな声で読ませた。パニック障害患者では，続ける言葉として，「狂ってしまう」というような脅威を与える言葉を発音する時のほうが，中立的な言葉や「賢い」というような前向きな言葉を発音する時と比べてより速かった。それも，前の不完全な文章にまちがいがない場合にのみ認められた。つまり，パニック障害患者においては，不完全な文章を読んだ時に不吉な推理が行われ，脅威を与える標的語の認知が加速され，中立的な語ではこれが起こらないことが示唆された。

我々は目下の所これらの所見が，単純な単語あるいは文章よりも，例えば採用面接のような全体の状況が本来脅威を与えるとされる複雑な出来事にも，拡大できるか，実験を行っている。不安を抱える人とそうでない被験者が，面接の原稿を読みながら自分が候補者であることを想像し，本文の様々な不定の位置で，不吉か吉かの推理と合致するような言葉を速やかに決めるよう求められた。例えば，「面接官があなたに最初の質問をした時，あなたは下調べしたことを全て……」と読んだ直後，被験者は「忘れてしまった」という言葉がふさわしいか否か決めさせられた。不安な被験者は，そのような不吉な推論に当てはまる言葉を決定するとき，反応が早かった。しかし，それはその言葉が本文のそういった推論が可能な個所に限られていた（Hirsch and Mathews，投稿中）。我々はこれが，不安な人は不確かな情動的出来事に関して自然に推理を行っており，その推理が出来事を個人的な脅威として，不吉なものとして捉えてしまう知覚を強固にしていることの，確実な証拠であると考えている。

不安障害の患者が，健常対照者と比較してあいまいな情報を不吉に解釈しがちであるとする証拠は，このようにかなり確実である。今後の研究はいくつかの疑問に向けられる必要がある。例えば，この偏りが選択的注意の場合で見られるように，その時の関心事に特異的であるのかどうか，といったことだ。しかしながら，これまでの研究は，注意に関してはすでに確立されているのと同様の偏りが，解釈の選択にも働いていることを示唆している。また一方，好まれる解釈と，個人の情動状態が一致するのは，それらの間に因果関係が存在することを示している。すなわち，不安な状態は，あいまいな出来事を不吉に解釈する確率を増大させるかもしれず，一方，これらの解釈が不安な気分を維持し，さらに高めるようにも考えられる。

暗示的記憶と明示的記憶

注意と解釈の偏りについてすでに記述した研究により，情動障害を有する患者は，彼らの経験から一致した情報を選び出し，それを記憶に蓄えることが示唆される。このように，彼らが実生活で暗い出来事を，より客観的に経験していようと，そうでなかろうと，彼らはそれ以上のことを想起するかもしれない。実際，自分の半生に関する記憶を検査することでよい実証が得られる。うつ病，及び不安障害の患者に過去のことを思い出すように言うと，

健常対照者と比べ，同じ時間で暗い経験がより多く出てくる（Teasdale, 1983 ; Burke and Mathews, 1992）。しかし，このことは記憶においての偏りを表しているのだろうか，それともただ単にそこから選ぶ記憶に，実際に否定的な事柄がよりたくさんあるのだろうか？　この問題点を解消するため，研究者は各被験者グループに肯定的な言葉と否定的な言葉を提示し，実験下での弁別記憶（differential memory）についてテストしてみた。

　うつ病患者は健常対照者よりも，思い出す言葉として前向きなものは少なく，(比較的)否定的な言葉が多い，というような記憶の偏りが一貫して見られる。しかし，この現象には，ある限定された状況があるらしい。この効果は，個人の特徴について述べた言葉に関してより強く認められ（Clark and Teasdale, 1985），誰か他の人について述べる言葉と判断し符号化する際は，消失する（Bradley and Mathews, 1983）。さらに問題なのは，不安の効果について一貫したものが得られないということである。いくつかの研究では不吉な言葉を優先して想起する偏りが立証されたが（McNally et al., 1989），別の研究ではそれとは反対の結果となっている（例えば Mogg et al., 1987）。このような混乱は，様々なグループの臨床的特性によるものか，または異なった戦略を用いたことによるものかもしれない。例えば，ある被験者達は記憶の再生を助けるのに否定的な自己記述（または，何か他のカテゴリー）を選択せねばならなかったのでそのようなタイプの言葉を多く生産するかも知れないし，別の戦略を使うものも，まったく使わないものもいるかもしれない。この点を明らかにするため，Mogg と Mathews（1990）は，不安障害の被験者が否定的な言葉をより多く思い出すことに加えて，同じタイプの言葉が割り込んでくるミスも多いことに注目した。これは，彼らが生産—認識という戦略を用いているとすれば予想されることである。

　これに代わる記憶研究のアプローチとして，いわゆる暗示的記憶課題というものが用いられてきた。この課題では，再生や再認を言葉をはっきりと示して調べるものではなく，記憶を間接的に評価するのである。もし被験者が，単語リストを提示され，最初に頭に浮かんだもので単語（例；wor……？）の抜けた部分を埋めて完成させるよう求められたとすると，彼らは，たとえそのように認識していなくても，以前に見た単語リストの中の言葉を使ってしまう傾向が見られる（例えば，読んだ人は，work, world, worm, worn, worse, worship よりも，word や worry を思い浮かべたかもしれない）。同

様に，最近目にした言葉は非常に短い時間（例えば，33ミリ秒という曝露時間）で提示した場合でも，より正確に認識されるようだ。このように記憶の無意識的側面は，意図的な戦略の影響を避けて，促通やプライミング効果を利用することで評価できると言われている。このタイプのいくつかの研究で，不安を持つ被験者では，脅威を与える言葉に対するより強いプライミング効果が報告されている（Mathews et al., 1990 ; MacLeod and McLaughlin, 1995 ; 否定的結果に関しては，Mathews et al., 1995）。うつ病の例では，結果はもっと否定的だ（Watkins et al., 1992 ; Denny and Hunt, 1992）が，一方では正反対に肯定的な調査結果も出ている（Watkins et al., 1996）。不安におけるプライミング効果は単語同定のような知覚を動員する課題でより強く（MacLeod and MacLaughlin, 1995），うつ状態では単語連想のように概念を動員する課題でより強くなることがありうる（Watkins et al.，印刷中）。しかし，暗示課題を用いた証明は，このように混然としており，何か確固たる結論に至るのはいささか早計である。

　そうはいっても，明示的記憶課題では，うつの患者は，自分に対する否定的描写を偏重するような再生の偏りを，一貫して呈すると結論付けられよう。うつでのもうひとつの興味深い持続していることは，個人の情動記憶は特異的（『昨夜，車で帰宅中……』）であるよりも全般化（『私が一人暮らししていた時……』）されやすいということだ（Williams, 1992）。これらの結果は，両方とも特殊なエピソードというより，包括的な情動のカテゴリー（例；『私のおかしいところは……』）の形で，習慣となっている考え方を反映していそうだ。そのような符号化の仕方のために，出来事を最初に浮かんだ意味以外のもので後になって再解釈することが難しくなるのかもしれない。

自動的な処理と制御された処理

　全自動的な処理にはいくつかの際立った特徴がある。それは意図されないものであり，一度始まれば制御不可能なものであり，自覚も，限られた容量の資源も必要としない。しかし，Bargh（1989）が指摘したように，これらの側面は必ずしも共存している訳ではない。つまり，部分的自動処理はいくつかの側面を含んではいるが，全ての側面を包含しているわけではない。BarghとTota（1988）は，抑うつ状態の被験者に行った研究で，自分自身に対す

る否定的判断は同時に別の作業を行わなくてはならなくても遅くならないことを明らかにした。それゆえ、これらの判断は、容量が限られた資源とは無関係になされるので、ある程度までは自動的なものである。しかし、要請に応じて生み出されるものであるから、まったく意図せず行われるものでもない。同様に Nolen-Hoeksema（1991）は抑うつ状態で、思いにふけることで、被験者本人がその関連に気づかなくても、否定的気分の増強が起きることを明らかにした。この処理は自覚されないが、思いにふけることを止めようと思えば止められるところから処理は制御不可能ではない、ということは明らかである。この処理の自動性と可制御性の混在が、上記の抑うつにおける記憶の偏りのような情動効果に特徴的なことである。

　被験者は誘発刺激の存在について報告することができるが、持続する偏りは、通常かなり自動的であると考えられる。つまり、もし情動的な引きがねの存在を知らなければ、自分の反応を意図したり制御したりできないだろう。したがって、情動的な言葉が注意を払われていないか意識の範囲外にある時に干渉が生じ、それは、選択における偏りが自動的であることの証拠であると捉えられる。そのようなある研究で、Mogg ら（1993）は異なった種類の情動的な言葉を、2つの条件で提示した。つまり、それらをはっきり見せるか、16ミリ秒しか見せずにすぐにパターンマスクで隠すようにするかにした。後者の条件では、言葉はランダムなパターンマスクで隠されており、被験者がそのパターンから隠されている言葉を判別するのは困難なようにしてあった。どちらの条件でも言葉の背景には色が存在し、不安群、うつ群、対照群、それぞれの被験者はできる限り速やかに自分の見た色の名前を答えるのである。不安だがうつではない患者は、否定的な言葉であると、その言葉をたとえ意識していなくても、かなりこの反応が遅延する。

　特定の言葉に対する意識が存在しなくても、上記のカラー・ネーミングに現れる干渉は、情動的な言葉を無意識のうちに検出することが、限られた資源に負担をかけることを示している。つまり、たとえ情動刺激の検出が自動的に行われていようと、この検出が注意能力を必要とする工程を始動させる事は可能なのである。隠された全ての刺激が無意識的に評価されており、もし関係する決定メカニズムが十分活性化させられれば、さらなる資源がもっと完全にそれを解析する方向へ向けられる、と筆者らは示唆している。そのような完全な分析はおそらく、関連した位置と意味付けに向けられている注

意を中断させ，またそれにより他に進行している課題を中断させる。このようにして，潜在的な脅威に対する素早い自動的な検出は，より制御されている処理を採用させたり，また，適切な行為を実行させるように結びつく場合がある。ここで記した実験結果により，注意の過程を始動させる決定メカニズムは，不安患者においては非常に容易に活性化される状態にあることが示唆される。

　上記の実験で採用された条件は明らかに人工的なものであり，そのような瞬時の刺激表示が日常生活でそんなに頻繁に再現されるとは思えない。しかし，刺激がそれ程短時間でもなくまたマスクされていなくても，被験者が他の課題に従事している際中に課題が出されるような実験では，非常に似通った結果が出る。例えば，あるダイコーティック・リスニングの研究において，脅威を与える（中立的ではない）言葉が一方の耳に入ると，不安を有する患者は，たとえ他方の耳に注意を向けていてそんな言葉は聞いてないと否定しても，作業が遅延する（Mathews and McLeod, 1986）。この結果から，実生活ではごく普通に注意の分散した状況下で起きる，うつろいゆく出来事，考え，感覚，その他もろもろの事象もまた，選択的に処理されると考えるのはたいした飛躍ではない。このように，脅威を与える刺激は，たとえそれらの出所を十分に自覚しなかったとしても部分的に符号化されるのであろう。そのようなプロセスは，どうして生じるか説明できないが，人々が経験する不安という漠然とした感覚を説明してくれるかもしれない。

　上で論じたデータは，情動的符号化が部分的に自動的であることを強く示唆しているが，制御された処理もまた関与しており，その2つはおそらく相互作用している，ということは強調されなければならない。つまり，たとえ脅威に対する初期の検出は自動的であっても，それが特異的に注意を関連する場所へ向け，それを自覚するよう導く。その後，観察者はそのような刺激を探知し，定着させ，そうしてもともとの効果に付け足すのである（参照例，D. E. Broadbent and M. Broadbent, 1988）。最終的な結果は，このように初期の自動選択の複雑な産物に依存し，同じ情報のさらなる制御可能な処理や慎重な回避がその後に起こる。

内容特異性

　情動的な言葉に対する注意の研究では，最強の効果は，言葉の意味が被験者のおもな関心事や心配事と一致したときに生じる，ということが一般的に認められる。もし患者が自分の抱える心配事について説明するように求められたなら，カラー・ネーミングでの干渉や言葉の位置に対する注意は，こうした心配事を記述するそれらの言葉に対してもっと際立つだろう（Mogg et al., 1989, 1992）。前向きな言葉でさえ，もしそれらがこれらの情動的関心事と意味的に関連していたら，明らかに干渉を起こしうる（Martin et al., 1991; Mathews and Klug, 1993）。さらに正常な被験者でさえ，もしその個人の関心事を表わす言葉を特別に選んだとしたら，同様の効果が認められる（Rieman and McNally, 1995）。興味深いことに，少なくともマスクを使った呈示方法を用いた Mogg ら（1993）の結果に基づくと，内容特異性効果が処理の最初期にはさほど目立ってはいないのだ。不安を有する患者は，うつ病患者により関連しているとして選択された言葉を含めて，全ての否定的な言葉に対して作業が遅延した。これは，刺激に対する最初の無意識的評価は否定的か肯定的かに分類され，後にその特異的な内容について詳細な値踏みが行われることを示唆する。

　記憶課題もまた，内容特異性効果を証明するものである。前述したように，抑うつにおける記憶の偏りは，その人自身に関して符号化された否定的特徴を持つ形容詞に最も顕著であった。Watkins ら（1992）はこの効果を追試験しているうちに，うつ患者において身体的に脅威を与える言葉（不安では注意を引くような）を選択的に想起するという徴候が認められないことを発見した。このように，後の段階で敏感に反応する課題については，単に情動の価値による分類を過ぎ，選択は進行するに従ってより特異性を増し，最も重くのしかかっている情動的関心の主題に向かって誘導されるようである。大抵の環境下においてこれは，限られた資源をその個人において最も重要な主題に集中させるのに順応したやり方であろう。しかし，傷つきやすい個人にとってそれは，まさに不安や抑うつに最も関連する情報の特異的な焦点へと導くものでもあり，そのためにそれらの感情をコントロールしづらくするのかもしれない。

障害間での差異

　前掲のレビューは情動障害の2つの明白な相違点を強調していた。そのうちのひとつは，種々の診断グループで報告される代表的な心配事や関心事の認知内容における多様性であり，そしてそれに相応して最も目立った偏りを生み出す題材のタイプである。抑うつ患者は個人的な欠点や過去の失敗に思いを巡らせることから，記憶の偏りは全ての否定的情報というよりむしろ，そのような主題に関係した出来事に対してのみ存在する。パニック患者は，自分の畏れに一致した身体的脅威刺激に対する注意に偏向する効果を呈するが，社会的脅威刺激に対しては認められない。自己報告式尺度と情報処理尺度が一致していたことは安心を与えるものだったので，一部の研究者は，自己報告式の方が疑わしい症例の場合は，後者を臨床評価の手段として用いることを提案するようにさえなった。しかし，ここまでは障害の間の内容の差異が心理学理論を評価するに当たって最も有用であった。うつ病の特異的な賦活モデル（Teasdale, 1988）とパニックの破局的な誤った解釈のモデル（Clark et al., 1988）はともに，その疾患を持続させる重要な特徴と想定される領域に一致する題材に関して最も強力な偏向の効果が生じるという所見によって支持されるようになった。

　2番目の明白な障害間の差異は，偏りが最も信頼性をもって明らかになる過程の違いに存在する。明示的記憶の偏りは，不安よりも抑うつのほうにより一貫して見受けられる。一方，知覚的符号化効果はうつよりも不安障害のほうに，より確実に認められる。それは，このルールに例外が見つからないという訳ではない。事実，いくつか例外がある。それでもなお，全体のパターンとすれば注目すべきものであるようだ（レビュー参照，Mathews and MacLeod, 1994）。同様に注目すべきは2つの診断を併せ持つ患者のデータである。不安神経症の診断のみの患者では，マスクされた刺激による干渉効果が顕著であるが，同程度の不安症状の患者にうつという診断が追加されている者ではその効果は妨害されるようである（Bradley et al., 1995）。うつ病患者に不安神経症という診断が追加されても，記憶の偏りに同様の妨害が起きるようだ（Bradley and Mathews, 1983）。

　もし，今後の研究でもこの傾向が支持されつづければ，情動障害の認知理

論を離れがたいものとする上で重要なこととなりそうである。スキーマ（Beck and Clark, 1988）や記憶ネットワーク（Bower, 1981, 1992）を介して認知と情動を連関させるモデルは，これまで論じてきた多くの研究にインスピレーションを与えた。しかし，内容と同様に，関連した認知処理が情動の状態で実際に異なるとしたら，これらのモデルは他のものにとって代わられるか，修正が必要になるだろう。処理の差異についてスキーマも記憶ネットワークも明確な説明を与えない。両者とも，全ての注意と記憶課題を通し見られる偏りが等しいことを予測しているからである。

どんな種類の理論が必要か？

　記述的レベルでは，観察された処理の差異は幾分直感的意味を持つ。不安は恐怖に密接に関係しており，恐怖の働きは危険の早期の検出と回避にある。知覚的注意に大きな比重を置くことは，うつよりも不安に，より関連深いだろう。同じ論旨で，うつは悲哀に関連し，未来の危険よりもすでに記憶の中にある過去の出来事をより案じている。OatleyとJohnson-Laird（1987）によれば，情動は進行中の計画と目標とで軋轢が生じるとき，優先事項を決定するために発達してきた。例えば，畏怖／不安は，背景にある保障された生存と安全という目標が破綻したときに，結果として生じる。また，悲哀／抑うつは重要な計画が頓挫するか，目標が失われたときに生じる。情動は，関わっている計画や目標の内容にも一致しているような比較的常同的な操作の様式を認知システムに強いている。例えば，不安は，危険を回避するのに役立つ操作が容易になるような，その一方で，他の目標に関連する処理を抑制させるような形態を認知システムに強いている。

　想定された異なる情動状態の間での機能と処理の差異が，実在する単一の記憶のネットワークモデルでどのように発現されているかは明確ではない。異なる情動の認知システムの中での発現様式が異なる可能性を考慮することが，一歩進んだ見方であろう。JohnsonとMulthaup（1992）は情動の情報はいくつかの異なった知覚モジュールや，あるいは，より高次レベルの概念的モジュールに貯蔵されており，恐怖などの基本的な生物学的情動は前者より生じ，自責の念などの複雑な情動はより後者に負っている可能性を示唆した。不安や抑うつに認められる偏りの明白な差異は，それゆえ関連する情動

の情報を処理する時の，一次的に責任を負うモジュールの機能の違いともいえるであろう。

　TeasdaleとBarnard（1993）は，これに代わる，中心的な「含意的」モジュールが他の特異化されたモジュールから引き出された情動情報をまとめ上げているというような，別のマルチレベルシステムを提唱した。どちらのモデルでも，まったく異なった種類の情報（例えば，言語陳述的，知覚的，身体感覚的）が情動によって引き出されることが可能であるとしているため，異なった情動において偏向する認知操作の多様性を説明することができる。マルチレベルシステムは，このように，シングルネットワークモデルが遭遇するいくつかの困難に打ち勝つことが可能だ。ただし，正確で試行可能な予測を立てずに説明がつきすぎてしまうところが問題ではあるだろう。しかし，提供された一般的な枠組みの中で，異なった情動での偏りの根拠を最も示しそうなタイプの処理及び内容について，より特異的な仮説が発展し，これらの仮説は実験検証に掛けられるだろう（例えばTeasdale et al., 1995）。

正常な気分と異常な気分の差異

　不安あるいは抑うつを感じる傾向は，一般人口において分散していることは明らかであり，また，否定的な情動を測定する自己報告式尺度（Watson et al., 1988）では，全般的に大まかな正規分布を示している。同様に，記述したような多くの情動の偏りは，これらのスケールで高得点であった正常な被験者にも時折見られる。しかしながら，偏りと情動の関係はまったく直線的ではない。正常な学生を選別せずに対象とした研究で，例えばD. E. BroadbentとM. Broadbent（1988）は，恐怖に対する選択的注意は，不安スコアの低―中程度の被験者ではまったく明らかではなく，しかし，スコアが高くなっていくに従って，注意の偏りが飛躍的に増加していくことを発見した。

　正常な被験者を対象として別の研究では，不安スコアで差が見られた医学生は，初めのテストでは注意の偏りをまったく示さなかった。しかし，ストレスのかかる試験の直前では，不安の高い学生で，不安に関連する脅威を与える言葉への注意がより大きくなった（MacLeod and Mathews, 1988）。このように，否定的な情動スコアの高い正常な学生は，おそらくストレスのか

かった状況においてのみ，不安障害患者のような振る舞いをしうる。しかし，ストレス，もしくは不安気分だけではこの効果を説明できない。なぜなら，情動スコアの低い学生もストレスのかかった状態では，より不安になるが，脅威を与える言葉に対する注意がむしろ減弱した。これらの発見から，試験の不安は，不安スコアの高い者からは不安を増大させるスタイルを引き出し，不安の低いグループからは，より防御的なスタイルを導き出す，と要約することができるだろう。

　気分の状態，個人差，そして記憶の偏向の相互作用という点で，同様の状況が存在する。正常な被験者でも，一過性の抑うつ気分を引き起こすことによって，再生における否定的偏りが生じうることは多くの実験で確認されている（例えば Bower, 1981 ; Teasdale and Russell, 1983）。しかし，そのような記憶効果は全ての被験者で同じという訳ではなく，否定的な情動特性のスコアの高い人に顕著であり（Martin, 1985），「防御的」といわれる被験者においては見られない（Davis, 1987）。このように，抑うつ気分によって，様々な程度の否定的な記憶の偏りが生じうるが，その程度は，認知のスタイルや情動における持続的な個人差に依存する。

　否定的な情動が一般の人々においても連続していることが確認されているにも関わらず，情動障害が正常の情動とは質的に異なっている（病的モデル）という信念が広くゆきわたっている。そのことは情動障害がある場合，重度で通常は見られない情動的症状や，精神状態を制御することができないといった感覚のような特徴に基づいている。しかし，最近の見方では，情動の連続的解釈と不連続的解釈の間に実際上の矛盾はない。上に概観したように，脆弱な人々では増大するストレスや否定的気分が，情動に一致した情報の選択を引き起こしていることが示唆される。このような選択の一部の側面は自動的であると想定されるが，選択的無視や注意を逸らすこと，また前向き思考などの意図的な制御処理によって対抗しえる面もある。しかし，ストレスや否定的気分状態が増大するにつれ，それに一致する情報の自動選択もまた増加し，意図的制御はより困難となり，いっそうの努力が要求されるだろう。最終的に，制御しながら処理するには限られた資源に頼るため，その許容範囲を超えると，ある点に達するだろう。この点で，その人は自分を苦しめる考えが突然増大したことと，それをコントロールできないことを同時に気づくであろう。このように認知の制御の破綻が生じ，結果として主観的体験が

不連続になること,そのことが情動障害の発症を形作っていると思われる。

<h2 style="text-align:center">バイアスは本当に原因か?</h2>

　ここで提唱する仮説の主題は,重度で遷延したストレスを受けた際,なぜ他の人はならないのに脆弱な人は情動障害になってしまうのかを,認知的偏りの多様性で説明できる,というものである。神経症的傾向や否定的情動性が元々高いレベルにある人は,ライフイベントや自然災害が起きたときに,より苦痛を経験しやすい傾向にある (Ormel and Wohlfarth, 1991 ; Nolen-Hoeksema and Morrow, 1991)。しかし,この研究は,情動的苦痛を引き起こすのは,ストレスの多い出来事を処理する方法にあるということを確立したわけではない。認知偏向スコアで後の苦痛が予測可能である,ということを示す研究は,より直接的ではあるが,決定的なものではない。診断の過程でストレスのかかっている女性のカラーネーミング干渉スコアは,悪性と診断されたあとに起こった負の情動反応の自己報告と相関していた (MacLeod and Hagan, 1992)。自覚されないように提示された脅威を与える言葉による干渉は,不安スコアよりも後の苦痛を正確に予測した。

　興味深いことに,自動的な認知の偏りの大きさと後の苦悩は相関があるが,因果関係を示すものではない。もうひとつのアプローチとしては,情動反応が情報の選択的処理により操作されうることを示すことである。例えば,患者のパニック発作は,鍵となる情動的関心事に対応するフレーズを復唱することで引き起こすことが可能であり(例,動悸―冠動脈),また危機を告げる身体症状に対し,代わりにもっと安心できる説明を準備することで発作を未然に防ぐことも可能である (Clark et al., 1988)。別の関連したアプローチは,正常な被験者に偏ったやり方で情報を処理するよう訓練させるもので,この際訓練の目的ははっきりと伝えてはおかない。被験者が,脅威を与える言葉に選択的に注目するというこの種の訓練を続けることにより,実験的ストレス因子に直面すると,主観的不安度が増大する (MacLeod, 1995)。この研究は予備的段階ではあるが,これまでの結果は有望なものであり,実験室では情報の選択的処理と情動反応との因果関係を証明することが可能であることを示している。

研究と治療の結合

　この章では治療法について考察するのが主目的ではなく，それについては他で詳細に論じられる。しかしながら，情報処理の偏りに関する研究は，情動障害の治療と予防へ向けて，新しい，もしくはよりよい方法を導くのでは，との希望により動機づけられている。このゴールへ向かって我々は前進したのだろうか？

　情報処理の偏りが不安や抑うつを持続させているとする考えは，認知療法の有効活用に正当な理由付けをし，また，それによって支えられてもいる。もしある人が，原因が自分自身の反応にあると理解したとすれば，少なくとも同定されている情報処理の一部は，意識的に行われている可能性がある。先に論じたように抑うつ的な人々は，考え込むことが否定的気分を助長することを理解していないということがよくある。代わりに，彼らは，考え込むことは問題への洞察を深めていると考えているのだ（Nolen-Hoeksema, 1991）。認知療法において，その個人が証拠を集めることに関与することは，そのような誤解を訂正するのに役立ち，そして，その人は効果的にコントロールするための戦略を覚えるのである。しかし，そのような方法はここで述べたような詳細な根拠とは，関係なく発展したのだった。

　この研究で示されている方向性は，患者が仮に気づいていてもコントロールしえない偏りを，訓練を経て修正していくことである。情動状態の異常がどうして起こるか，という初期の説明（Mathews and MacLeod, 1994）では，修正しようと必死の努力をしても実際実を結ばないのは，それが容量限定の資源によっているからであることが示唆された。この観点からすれば，必要なことは，脆弱な個人がストレス下で負う負荷を軽減させるために，否定的な情報を選択的に取り入れてしまうことに対抗するような処理を自動化させることである。前述の実験では，マスクされた情動的な言葉が原因で起こる課題遂行時間を変化させるというような，自動化の徴候が現れるまでには，訓練を何回も行う必要がある。不安を有する患者において完全に確立されている注意の偏りを，例えばありうる選択肢の中でより前向きなものを選ぶように訓練させるなどして改善させるには，さらに多くの時間が必要となるであろう。しかしながら，もしある程度の自動化が達成されれば，何かに

心を奪われている時でも，ストレス下でも，治療効果として小さな情動の引きがねを努力せずとも無視できる能力が身につくだろう。

　筆者らは，あいまいな言葉の意味を脅威を与えるものととるか，とらないかに関しての偏りを与える鍵を被験者に実験的に与える方法の探求を始めている。さらに，出来事の否定的（もしくは肯定的）側面へのアクセスが長期の練習で自動化されるかどうかを見る考えである。あいまいな情報について好ましい解釈は，ただ探すだけで見つかることもあるのだが，不安もしくは抑うつの患者は，そのように望ましい解釈の仕方が可能だということを理解することすら困難な場合がままあるようだ。その代わりに，実際は，あいまいさの解釈に由来する推論であることが「自動思考」として経験され，正確なものとして受け入れられる。それに代わる別の解釈を探し当てるためにガイドをつけるという訓練は，実際に行われている認知療法の一部であるが，おそらく冒頭の実験的研究が有望であれば，より体系的な訓練を作るのに役立つ。

　いうまでもなく，これらのアイデアは現段階では空論とさして変わらず，治療に適用する前にもっとたくさんの論拠が必要とされるだろう。それでもなお，情報処理の偏りの存在と性質をしっかりと確立させようとした研究の第1段階は終了した兆しがあり，これからは第2段階に入ることになるであろう。そこでは，これらの偏りを修正する方法が筆者らの研究努力の対象となるであろう。

結び

　少し前に，筆者は不安と認知の研究について話をするよう求められ，何故この領域に興味を持ったかを説明することから始めることを決意した。しかし，考えるとその理由が筆者にすら明白ではなかったのだ。そこで筆者の若いころ影響を与えてくれた人々について考えてみると，難なく3,4人浮かんできた。Michael Gelder氏はそんな1人だった。

　氏は筆者が最初の（氏と共同の）研究に手を染めたときに，英国精神医学研究所の指導的研究者の1人であった。氏がオックスフォードに移った時に，筆者は氏にそこで行う最初のプログラムに参加しないかと誘われた。そのプログラムは重度の不安障害に対する行動療法だった。氏の指導と支援のおか

げで，我々はいくつかの大きな評価に値する研究を行った。また，治療法の改良も，し続けることができた。前進はしていても，これらの療法の効果にはまさに限界があり，それが不安の持続に関する認知プロセスへと筆者らの目を向けさせたのである。これらの時期を通じて，Michael Gelder 氏は揺らぐことのないインスピレーションと勇気づけの源であった。氏は我々にやり方を押しつけず，それでいて鋭くバランスの取れた批判の目を与えてくれた。筆者らのアイデアがまずい方向へ向かった時，氏はその考えの甘いところをすばやく指摘した。しかし，そのアイデアが健全な時は，それをまず理解し支持してくれた。筆者がオックスフォードに在籍した期間は興奮と成長，そして実りあるものであったが，彼の影響は少なからざるものであった。

第4章
パニック障害と社会恐怖

David M. Clark

　歴史的に，感情障害に対する最も効果的な心理学的治療法は，その障害の進行と維持に関するモデルを作ることと，さらにその中心的な病理に焦点を当てて，病理の維持要因を逆転させる一連の治療手順を工夫することで発展してきた。初期の行動療法では恐怖症と強迫性障害の治療にこのアプローチがうまく応用された。両障害は条件付けの結果と考えられたのである。恐怖症では，維持させている主要な要因のひとつはその恐れている刺激を避けることにあると仮定された。これが曝露療法を発展させ，この治療法は続いて大抵の恐怖症性障害に特異的な効果を持つことが示された（Rachman and Wilson, 1980 ; Marks, 1987）。強迫性障害では，強迫行為（確認，洗浄，整理整頓に関する潔癖）が強迫観念に附随する恐怖が消えるのを妨げると仮定された。このことが曝露反応妨害法のアプローチ（Meyer et al., 1974）に結びつき，それは特異的な効果を持つことが示され（Rachman et al., 1979），また単独の曝露より勝ることが示された（Foa et al., 1984）。この章では，同じ普遍的なストラテジーがどのように不安障害に対する効果的で特異的な認知療法の発展に用いられてきたか，そして今も用いられているかということを示す。2つの対照的な不安障害（パニック障害と社会恐怖）を例として選んだ。パニック障害の場合，そのアプローチ法は十分発展しており，その結果つくられた治療法は広く評価されている。一方，社会恐怖の場合，研究は初期段階であり治療法は，かなり見込みはあるものの，まだ広く評価されてはいない。この本は Gelder 教授に敬意を表すものであり，オックスフォード大学で行われた研究に特に重きをおいている。これらの研究は Michael Gelder 教授の熱心なサポートと教授の鋭く建設的な批評から非常に多くの利益を得ている。

この章の計画は以下の通りである。第1に，パニック障害と社会恐怖について述べる。第2に，認知療法の出現以前に利用されていた治療法をその長所と短所に沿って概観する。第3に，両障害を維持させるものに特に関わる詳細な認知モデルを概観する。第4に，そのモデルを検証するのに使われてきた実験的研究を概説する。第5に，そのモデルから引き出された専門化した認知療法について述べ，例示する。最後に，専門化した認知療法の有効性を調査した研究をレビューする。

パニック障害と社会恐怖の臨床的特徴

パニック障害と社会恐怖の臨床的特徴は長年にわたり知られている。しかし，精神障害の診断と統計の手引き（DSM-III：APA 1980）が登場して初めて，その2つは特別な症候群として認識されるようになった。パニック発作を繰り返す患者はイミプラミンに反応するがベンゾジアゼピンには反応せず，また，繰り返すパニック発作を伴わない不安障害の患者はその逆であるというKlein（1964, 1967）の主張はいくつかの側面はその後の研究によっては支持されなかったが（レビュー参照，Margraf et al., 1986），パニック障害を独立した疾患単位として確立するのに特別な影響を与えた。「社会恐怖」という用語は1966年にMarksとGelderによって導入され，彼らがこの障害は他の恐怖症とは発症年齢が異なることを示したことが，それを独立した疾患として確立するのに特別な影響を与えた。1980年以降，DSMは2度改定され（APA 1987, 1994），両疾患の本質的な特徴はより明確に定義されてきている。

パニック障害

パニック障害は繰り返すパニック発作によって本質的に特徴づけられ，DSM-IV（APA 1994）ではパニック発作は次のように定義されている。強い恐怖または不快を感じるはっきり他と区別できる期間で，その時，息切れ，動悸，めまい，身震い，窒息感，嘔気，現実感消失，胸痛，異常感覚の症状のうち少なくとも4つが随伴する。このように定義されると，たまたま起こるパニック発作は全ての不安障害に共通に見られる（Barlow et al., 1985）。しかし，

パニック障害の診断は繰り返すパニック発作を経験する場合に限られ，少なくともそのうちいくつかの発作は予期せずに起こるのである。つまり発作は，必ずしも恐怖症的状況に突入したり，それを予期することで引き起こされるのではない。広場恐怖を伴うパニック障害と診断される患者は発作が特に起こり易い，または破局的（catastrophic）になる特定の状況を同定することができる。そして，そのような状況を避ける傾向がある。広場恐怖を伴わないパニック障害患者はそのような状況を同定できることはなく，著しい状況回避は示さない傾向がある。

社会恐怖

社会恐怖の本質的な特徴は社会的状況や行為への顕著で持続的な恐怖であり，それは困惑したり恥をかいたりするようなやり方で行動してしまうであろうという患者の信念に由来する。典型的には，恐れる状況は可能な限り避け，さもなくば，かなりの不快を伴って耐え忍ぶのだ。患者の中には，ほんの少数の特定の行為状況（人前で字を書く，聴衆に話をする）だけが恐怖の対象である者もいる。別の患者群は人前でする行為や社会的相互作用を広範に恐れる。どちらの場合も，社会恐怖の診断は，その恐怖がその人の毎日の生活習慣，職業上の，または社会的な機能の著しい障害を引き起こして初めて下される。

以前の治療的アプローチ

曝露療法は，今日パニック障害や社会恐怖と診断される患者に対して有効性が示された最初の心理学的治療である。パニック障害の場合，その治療は広場恐怖を伴うサブグループに特に焦点を合わせる。1970年の半ばには，恐怖状況への曝露を in vivo で繰り返すことが広場恐怖的な恐怖感や回避行動に対する有効な治療であることが示されていた。1970年代を通じて行われた印象深い研究プログラムにおいて，Michael Gelder と共同研究者たち（Mathews et al., 1981）は自己曝露をより強調し，患者を手助けするパートナーをつのることによって，この治療の有効性を高めた。結果として，初期には治療者が20時間関わって得られていた効果がたった7時間の在宅治療

によって得られるようになった。しかし、この治療にはいくつかの限界もあったのである。第1に、それがパニック障害に広場恐怖を伴う患者のみに合った治療であったこと。第2に、この治療を受けた患者は広場恐怖的な状況でのパニック発作の頻度は減少したものの、かなりの患者（最大45%）が自宅でのパニック発作を経験し続けたこと（Michelson et al., 1985）である。社会恐怖に対する治療としての曝露療法の研究もまた、この治療が無治療と比べれば有効であった（Butler et al., 1984）ものの、やはり限界も示していた。特に、患者のうち相当の割り合いの者が治療に反応しなかったり、部分的な改善しか得られなかったのである。例えば、MattickとPeters (1988) は曝露治療の終了時に30%の患者しか高い最終到達機能（end-state function）に達しておらず、47%の患者はまださらなる治療を必要と感じていたことを見い出した。同様の特徴はButlerら（1984）によっても報告されている。

　要するに、恐怖状況への曝露は有効ではあるが、かなりの割り合いのパニック障害患者には適しておらず、そして原理的にはこの治療が合っているはずの多くのパニック障害と社会恐怖の患者でも部分的な反応しか示さずに重大な残遺症状が残ることが共通していた。これらの限界に刺激されて、それに代わる治療として認知的アプローチが発展し、この2つの障害の概念化と治療につながったのである。

パニック障害と社会恐怖の認知モデル

　異なる不安障害を説明するのに用いられてきた認知モデルはいくつかの共通点を有する。第1に、人がある刺激に反応して不安になるのは、その人がその刺激を実際以上に危険なものであると解釈するためであるという仮定。第2に、この非現実的な解釈が持続するのは、患者がその恐れている出来事が起こらないようにと意図的に認知的行動的な戦略にせっせといそしむためであること。患者の恐怖は非現実的なものであるため、患者の用いる戦略の主たる効果は、彼らの否定的な信念を弱めるのを妨げるということになる。第3に、多くの不安障害において、不安の症状は患者が察知する危険のさらなる原因となって一連の悪循環を形成し、その障害の維持にさらに至ることである。

パニック障害

パニック障害の認知モデルは以下のようなものである：

　パニック発作を繰り返し経験する人々はなぜそうなるかというと，彼らがある種の身体感覚を破局的な意味付けで解釈する傾向を持ち続けるからなのである。誤解される感覚は主として正常な不安反応の際に起こるもの（例，動悸，息切れ，めまい，異常感覚）であるが，その他の感覚もいくつか含まれる。破局的な誤解（catastrophic misinterpretation）はこれらの感覚を実際以上によりずっと危険であると察知してしまうことを含む。特にその感覚を緊急に差し迫った身体的または精神的な大惨事と解釈してしまうということがある——例えば，ちょっとした息切れを呼吸の停止が差し迫っていて最後には死んでしまうことの証拠と察知してしまうとか，動悸を差し迫った心臓発作の証拠であると察知してしまうとか，額に感じる血管の拍動の感覚を脳出血の証拠と察知してしまうとかまた，ふらつき感を差し迫ったコントロールの喪失や狂気の証拠と察知することなどである。(Clark, 1988, p. 149)

　パニック発作において起こると示唆されている出来事の連鎖が図4.1に示されている。外的な刺激（広場恐怖症者にとってのデパートのような）と内的な刺激（身体感覚，思考，イメージ）のどちらもがパニック発作を惹起しうる。その刺激が差し迫った危険のサインと解釈されることで，ついに発作へと至る連鎖が始まる。この解釈が懸念の状態を生み，それが広範囲の身体感覚と結び付けられる。これらの不安によって生み出された感覚が破局的な意味付けで解釈されると（差し迫った狂気，死，コントロール喪失など）懸念はさらに悪化し，より強い身体感覚を生み出し，パニック発作へ至る悪循環に導くのである。

　ある人が身体感覚を破局的に解釈する傾向をいったん発展させてしまうと，次の2つのさらなるプロセスがパニック障害を維持させると言われている。第1に，患者はある感覚を非常に恐れるあまり，過敏になって，繰り返し自分の体をスキャンするようになる。注意が内部に集中することによって患者は，他の多くの人が意識しないであろうような感覚に気付くようになる。ひ

```
                引き金となる刺激（内的または外的）
                Trigger stimulus (internal or external)
                            │
                            ▼
                   察知された脅威
                   Perceived threat
              ▲                    │
   感覚の破局的解釈                  ▼
   Interpretation of            懸念
   sensations as              Apprehension
   catastrophic
              ▲                    │
                   身体感覚          ▼
                   Body
                   sensations
```

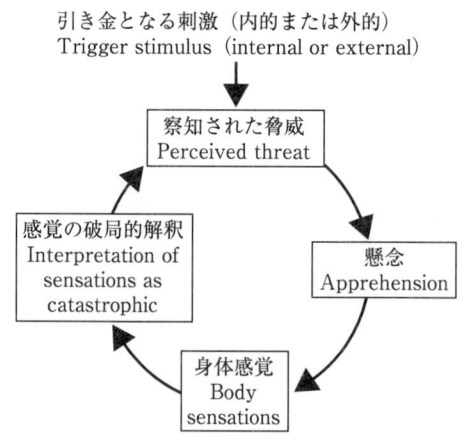

図4.1　パニック発作における出来事の連鎖（Clark, 1986, p. 463より転載）

とたび気付かれると，これらの感覚は何らかの身体的あるいは精神的な障害の存在するさらなる証拠とみなされる。第2に，様々な安全行動が患者の否定的な解釈を維持させる傾向がある（Salkovskis, 1988, 1991）。例えば，心臓病を患っているという考えにとらわれているパニック患者は運動を避けるようになり，そうすることで心臓発作を免れていると信じ込む。しかし，本当のところは，彼は心臓病でなく，運動を回避しているため，彼の体験している症状が無害であるということを学べなくなっているのである。

認知モデルによって，増大する不安が先行するパニック発作とだしぬけに現れるパニック発作のどちらも説明される。どちらのタイプの発作にとっても重大な出来事はある身体感覚を誤って解釈することであると論じられている。高まった不安が先行する発作では，身体感覚はしばしば，先行する不安の結果であり，その不安はというと発作を予期したり，または，何かパニックとは関係ない不安惹起的な出来事のためだったりするのである。不安が先行しない発作では，誤って解釈される感覚は初めは異なる感情状態（怒り，興奮，うんざり）によって，または運動のような無害な出来事によって（息切れ，動悸），コーヒーの飲み過ぎによって（動悸），座っていて急に立ち上がることによって（めまい），引き起こされる。そのような発作では，患者は引き金となった身体感覚とそれに続くパニックを区別できないため，発作には何の原因もなくだしぬけに起こったと察知してしまうのだ。

認知モデルを個々の患者に当てはめる時には，一番初めの発作と，それに続く繰り返される発作やパニック障害の発展とを区別することが役に立つことが多い。地域社会調査によると（Wilson et al., 1991；Norton, Dorward, Cox, 1986；Margraf and Ehlers, 1988；Brown and Cash, 1990）正常人口の7〜28%が偶発的な予期せぬパニック発作を経験しているという。これらの比較的ありふれた，しかし偶発的で，自律神経を介する出来事が単一の説明でなされるというのはありそうにない。ストレスフルなライフ・イベント，ホルモンの変化，病気，カフェイン，薬，そして様々な一過性の医学的状態などの全てが偶発的に知覚される自律神経の変化をもたらしうるだろう。しかし，認知モデルでは，知覚された自律神経の変化を破局的な意味付けで解釈してしまう傾向が発展した時のみ，人はパニック発作を繰り返すという稀な状態やパニック障害（一般人口の約3〜5%；Wittchen and Essau, 1991）に発展すると仮定している。そのような傾向は最初の発作の前に体験から学習していた（例，両親がパニックに陥っているのを観察するとか，病気関連の行動をモデルにするなど；Ehlers, 1993）結果であったり，また，最初の発作に対する患者，内科医，そして重要な人の反応の仕方の結果として起こることもありうる。

社会恐怖

社会恐怖の認知モデルについて最近ClarkとWells（1995a）が概説した。図4.2には，恐れている社会状況に入る際に社会恐怖患者に起こることについて，このモデルで仮定されているプロセスがまとめてある。初期の経験に基づいて，社会恐怖患者は自分自身と社会状況に関する一連の思いこみを発展させると言われている。例えば：「誰かが私を好きだと示してくれないなら，その人は私を嫌いなのだ。皆に好かれなければ，私は価値がない。もし私が不安を見せてしまったら，人々は私を奇妙に思い拒絶するだろう。」これらの思いこみのため彼らはふつうの社会的相互作用を否定的に解釈してしまい，危険のサインとみなしてしまう。例えば，もし社会恐怖患者がパーティで誰かに会ったとして，その人が窓の外をちらっと見たとすると，患者は「私は退屈でうんざりさせている」と考えるかも知れないのだ。この解釈が引き金となって「不安プログラム」が始動するが，それは以下の3つの相互

に関連する構成要素に分けることが有用である。

　第1の構成要素は危険を察知することを引き金に反射的に始まる身体的そして認知的な不安の症状である。赤面，身震い，鼓動の高鳴り，動悸，集中困難，そして何も考えられないなどが含まれる。これらの症状それぞれが察知された危険のさらなる原因となりえ，不安を維持するという悪循環を形成する。例えば，赤面は人が自分を馬鹿にするしるしとみなされるかも知れず，それはさらなる困惑と赤面を導く，そして手の震えは差し迫ったコントロール喪失のしるしとみなされ，さらに不安をかきたて，ますます手は震える。

　第2の構成要素は患者が社会的な脅威を減らし，恐れている結果が起きないようにするためにいそしむ安全行動である。ありふれた例として次のようなものがある。注意を引かないように努める，視線を合わせないようにする，自分の発言を検閲する，話が途切れないようにする，良い印象を与えるように努力する。しばしば，安全行動と特に恐れている結末とは極めて正確な結びつきがある。例えば，グラスで飲む時に手が震えてしまうのではないかという可能性にとらわれ心配していた女性患者はワイングラスを半分満たし，飲む間グラスをとてもきつく握りしめていた。他人からバカなことを喋っていると思われないかと心配していた患者は，会話の最中に，自分がたった今言ったことを思い出して，これから言おうとすることと照らし合わせようと努めていた。もし話の途中で間を入れたら，人々は自分が不安になっていると思い，自分を否定的に評価するのではないかと心配していた患者は，詳細に言うことをリハーサルし，一気に喋っていた。パニック障害と同様に，安全行動は患者の非現実的な信念を強めることを妨げ，いくつかの例では，患者の恐れている症状を増強するのである。例えば，ワイングラスをとても強く掴んでしまっていた女性患者は治療の中でこのことが彼女の手をより震わせてしまうことを発見した。加えて，安全行動の中には社会恐怖患者に対する他の人の反応にまったく逆の影響を与えてしまうものがある。例えば，自分が言ったことを常に思い出そうと努めていた患者は他の人からは会話に退屈しているように見え，その結果，他の人々から温かくない反応を引き出してしまっていた。

　第3の，決定的に重要な構成要素は，注意のシフトである。社会恐怖患者は他者から否定的に評価される危険があると考えると，自分自身を詳細にモニターしたり観察することに注意をシフトさせる。この自己集中によって得

られた内部感覚的情報を使って，彼らは自分自身についての印象を作り上げてしまう。その自分自身についての印象には，実際に他の人が彼らについて気づいていることや，考えていることが反映されていると彼らは思い込んでいる。このように，自分が否定的に評価される危険性があるという信念は，閉じたシステムの中で自己の内部で作られた情報によって強められ，信念が弱められる機会は看過ごされ，避けられてしまう。

図4.2は社会的相互作用の間に起こるプロセスに関するものである。しかし，社会恐怖患者の苦悩は社会的状況にいる時間だけに限られてはいない。多くの社会恐怖患者は社会的相互作用を予期するだけでかなりの不安を経験するし，また，その出来事が済んでしまった後も一連の否定的な感情を経験する。ClarkとWells（1995a）は社会的相互作用の前後で起こるであろう一連の認知的プロセスを仮定し，それが社会恐怖を維持させることを概説した。

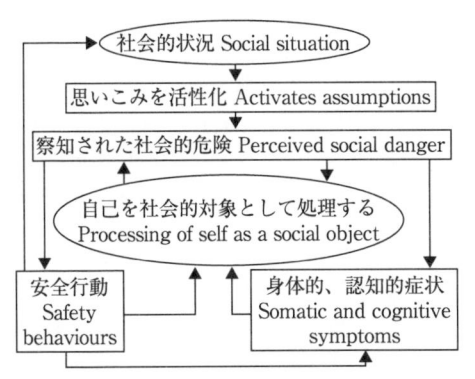

```
        ┌─→ 社会的状況 Social situation
        │            ↓
        │   思いこみを活性化 Activates assumptions
        │            ↓
        │   察知された社会的危険 Perceived social danger
        │            ↓
        │   自己を社会的対象として処理する
        │   Processing of self as a social object
        │       ↑           ↑
    ┌───┴──┐       ┌──────┴──────┐
    │安全行動│       │身体的、認知的症状│
    │Safety │       │Somatic and    │
    │behaviours│    │cognitive symptoms│
    └──────┘       └─────────────┘
```

図4.2 社会恐怖患者が恐怖状況に突入した時に起こると仮定されるプロセス
（Clark and Wells, 1995a）

恐怖状況に突入するのに先立って，社会恐怖患者は起こりそうだと思える事を詳細に見直す。その状況について考え始めると彼らは不安になり，過去の失敗の記憶や，その状況における自己の否定的イメージや，そして，ヘマをして拒絶されるという予想などに考えが支配される傾向がある。時には，このように考えるためにその状況を完全に避けてしまうこともある。もし逃げずに状況に突入しても，患者は既に自己集中処理モードに入っており，失敗を予想し，そして，他人から受け入れられているというサインにはまったく気付かなくなると思われる。

社会的状況から離れたり逃れたりしても，社会恐怖患者の否定的な思考や苦悩は必ずしも直ちに終わるわけではない。もはや当面の社会的危険はなくなり，不安は急速に減弱していく。しかし，社会的相互作用の特質で，患者が，自分が他の人から社会的に認められたと思えるような明白なサインを受けるはずもなく，このため，患者は，その終わってしまった事をくよくよ考える（post-mortem）はめになることがまれではない。患者は，その相互作用について詳細に見直す。このような見直しをしている間，患者の不安感や否定的な自己知覚は，まるで患者がその状況にいる間に出現したように詳細に処理され，記憶に強烈に刻まれる。不幸な事に，患者の見直しは否定的な自己知覚に支配されやすいので，相互作用を実際よりもよりずっと否定的にとらえやすいのである。社会恐怖患者の中には，不安が去った後でもしばらくの間，恥の感覚が持続すると報告する者がいるが，それはこのことによって説明されるかも知れない。「後からくよくよ考えること」のさらなる側面は察知されてきた社会的失敗の他の例を想起させることである。そして最近の相互作用は過去の失敗のリストに加えられてしまう。その結果，外部の観察者から見たらまったく何でもない相互作用が，患者にとっては自分の社会的な不適切さに関する信念を強めてしまうものとなるのである。

認知モデルの経験的な位置付け

このセクションでは，上述したパニック障害と社会恐怖の認知モデルに関した検討してきた関連する実験的研究のいくつかを考える。

パニック障害

パニック障害における身体感覚の誤った解釈とその役割

パニックの認知モデルの鍵となるのは，パニック障害患者は他の人々に比べて身体感覚を破局的な意味付けで解釈しやすいだろうということである。この予想を初めて直接テストしたのは McNally と Foa（1987）である。彼らは Butler と Mathews（1983）が開発した質問紙の修正版を用い，DSM-III で診断された広場恐怖を伴うパニック障害患者群と非患者対照群について，あいまいな出来事をどの程度否定的に解釈するかを比べた。2種類のあ

いまいな出来事が含まれていた。ひとつは身体感覚の記述からなる「内的な刺激」であり，認知理論によればパニック患者ではより誤って解釈されやすいものである（例えば，「あなたは鼓動が速くなり，どきどきするのに気付いた。どうしたのか？」）。もうひとつは脅威となりうる外的な出来事からなる「外的刺激」（例えば，「あなたは真夜中に，もの音がしたと思い，ハッと目覚めた。しかし，まったく静かであった。何があなたを起こしたと思うか？」）である。被験者はそれぞれの質問に最初に心に浮かんだ答えを書くように指示された。その開かれた質問に答えた後で，被験者は質問紙のページをめくって，用意された3つの説明について，同様の状況で自分の心に浮かんだ答えを説明の順番に並べた。3つのうちひとつは否定的で残りは中立または肯定的なものであった。開かれた質問への反応と順序付けのデータの両方の分析によって，広場恐怖を伴うパニック患者群は対照群と比べて内的及び外的両刺激を否定的に解釈しやすいことが示された。

続く研究で，Harveyら（1993）はMcNallyとFoa（1987）の質問紙をDSM-III-Rで診断されたパニック障害患者群と社会恐怖患者群，そして非患者対照群に用いた。パニック障害患者群と非患者対照群の間には，McNallyとFoaが得た知見と同様に，内的及び外的出来事についての解釈に有意な差があることが再現された。パニック障害患者群と社会恐怖患者群の比較では，より特異的な認知の異常があることがわかった。特に，パニック患者群は社会恐怖患者群と比べて内的出来事を否定的解釈を選ぶ傾向が有意に大きかったが，外的出来事の否定的解釈を選ぶ傾向では両患者群で差が見られなかった。この結果から示唆されるのは，不安障害には脅威の解釈に普遍的な結果が見られ，加えて，パニック障害患者は特に内的出来事を否定的に解釈する傾向が特に強いということである。

Clarkら（投稿中）はHarveyとその共同研究者達の得た知見を再現し，さらに拡大発展させた。その解釈に質問紙は不安反応（例えば，「パニック発作になりそうだ」）を検査者は実験者提示の解釈から除く変更をして，さらに信念の採点評価を加えた。最初の予想と一致して，パニック障害患者は他の不安障害患者（社会恐怖患者や全般性不安障害）と非患者に比べて，曖昧な自律神経的感覚を直ちに差し迫った身体的または精神的な大惨事のサインと解釈しやすく，その解釈を信じ込んでしまいやすい。加えて，曖昧な自律神経的感覚を直ちに差し迫った大惨事のサインと解釈する傾向は治療がう

まくいくと減弱する。したがって解釈における変化の度合いによって様々な治療をパニックに対する有効性という点で区別することができる。

　上述した諸研究は，パニック障害患者が身体的感覚を誤って解釈するということを示している。しかし，患者がその理論通りに考えるということを証明したからといって，それだけでその思考が発作を起こす原因と確認したことにはならない。論理的には，その否定的な思考は単にひとつの附随現象に過ぎないということもありうる。この点を理解するためにてんかんを考えてみよう。てんかん発作はぎくりと人を恐れさせる体験である。発作に苦しんだ後で多くのてんかん患者は発作について恐ろしいと思う特徴的な一連の考えを持つようになる。しかし，そういった考えがてんかんにおいて第1の原因となっていると論ずるものは誰もいないだろう。そうではなくて，てんかん発作は自発的に起こる神経活動の結果なのだ。生物学的な理論家の中にはパニック発作に附随する認知について同じような見解を述べる人もいるだろう。もし附随現象の議論を度外視したければ相関関係の観察を超えて，推定原因の操作をしなければならない。もし認知モデルが正しければ身体感覚の誤った解釈を増大あるいは減弱させるような操作はそれぞれパニックを増大あるいは減弱させる効果を持つはずである。

　Ehlers ら（1988）はパニック患者群に心拍数を偽ってフィードバックする課題によって，身体感覚の破局的な解釈を活性化しそうな状況が患者の不安を増大させるという予想を検証した。研究室での実験の間，パニック障害患者群と健常対照群に偽の心拍音を聞かせ，そして突然心拍数が上昇したように音を仕組んであった。患者は心臓の変化を誤って解釈する傾向があるので，パニック患者群は偽の心拍数上昇によって不安が増大することが予想された。そしてその通りになったのである。健常対照群と比較して，パニック障害患者群は自己報告した不安，実際の心拍数，皮膚のコンダクタンス，そして血圧において有意の増大を示した。

　Clark ら（1988）は破局的な誤った解釈を活性化する別の認知的操作を用いて，Ehlers ら（1988）によって報告されたものと本質的には同等の結果を得た。パニック患者と健常対照者がいくつかの単語の対の組み合わせを音読するように指示された。その重要な条件である単語の組み合わせは身体感覚と破局的状態の様々なペアから成っていた（例えば，動悸―死，息切れ―窒息，痺れ―脳卒中，めまい―失神，現実感喪失―発狂）。これらの組み合

わせはパニック患者が発作中に抱きやすく，そして信じやすい思考を代表しているので，パニック患者はその単語の音読中に不安が増大しパニックを起こすと予想された．実際にこれは起こったのである．パニック障害患者群，回復したパニック障害患者群（認知療法で治療された），そして健常対照群が単語カードを読む前後での不安を点数評価することを指示された．そしてまた，DSM-III における 12 個のパニックの症状のうちのどれかで増悪を経験したかどうかも評価するように指示された．この情報に基づいて，12 人中 10 人（83%）のパニック障害患者がパニック発作を起こしたが回復したパニック障害患者と健常対照者は発作を起こさなかったことがはっきりした．

患者が身体感覚を誤って解釈する傾向を弱めることでパニック発作を防止できるだろうという予想を検証した研究がいくつかある．パニックに関する初期の研究で，ある種の薬物（乳酸ナトリウム，ヨヒンビン，二酸化炭素，イソプロテレノール，カフェイン）をパニック障害患者に投与すると確かに本来のパニック発作と同じ状態を引き起こしうること，しかし，パニック以外の患者や健常対照者では滅多に発作は引き起こされないことが確認された．生物学的な理論家はこれらの知見を，パニックは生化学的な変化によって直接引き起こされること，そしてパニック障害とは神経化学的な障害であるということの証拠であると解釈した．これに対して，認知理論家はこれらの薬物は直接的にパニックを引き起こすのではなくて，薬物によって引き起こされた感覚を患者が誤って解釈するためにパニックが引き起こされるのであると論じた．この認知的説明と生物学的な説明のどちらが正しいかを判別するために，Rapee ら（1986），Sanderson ら（1989）そして Clark ら（準備中）は純粋な認知的操作が薬物で引き起こされるパニックをブロックできるかどうかを検討した．

Rapee ら（1986）は 50% の二酸化炭素と 50% の酸素の混合気体を 1 回吸入することによって引き起こされる感覚についての患者の解釈に影響を与えるために，吸入前に指示を与える操作を用いた．パニック障害患者群の半数が何ら説明を受けない条件に割り付けられた．そこでは実験に関する最小限の情報のみが与えられた．残りの半数には，起こり得る全ての感覚が教えられ，そのガスの効果であるという，より詳細な説明を与えられた．詳細に説明を受けたグループは説明を受けなかったグループよりも吸入中に破局的な認知を抱かなかったことが，操作の試験により確認された．認知理論によっ

て予想されたように，詳細な説明を受けたグループは説明を受けなかったグループよりもパニックを起こすことが有意に少ないということも報告された。

　Sandersonら（1989）は二酸化炭素（CO_2）の吸入について研究した。20分間の5％二酸化炭素の吸入前にパニック障害患者にひとつのダイヤルを見せ，もしも近くのライトが点灯した時はそのダイヤルを回すと二酸化炭素の流量が減ることを伝えた。ただしライトがついていない時は流量は減少しないことも伝えた。実際にはそのダイヤルは二酸化炭素の流量に何ら影響しないものであった。吸入の間，そのライトは半数の患者（錯覚を与えられた対照群）に対して点灯されたが，残りの被験者（錯覚を与えられない対照群）に対しては点灯されなかった。予想された通り錯覚を与えられた対照群の患者はパニックを起こすことが有意に少なかった。実際には彼らは，錯覚を与えられず，ダイヤルを用いなかった対照群と同じ量の二酸化炭素を吸入していたのであるが。

　Clarkら（準備中）は乳酸ナトリウムの注射投与について研究した。パニック障害患者群が無作為に2群（実験群と対照群）に割り付けられ，注射前にそれぞれ別の説明を受けた。実験群への説明は乳酸が引き起こす感覚を患者に誤って解釈させないように配慮されていた。認知理論と一致して，患者の自己報告，生理的モニタリング，そして盲検の評価者による判定によって次のことがわかった。その2群は注射された乳酸の量は同じだったにもかかわらず，実験群の方が対照群よりもパニックを起こすことが少なかったのである。

　認知モデルから導かれるさらなる予想は，どんな治療法（心理学的または薬理学的）であろうと，その終了後に効果が持続するとしたら，それは治療過程で起こった認知の変容によるものであろうということである。Clarkら（1994）はこの予想を検証するために，パニック障害に対する心理学的治療（認知療法または応用リラクゼーション）と薬理学的治療（イミプラミン）の終結時及びその追跡調査のデータを検討した。その予想を支持する2つの分析結果が得られた。第1に，全患者からのデータが検討された時治療の終結時点でまだ身体感覚を誤って解釈していたことは，追跡調査の期間にパニックや不安を起こすことの有意な予想因子となっていたということ。そして治療終結時にあったパニックや不安が部分的になくなっていた時にもこの関連は有意であり続けたのである。第2に，治療終結時にパニックが消失した

患者においても，治療終結時の身体感覚の誤った解釈とその後の再発の間には有意な相関が認められたということである。

　上述した研究は，パニック障害では患者が身体感覚を誤って解釈することが障害の原因となっているという仮定を強く支持するものである。他のいくつかの研究では通常，仮説的ではあるが，認知の変容を妨げ，それゆえにパニック障害を維持させてしまうプロセスに焦点が当てられている。

治療されないときに認知の変容を妨げる要因

　Ehlersと共同研究者たちはパニック障害を持続させる上での内部知覚の役割を支持する一連の研究を報告した。ある研究で（Ehlers and breuer, 1992, 実験2）被験者は脈を取ることなく静かに自分の心拍を数えるという心拍察知課題を与えられた。パニック障害患者の特徴は身体感覚に過敏であるという仮説と一致して，パニック患者は，稀にパニックを経験する者，単一恐怖症患者，健常対照者などに比べて，自分の心拍をより正確に察知することができた。続く研究で（Ehlers, 1995），心臓に過敏であることがパニック障害を維持させる要因となっているかどうかについて縦断的なデザインが用いられた。パニック障害の既往はあるが実験室でのテスト（心拍察知課題）の際には寛解していた患者群を1年後に追跡調査し，その間の期間にパニック発作が起こったかどうかを調べたのだ。予想された通り，パニック発作の再発を報告した患者群は再発のなかった患者群より初めの実験室でのテストの時に，自分の心拍により過敏であった。

　Salkovskisら（1996）は，パニック患者たちが彼らの否定的な信念を維持させてしまうような安全行動にいそしんでいる証拠を示した。Chamblessら（1984）は，パニック障害患者に広場恐怖認知質問紙（Agoraphobic Cognitions Questionnaire）と行動質問紙（Behaviours Questionnaire）を施行した。前者はパニック発作中の思考を，後者はその時の行動を評価するものである。相関分析によって，認知と行動の間の意味深い一連の結びつきが明らかとなった。例えば，心臓発作ではないかと考えてしまった患者は，パニックの間，体を休めて呼吸をゆっくり少なくした。失神しそうだと考えた患者はしっかりした物にもたれかかったし，発狂するのではと考えた患者は懸命に自分の思考をコントロールしようと努めた。

　これらの安全行動がパニック患者の身体感覚についての否定的な信念を弱

めることを妨げているかどうかを決定するためには，実験的に安全行動を操作する必要がある。Salkovskis (1995) は広場恐怖を伴うパニック障害患者を，いつもの安全行動を続ける条件と捨てる条件のどちらかで同期間，恐怖状況に曝露させた研究を行い，最近そのプレリミナリーな結果を報告した。予想通り，安全行動を捨てる条件の方が否定的な信念が有意に減少し，続けて行われた行動テストの際の不安も有意に大きな改善が認められたのだ。

社会恐怖

社会恐怖における否定的な思考

認知モデルでは，社会恐怖患者は非社会恐怖患者と比べて社会的状況をより脅威的なものと解釈しやすいと仮定している。Clark と Stopa (準備中) は Butler と Mathews (1983) によって開発された「あいまいな出来事についての質問紙」の修正版を用い，この主張を検討した。社会恐怖患者群，他の不安障害患者群，そして非患者対照群に 2 つの質問紙を施行した。ひとつの質問紙はあいまいな社会的状況（例えば，「食事時に訪問者が訪ねてきたが思ったより早く帰ってしまった」)，そしてあいまいな非社会的状況（例えば，「速達の手紙が家に届いた」）を含むものであった。社会恐怖患者群は他の不安障害患者群や非患者対照群に比べてあいまいな社会的状況の解釈に否定的なものを選ぶ傾向が有意に認められた。しかしあいまいな非社会的状況の解釈に関しては差は見られなかった。2 つ目の質問紙は少々否定的な社会的出来事（例えば，「あなたが誰か他の人と話をしばらくしていた時にその人達が君の話に本当はそんなに興味がないとはっきり分かった」）を含み，それは破局的な解釈を評価するために使用された。認知モデルに一致して，社会恐怖患者群は他の不安障害患者群や非患者対照群と比べて少々否定的な社会的出来事に対して破局的解釈（例えば，「そのことは私が退屈な人間だということを意味する」）を選びやすかった。

思考を列挙する様々な方法を使って現実の社会的状況における思考を調べたところ，仮想の社会的状況の質問紙データと一致する結果が得られた。Stopa と Clark (1993) は，社会恐怖患者群，他の不安患者群，そして非患者対照群に魅力的な女性の助手と短い会話をさせる実験について報告した。その助手は控え目にだが好意を持っているような振る舞いをするよう指示を受けて

いた。会話の後で被験者は自分の思考をリストアップし自分の行動がどの程度肯定的あるいは否定的であったか点数評価した。独立した評価者が同じ行動を評価した。思考内容のデータ分析によって社会恐怖患者群は他の不安患者群や非患者対照群よりも否定的な自己評価思考（self-evaluative thoughts）を報告したことがわかった。

　認知モデルは社会恐怖患者が自分の行動に対して下す否定的な評価は少なくとも部分的に歪められているということを仮定する。このことを検討するために，StopaとClark（1993）は，助手との会話の際の行動に関して患者自身の点数評価と他の観察者による点数評価を比較した。観察者の点数評価に比べて社会恐怖患者群は自分の行動を過小評価していた。他の不安障害患者群と対照非患者群ではその自己評価は比較的正確であった。他の研究者たちも重度の社会性不安を持つ人々は「自分の行動を過小評価する」（Rapee and Lim, 1992）ということ，そして「自分が他人の目に不安気に映ることを過大評価する」（Bruch et al., 1989 ; McEwan and Devins, 1983）ということを見い出している。

実際の場面での安全行動

　Wellsら（1995）は実際の場面での安全行動が社会恐怖を維持させる役割を演じているという仮説を検証するために，恐れられている社会的状況への曝露を2つの条件下で行って比較した。ひとつの条件は単なる曝露であり，もうひとつの条件は意図的に安全行動を取らないで行う曝露であった。これらの介入の前後で施行された行動テストで，その2つの条件は患者の信用度の点数評価には違いがなかったが，安全行動を取らない条件の方が恐れられた結果に対する不安と確信度の点数評価は有意に減少した。

自己へ集中してしまう注意と社会的対象としての自己像を構成するために内部感覚情報を用いること

　ClarkとWells（1995a）のモデルの鍵となる考えは，社会恐怖患者は自分が他者からどう見えるかという自己像を内部感覚的情報から作り上げてしまい，さらに，この情報が他者がとる実際の行動を観察することよりも重要になってしまうということである。

　第1に，いくつかの研究によって，社会恐怖患者は他者から否定的に評価

されていると信じてしまう際に，他者の自分への反応についての詳細な情報には基づいていないということが示唆されてきた。StopaとClark（1993）は社会恐怖患者群は対照群よりも，助手との会話中の否定的な自己評価思考（例えば，「私は人を退屈にさせてしまう」）を報告したが，その助手による評価に明らかに言及するような否定的思考（例えば，「彼女は私を退屈なやつと思っている」）に関する報告では両群で差がないことを発見した。Wintonら（1995）は様々に異なる感情の表出をスライドで短時間提示し，どのくらい正確に否定的な感情を見つけられるかを調べた。否定的または中立的な表情のスライドが60ミリ秒提示され，続いて一定のマスクが提示された。否定的評価恐怖（Fear of Negative Evaluation, FNE : Watson and Friend, 1969）で高得点の学生たちは低得点の学生より否定的な表情をより正確に同定したが，信号検出分析によって，これは否定的反応のバイアスによるためであったことがわかった。すなわち，FNEで高得点を挙げた学生たちは，短時間に呈示された顔を，その表情から感情的な情報を抽出せずに，否定的なものと点数評価する傾向があったということである。

　第2に，社会恐怖患者は社会的相互作用の細かい点にはあまり気付かないという研究が多数ある。Clarkら（準備中）はdot probe paradigm修正版を用い，社会的行動刺激（表情）と非社会的行動刺激（家具や他の日用品）に対する注意を比較した。各トライアルで被験者に顔写真と物品の写真を同時に提示した。写真は500ミリ秒間提示され，その後，顔か物品のあった場所に文字を1字提示した。その文字を類別するのにかかった時間が注意のバイアスとして評価された。FNEの低かった学生と比べて，FNEの高かった学生は注意のバイアスが顔とは無関係であった。このことから予想されるように，KimbleとZehr（1982），Dalyら（1989），そしてHopeら（1990）は社会性不安の強い被験者は，社会性不安の低い被験者に比べて，最近の社会的相互作用の細かい点についてはあまり覚えていないということを見い出した。しかし，StopaとClark（1993）は，少し異なった方法を用いたところ，この結果を再現できなかった。

　第3に，Arntzら（1995）とMansellとClark（投稿中）は，社会恐怖患者が自身の感情反応の知覚に部分的に基づいて，社会的状況の危険度評価をしていることを示唆する結果を報告した。Arntzら（1995）は被験者に，被験者自身が関わっている社会的状況を想定した筋書きを提示した。その筋書

きは2つの次元で異なっていた。すなわち，客観的な危険あるいは安全の情報があるかどうかということと，被験者が不安に感じるかあるいは感じないかということである。その筋書きの状況にいると想像した後で，被験者はその状況をどのくらい危険とみなしたかを点数評価するように求められた。対照群の危険度の評価は客観的危険の情報が存在する場合にのみ影響されていた。しかし，社会恐怖患者群の危険度の評価は彼ら自身の不安反応の情報にも影響された。MansellとClark（投稿中）はFNEの高い学生と低い学生にスピーチをさせた。スピーチの後で彼らは不安な感情についてチェックリストをつけ，どのくらい不安気に見えたと思うかを点数評価した。また1人の独立した評価者が被験者がどのくらい不安気に見えたかを点数評価した。以前の研究と同様，FNEの高い学生は彼ら自身がどれほど不安気に見えたかを過大評価した。加えて，FNEの高い学生では，その過大評価の度合いは彼ら自身の不安感の強さと有意に相関していた。

予期不安と選択的記憶

　MansellとClark（投稿中）は「社会的な不安を持つ人々は社会的相互作用が予期されると，自分たちが他者にどう見られるかということについて否定的な記憶情報を選択的に想起しやすい」という仮説を支持する報告を最近した。FNEの高い学生と低い学生に否定的あるいは肯定的な特性の単語を以下の3通りの方法で評価させた。すなわち，公的な自己を指すもの（「その単語は，君を知っている人や君に会ったばかりの人が君について思っていることに，どの程度あてはまっているでしょうか？」），私的な自己を指すもの（「その単語は，君について述べる際に，どの程度あてはまるでしょうか？」），そして他者を指すもの（「君の隣人について述べる際に，その単語はどの程度あてはまるでしょうか？」）であった。評価させた後に被験者の半数には，次にまもなくスピーチをするように言っておいた。その後で全ての特性の単語についての記憶想起をテストした。FNEの低い学生群と比べて，高い学生群は否定的な公的な自己を指す単語を肯定的なものよりも想起しやすいというバイアスを示した。しかしそれはこれからスピーチをするように言われ，予期していた2群間においてのみ認められた。私的な自己を指す単語と他者のことを指す単語の想起については，2群間に差はなかった。
　このセクションをまとめると，最近の複数の研究は，社会恐怖の認知モデ

専門化した認知療法の解説

　Clark, Salkovskis, Hackmann, Wells, と共同研究者たちはこの章で述べた認知モデルに基づいて専門化した認知療法を工夫してきた。パニック障害と社会恐怖の治療はどちらも認知と行動の両面の技術をミックスしたものを含んでいる。そして、それは患者に彼らの歪んだ、不安に関連した思考と信念を同定させ、修正させることができるように意図されている。特に強調されるのは、そのモデルにおいて同定された障害の維持要因を逆転させるという点である。その2つの障害の治療は、患者の否定的な信念という特異体質を明らかにするための事柄を詳細に診察する点や安全行動を修正する点など多くの共通する特徴を有している。しかし、それぞれの障害で鍵となる異常は異なっているため、治療手順の多くは障害特異的である。それぞれの治療の概略を下に示す。パニックの治療のさらなる詳細な解説に興味のある読者は Clark（1989）と Salkovskis と Clark（1991）を参照されたい。社会恐怖の治療のさらなる詳細に関しては Clark と Wells（1995a）で知ることができよう。

パニック障害

　治療はまず最近のパニック発作について再検討し、主な身体感覚及びその感覚と結びついている否定的な思考を同定することから始める。どのように一連の出来事が起こるかを注意深く質問し、パニックの悪循環に関する特異体質的な解釈を引き出す。一例を図4.3に示す。ひとたび患者と治療者が、パニック発作とは身体感覚とその感覚に関する否定的な思考との間の相互作用という面があることに意見の一致をみれば、様々な治療手法を用いて患者が自らの感覚に対する誤った解釈に挑戦する手助けができる。

発作の引き金を同定すること
　多くの患者はパニック発作が予期せずに起こるために心臓病か他の身体的異常を患っているのではないかと解釈しまう。これらの患者には、予期せぬ

状況

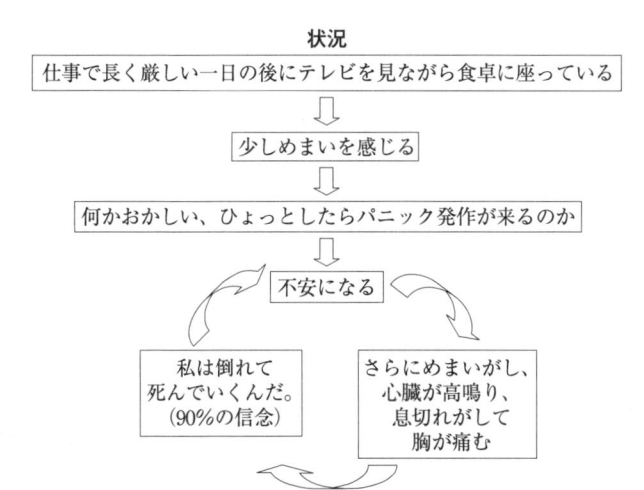

仕事で長く厳しい一日の後にテレビを見ながら食卓に座っている
⇩
少しめまいを感じる
⇩
何かおかしい、ひょっとしたらパニック発作が来るのか
⇩
不安になる
⇩
さらにめまいがし、心臓が高鳴り、息切れがして胸が痛む
⇩
私は倒れて死んでいくんだ。（90％の信念）

図4.3　典型的なパニック発作

発作の引き金を同定することが役に立つ。日記そしてセッション中のディスカッションによって，予期せぬ発作の引き金は異なる感情状態（興奮，怒り，うんざり），もしくは，無害な出来事によって引き起こされたわずかな身体的変化――例えば，素早い眼球運動（世界が動いて見える），体操や運動（息切れ，動悸），座っていて急に立ち上がる（めまい），コーヒーの飲み過ぎ（動悸）など――であることが通例明らかになる。

認知的手順

最も有効な認知的手順のひとつは，患者に否定的信念に矛盾するような過去の出来事の意義を理解させることである。例えば，患者が自宅で座っていて動悸，息切れ，胸部圧迫感を感じ，心臓発作が起こったと考えていた時，電話が鳴ったとする。電話に出ることが瞬間的に患者の注意を否定的な思考から引き離し，その結果，身体症状とパニックが止まった。この場合は次のような質問をすることが患者にこの観察の意義を理解させる助けとなるだろう。

「電話に出るということが心臓発作の適切な治療法でしょうか？」そして「電話に出ることが心臓発作を止めたりしないとしたら，何が起こったのでしょう？」など。

不安の特質について教育することもまた役に立つ。とりわけ，それがその患者の特異体質的な心配事に合わせて仕立てられていればなお良い。例えば，パニック発作中に失神してしまうのではないかと心配する患者には，パニック中の血圧は上昇するが失神は血圧低下によって起こるということを教えることが有効であることが多い（Clark, 1989, p. 76　図解説明）。同様に，左胸の痛みがあり心臓の異常の証拠であるという心配にとらわれている患者には，心臓病専門クリニックの患者における胸痛の部位を比較した調査（Beunderman et al., 1988）の結果を示してやると良い。すなわち，左側に優勢な痛みは心筋梗塞や狭心症というより心臓に異常のない不安患者の特徴であるというものだ。

　パニック発作には，多くの場合，恐れている結末（失神，死亡，発狂など）のイメージがつきまとう。これらのイメージは否定的な思考（私は今にも失神しそうだ）と同様に処理することができることが多い。しかし，そのイメージをより恐ろしくない現実的なイメージへ変え，直接修正することが必要となることがある。このことは侵入的なイメージが常同的に繰り返される場合に，特に必要となるようだ。パニック発作に付随するイメージは最悪の瞬間に常にとどまっている。だから患者に現実には次に何が起こるかを視覚化させるのは役に立つ。例えば，失神して床に倒れてしまう自分をイメージしてしまう患者には，次にゆっくりと意識が回復し，ゆっくりと自分の足で立ち上がり，そしてゆっくりと立ち去ることを視覚的にイメージさせると良い。イメージを続けさせるのが有効でない場合には，そのイメージの視覚的要素や聴覚的要素をより脅威的ではないものに変えていく。

行動実験

　パニック患者になされたほとんどの行動実験は以下の2つのカテゴリーのどちらかに分類される。(1) 患者の症状の原因として可能性のあるものを示すために恐れている感覚を引き起こすこと；(2) その感覚の結果についての否定的な信念を弱めるために患者に安全行動をやめさせること。恐れている感覚を引き起こすために最も広く用いられている手順のいくつかは以下のことを含んでいる。すなわち，体に注意を集中させること，恐れている感覚と破局的結末を表現する単語の対（例えば，動悸―死，息切れ―窒息，しびれ―卒中，空回りする思考―狂気）を読んで考えさせること，そしてパニック

発作中の呼吸を再現させること（たとえ，その時患者はただ普通に過呼吸をしているように見えたとしても）である．発作に伴うめまいを失神のサインと解釈する患者に対して，安全行動をやめさせる演習としては（恐れている状況に入ることや，あるいは過呼吸をさせることによって）めまいを引き起こさせ，そして，頑丈なものにつかまらせないことや下肢を突っ張らさせないことが含まれる．心臓に何か悪いところがあるのではないかと考え，この考えのせいで運動することを避けてしまう患者に対しては，安全行動を操作する演習として，特に恐れている感覚が存在する時に患者に運動を促す方法がある．通常，この演習は初めは治療セッションの際に患者に練習させて，それから宿題として課すことになる．

社会恐怖

社会恐怖の治療はいくつかの最近の社会不安のエピソードを再検討することから始まる．パニック障害の際と同様，注意深い問診によってその認知モデルの特異体質に関する解釈が開発されている．一例を図 4.4 に示す．そのモデルは患者の安全行動（safety behaviours）をわかりやすく列挙したリストと患者の注意が自己に集中した時きに気づく内部感覚的な情報の記載を含むべきである．図 4.4 に示した通り，典型例としてこれには身体感覚とその患者が他者にどう見えるかと感じられる感覚が含まれる．この感じられる感覚は患者がまるで他人の視点で自分自身を見ているイメージを伴うこともあ

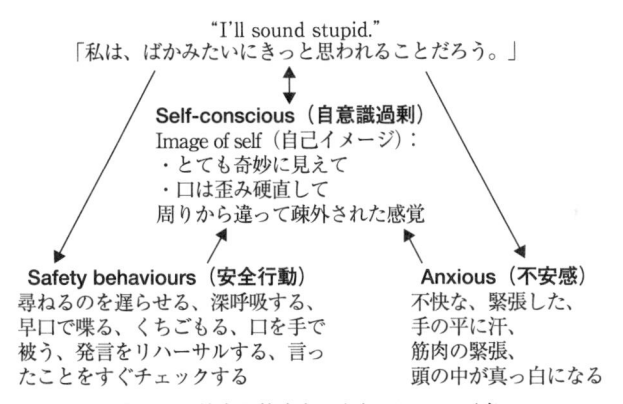

"I'll sound stupid."
「私は、ばかみたいにきっと思われることだろう。」

Self-conscious（自意識過剰）
Image of self（自己イメージ）:
・とても奇妙に見えて
・口は歪み硬直して
周りから違って疎外された感覚

Safety behaviours（安全行動）
尋ねるのを遅らせる、深呼吸する、早口で喋る、くちごもる、口を手で被う、発言をリハーサルする、言ったことをすぐチェックする

Anxious（不安感）
不快な、緊張した、手の平に汗、筋肉の緊張、頭の中が真っ白になる

図 4.4　社会恐怖患者の認知モデルの要素

る。そのイメージは内部感覚的な行動刺激によって引き起こされた視覚的（または聴覚的）な歪みを持つ。例えば，図4.4において患者は注意が自己に集中した時，口の周りの筋肉が緊張するのを感じた。この感覚は誰の目にも明らかにわかると患者が思うような視覚的に明白なひきつった口のイメージへと変形させられる。同様に，額の温かさとちょっとした発汗の感覚は額を川のように汗が流れる映像へと変形させられうる。

安全行動実験

　ひとたび，患者と治療者が認知モデルの作業用バージョンに同意したら，そのモデルの鍵となる要素を扱うこととなる。我々は多くの場合安全行動を変えることから取りかかるのが最もよいことを発見した。治療セッションで患者に恐れている社会的相互作用を2つの条件下でのロールプレイを行うように指示する。ひとつの条件は，患者がいつも用いる安全行動を使うことで，もうひとつの条件は，安全行動を捨てて自分の注意を自分自身に対してよりも関わっている対象である相手に向けることである。それぞれのロールプレイの後で，①患者は自分がどれだけ不安に感じたか，②自分がどのくらい不安気に見えたと思うか，そして③自分がどのくらい上手に振る舞えたと思うか，を採点評価する。これらの採点評価を比較することでいくつかの点がはっきりする。第1に，患者自身が驚くことだが，習慣的な安全行動は患者を楽にするというより不安を高めることの方が多いのである。第2に，②自分がどのくらい不安気に見えたと思うかと③自分がどのくらい上手に振る舞えたと思うかの評価は①彼らがどう感じるかの採点評価と密接に関係するのである。これは患者が，自分が他人にどう見えるかを推論するのに自分の感情を使うということを示している。

ビデオとオーディオのフィードバック

　患者は自分が他人にどう見えるかを推論するのに自分の内部感覚的な行動刺激を使うということがはっきりしたら，次のステップは患者に実際は他人にどう見えるかということについての現実的な情報を獲得させることである。このためのひとつの方法は安全行動実験において助手にフィードバックを患者に与えるように頼むことである。普通，そのフィードバックで患者は自分が思っているほど不安気には見えないということが伝えられ，感情を自分が

人にどう見えるかの指標とするのはあまりよくないことがはっきりする。このような点で他に良い方法として，ビデオやオーディオによるフィードバックがある。通常，我々は安全行動実験をビデオに撮影し，次のセッションで患者に見せる。ビデオを見る前に，患者は自分がどう見えるかを視覚的にイメージするように指示される。そしてこのイメージとビデオの中の実際の自分と比べるのである。現実の自分の様子は自分自身の予想より良いのが常である。

　各治療セッションで得られる認知の変化を最大にするために，我々は治療セッションをオーディオテープに録音し患者に宿題としてそのテープを聴くように指示している。このようにしてより患者は治療セッション中に同定した否定的な思考に対する答えをさらに確かめたり発展させることができるのである。録音はまた患者に自分の言っていることがどのように聞こえるかという貴重な情報を与え，さらに自分自身の歪んだ印象を訂正するのである。例えば，ある専門職の女性はミーティング中に小さな声で話をした。彼女は注意を引かないようにそうしたのだ。しかし，結果はというと，他の人々は彼女が何を言っているのかを聞くために集中し，彼女をよりじろじろ見るということになったのだ。彼女はミーティング中にもっと大きな声で話すという実験をする事に同意した。これをセッションで実践した際に，患者が自分自身の声の大きさを過大評価していたことが明らかになった。彼女は大声を出していない時でも，自分が大声を出していると感じていたのだ。この認知の歪みはテープを再生して，彼女の「大声」と治療者の普通の話し声を比べることで簡単に訂正できた。患者が驚いたのは，彼女の「大声」は治療者の普通の話し声よりも小さかったことである。さらに議論を重ねたところ，この誤った知覚について思い当たる原因が明らかとなった。その患者は普通とても静かに喋るのだが，思いきって話し始める時に，まるでそれが物凄い努力を要するように感じてしまう。そしてその感じを声の大きさと誤ってとらえていたのだ。

　治療のこの時点では，宿題の割り当ては社会的相互作用を持つ時に，安全行動を捨てて注意を外部に向けるように促すことが典型的である。この演習は次のような明白な理論的解釈によるものである。それは，患者が自分が他者からどのように見られているかを推測するのに通常用いる証拠（例えば，患者の意識についての内容）は不正確であり，自分がどう見えるかをより正

確につかむには注意を交流や他者の反応に向けることが必要だということである。

他者から否定的に評価されるという予想をテストすること

普通の社会的相互作用では，行動について患者が不適当だったと感じる歪んだ信念をテストする機会は極めて限られている。この問題は，患者が否定的な評価につながると間違って思い込んでいるような行動をわざとやってみることで一部解決することができる。例えばある秘書は，もし地元のバーで酒をこぼしてしまったら，世間の人々からアルコール症と思われ拒絶されてしまうということを恐れていた。この信念に挑戦する最初のステップとして，彼女が酒をこぼすのを見てアルコール症と人々が思ったとすると，人々はどのように反応すると思うかを彼女に尋ねた。彼女は，「人々は私を睨み，ひそひそ話を始めるでしょう」と言った。その後その予想は，わざと目立つように飲み物をこぼしてみることでテストされた。彼女は，誰も何の関心も示さなかったので驚いた。ただバーの店員だけが彼女の方をちらっと見たものの，彼もそれまでしていた会話をほとんど中断しなかったのである。同じように，患者に次のような実験を指示してもよいだろう。会話に退屈な話題を差し込む，話の途中で詰まる，どもる，他者が同意しないとわかっている意見を言うなどである。他者がどう反応するかについて情報を集めるもうひとつの有用な方法は「調査」してみることである。例えば，どもってしまい人からバカだと思われることを心配していたある女性社会恐怖患者は 15 人に「どもる人をどう思いますか？」と聞いてみることで大いに安心することができた。彼女は，誰もそれをバカを示すサインとは思わず，広く，彼女にとって恐ろしくない解答が得られたので驚いたのである。

終わった後でくよくよ考えることにかたをつける

普通の社会的交流では，患者は自分がどのくらい上手く振る舞えたかとか，他者から見てどうだったかということについて，はっきりしたフィードバックを受けることは滅多にない。このため，しばしば，社会恐怖患者は社会的相互作用が終わった後でくよくよ考える（post-mortem）のである。後から考える間に患者の不安感と否定的な自己知覚は著明に形づくられる。そして，後から考えることで社会的な失敗に関するさらに間違えて証拠をとらえてし

まうのである。この点を患者と話し合い，後から考えることは禁止される。

思いこみを正すこと

社会恐怖患者に社会的状況を恐ろしいもののように解釈させる思いこみは，ソクラテスの問答法によって修正することができる。例えば，思いこみ：「私が好かれないとしたら，私が至らないからなのだ」は次のように質問することで修正することができる：「君が好かれていないとどうしてわかるのか？」，「君に良い反応を示さないとしても，その理由は君が至らないからであるという以外にはひとつもないのだろうか？　例えば，その人の気分とか，君が他の誰かのことを思い出させてしまうとか，その人が上の空だったとか，などは？」，「好かれてないけど，至らないわけではないといった人の例を1人も思い付かないの？　例えば，キリストとパリサイ人は？」，「もしも，ある人が君を好きではなく，別の人が君を好きだったら，どちらが正しいのか？」，「もしも，ある人が君を好きではないとしたら，それは君が人として無価値ということになるのですか？」

認知療法の有効性

パニック障害

5つの対照比較試験がパニック障害に対する完全な認知療法を検討してきている。Beckら（1992）は，パニック患者を12週間の認知療法，または，8週間の支持的療法に割り付けた。比較できる時点（4週と8週）での評価時，認知療法を受けた患者は支持的療法を受けた患者より有意に改善していた。それは，認知療法の効果が非特異的な治療因子によるものではないことを示していた。加えて，治療中に達した改善は，1年後の追跡調査で維持されていた。

Clarkら（1994）は，認知療法をそれに代わる積極的心理療法または薬物による介入と比較検討した。パニック障害患者は，認知療法，応用リラクゼーション（applied relaxation : AR），イミプラミン（平均233mg/日），あるいは，治療への割り付け後3ヶ月の待機リスト対照群に，無作為に割り付けられた。治療の間，患者は，最初の3ヶ月間に12セッションまで受け，次の

3ヶ月に3回までのブースター・セッションを受けた。イミプラミンは6ヶ月後に漸減中止された。全ての治療法は，恐怖の対象である状況への自己曝露に関する宿題を含むものであった。待機リスト対照群との比較は，3つの全ての治療法が有効であることを示していた。治療法間の比較は，3ヶ月の時点で，認知療法が応用リラクゼーションとイミプラミンの双方よりも優れていることを示した。3ヶ月から6ヶ月の間，イミプラミンで治療された患者は改善傾向が続いたが，一方，認知療法または応用リラクゼーションを受けた患者はほとんど変化を示さなかった。結果として，6ヶ月後には，認知療法は，イミプラミンと差がなくなって，両方とも応用リラクゼーションより優れていた。イミプラミンは6ヶ月の評価後，漸減中止された。6ヶ月から15ヶ月の間，イミプラミン投与患者の40％が再発したのに比べて，認知療法はわずか5％であった。15ヶ月で，認知療法は，再び，応用リラクゼーションとイミプラミンと双方より優れていた。

　応用リラクゼーション法の創始者であるÖstは，また，認知療法と応用リラクゼーションを比較している（Öst and Westling, 1995）。評価は，治療前，治療後，1年後の追跡調査に行われた。治療前後の比較は，認知療法と応用リラクゼーションが両方ともパニック頻度，パニック関連の苦痛及び障害と全般性不安に関しては，実質的な改善と相関を有していることを示した。初期の報告（Öst and Westling, 1995）では，それらの治療の間には有意差はなかった。しかし，Öst（個人的コミュニケーション，1995年12月）が指摘したのは，認知療法に関して4人の治療者の初期トレーニング症例がそれぞれ含まれていたことであった。トレーニング症例4人のうちわずか1人のみ（25％）がパニック消失しただけだったが，しかし，その後，続けて行われた認知療法を受けた症例の15人中13人（87％）が，パニック消失し，治療の最後には高い最終目標機能（end-state function）に到達していた。4人の認知療法トレーニング症例を除外して，データを再解析すると，認知療法と応用リラクセーションとの間には治療後に高い最終目標機能に到達していた患者のパーセンテージに関して有意差がある。すなわち，認知療法での15人中13人（87％）に対して，応用リラクゼーションでの17人中8人（47％）である。双方の治療に関して，治療中得られた改善は，1年後の追跡調査で維持されていた。

　Arntzとvan den Hout（1996）は，最近，認知療法と応用リラクセーシ

ョンの独立した評価を報告した。彼らのグループは，どちらの治療に関しても発展途中のトレーニングを含まなかった。治療者は，前もって，Clark と Salkovskis から認知療法に関する専門家としてのトレーニングを，また，Öst から応用リラクゼーションに関する専門家としてのトレーニングを受けた。評価は，治療前，治療後，1ヶ月後，6ヶ月後の追跡調査で行われた。認知療法を受けた患者群の有意に大きな割合が治療後にパニック消失に至り，この差は2回の追跡調査時点でも維持されていた。

最後に，Margraf と Schneider（1991）は，認知療法の成分分析を行った。完全な認知療法（認知的及び行動的な手順を統合した認知行動療法）は，認知的手順のみを含む介入（狭義の認知療法）と明白な認知再構成なしの状況・身体内部感覚への曝露を含む介入（狭義の曝露療法）と比較した。待機リスト対照群との比較は，全ての3つの治療が高度に有効であることを示した。ほとんどの方法で，有意差はなかったが，パニック消失した患者パーセンテージの intention-to-treat 分析では，統合した完全な認知行動療法は，曝露療法のみより優れていた。全ての3つの群で，治療による改善は，1年後の追跡調査で完全に維持されていた。パニック関連の認知の変化が，全ての3つの治療において速やかな改善の有意な予測因子であった。認知的及び行動的手順は両方とも認知の変化という共通のメカニズムを通じて効果を有することが示唆された。

表4.1は，上にレビューした5つの試験を要約したものである。それぞれの試験で，治療者は，オックスフォード・グループからトレーニングを受けていた。それらをともに考慮すれば，5つの試験が示しているのは，適切に行われた認知療法がパニック障害に非常に有効な治療であることであり，intention-to-treat 分析では，74％から94％の患者でパニック消失し，これらの改善は追跡調査で続いていたということである。また，明らかに，その治療効果は非特異的な治療因子によるものではなかった。というのも，上述した研究（Arntz and van den Hout, 1996；Beck et al., 1992；Clark et al., 1994）は，認知療法が同等の信頼できる代替の心理学的治療法より優れていることを見出し，Öst と Westling（1995）の研究の再分析は，同様のパターンの結果を示している。ひとつの研究（Clark et al., 1994）は，認知療法を適量のイミプラミンと比較した。認知療法は，治療初期と1年後の追跡調査でイミプラミンより優れていた。最後に，認知療法に関して得られた結果は，5つ

表4.1 パニック障害の（完全）認知療法の比較対照試験：intention-to-treat 分析

研究	治療	パニック消失患者の％(数) 治療後	追跡調査
Beck ら（1992）	1. 認知療法	94（16/17）	77（13/17）[b]
	2. 支持的療法	25（ 4/16）[a]	—
Clark ら（1994）	1. 認知療法	86（18/21）	76（16/21）[c]
	2. 応用リラクゼーション	48（10/21）	43（ 9/21）[c]
	3. イミプラミン	52（11/21）	48（10/21）[c]
	4. 待機リスト	7（ 1/16）	—
Öst & Westling（1995）[d]	1. 認知療法	74（14/19）	89（17/19）[c]
	2. 応用リラクゼーション	58（11/19）	74（14/19）[c]
Arnts & van den Hout（1996）	1. 認知療法	78（14/18）	78（14/18）
	2. 応用リラクゼーション	47（ 9/19）	47（ 9/19）
	3. 待機リスト	28（ 5/18）	—
Margraf & Schneider（1991）	1. 併用（認知）	91（20/22）[e]	—
	2. 純粋認知	73（16/12）[e]	—
	3. 純粋曝露	52（11/21）[e]	—
	4. 待機リスト	5（ 1/20）	—
認知療法の全研究の合計		85（82/97）	80（60/75）

記：Intention-to-treat 分析は，完遂例（completers）と同様に脱落例（drop-outs）を含むものである。脱落例は，パニックが続いているとしてコードされる。
曝露：内部感覚及び状況に対する曝露を意味する。
[a] 8週間（支持的療法の最後）で。この時点で認知療法患者の71％はパニック消失。
[b] 1年の追跡調査。
[c] 追跡調査でのパニック消失患者の％で，追跡調査期間中，何ら付加的な治療は受けていなかった。
[d] 認知療法の数字は，治療者の4人の訓練中の症例を含むので，控えめ。
[e] 4週間の追跡調査。

の国（イギリス，ドイツ，オランダ，スウェーデン，アメリカ合衆国）にわたって顕著に一致しており，その治療法はうまく広められているようである。

　完全な認知療法パッケージに関して得られた優れた結果から，次に，その治療法のより短い形で同様の結果が得られうるかどうかについての検討へと研究者は進んだ。もし，そうならば，より多い患者がその治療法で改善する可能性が考慮される。上述した完全な治療パッケージの研究は，全部で12から16セッションとなっていた。短縮版の評価を報告した最初のグループは，Black ら（1993）であった。彼らは，その研究者たち（Bowers, 個人的コミュニケーション）によって特別に考案された付加的な心理学的手順を

含む認知療法の短縮版（8セッション）を考案した。オックスフォード・グループは，治療者のトレーニング及び治療内容の修飾にまったく関与していなかった。パニック障害患者は，短縮版認知療法，フルボキサミン，プラセボ内服に無作為に割り付けられた。主な評価が治療前と8週後に行われた。追跡調査に関しては，報告されなかった。コンプリーター（試験完遂者）分析での測定数では，フルボキサミンに対する反応は，短縮版認知療法より優れていた。しかし，通常，高いドロップ・アウト(脱落)率（上記にレビューされた完全な認知療法パッケージの研究が0％から5％の間であるのに比し，短縮版認知療法は40％）は，研究者らの修飾が治療受容性に重大な干渉を与えたことを示唆するものである。

Clarkら（1995）は，認知療法のより良い短縮版を生み出す試みに成功したと最近報告した。セッションの全回数は，治療法の主な段階をまかなう一連の自己学習モジュールを考案することによって，セッション数を全7回と少なくした。患者は，自己学習モジュールを読んで，そのモジュール中に概要を説明されたホームワークを完成させた後，治療者とその範囲について話しあうようにした。この方法で，治療者は，誤った理解と問題により注意を向けることができた。パニック障害患者は，短縮版認知療法群，完全版認知療法群，待機リスト群に無作為に割り付けられた。認知療法の短縮版群と完全版群は，両方とも無治療群より優れていたが，両者の相互の差は見られなかった。さらに，両者に観察された実質的な改善は，同様の選択規準を用いたオックスフォード・グループの以前の研究（Clark et al., 1994）で得られたものと同じであった。

Barlowのパニックコントロール治療

パニックの認知療法が発展してきたのと同時に，Barlowとその同僚らは，独立して，もうひとつの認知行動療法（パニックコントロール治療, panic control treatment：PCT）を発展させていった。PCTもまた，パニック患者の身体感覚への恐怖に焦点をおいたものであった。いくつかの点では異なるが，認知療法とPCTは多くの共通の手順を共有している。5つの研究が，Barlowとその共同研究者らの治療の効果を検討してきている。手順に関する類似性から期待されるように，これらの研究は，PCTもまたパニック障害の非常に有効な治療法であることを確立してきている。Barlowら（1989）

は，PCT 群をもうひとつの認知療法群と，progressive muscle relaxation（漸進的筋リラクゼーション）群と待機リスト対照群と比較した。両方の認知療法ともに一致して待機リスト対照群より優れており，パニック頻度の減少に関しては，リラクゼーションより有効であった。Klosko ら（1990）は，PCT 群をアルプラゾラム群，プラセボ群，待機リスト対照群と比較した。PCT は，アルプラゾラム，プラセボ，待機リスト対照より優れていた。アルプラゾラムとプラセボに関してパニック消失に至った患者のパーセンテージは，相互国家共同パニック研究（Cross-National Collaborative Panic Study, 1992）で見られた率と同様であったが，しかし，アルプラゾラムとプラセボとの有意差は見られず，おそらく，この理由は，後者の状況での非常に小さい標本規模によるものと考えられた。

Shear ら（1994）は，PCT を，彼らが特別に考案した non-prescriptive treatment（訳者注，その後，彼らは emotion focused treatment：EFT「感情焦点治療」と呼ぶようにした）と比較した。PCT は，先行する2つの研究においては，non-prescriptive treatment よりわずかに劣った成績のようであったが，有意差はなかった。その2つの研究についての討論中に，Shear ら（1994）が指摘するのは，治療者の支持評価が期待より低かったために，PCT が最適に伝えられていなかったかもしれないということである。両治療間で差がないことに対する付加的なありうる説明としては，混同されたデザインという点である。non-prescriptive treatment の最初の3回のセッションは，PCT の最初の3回のセッションと同一であり，それが共通のアウトカム（成果）変化の多くを説明するかもしれない。不運にも，研究者たちは，第3セッション後に評価を行っていなかったので，この示唆を評価することはできない。

最後に，Craske ら（1995）は，短縮版（4セッション）PCT を検討した。パニック障害患者は，4セッションの PCT あるいは4セッションの非指示的支持的療法（non-directive supportive therapy）に無作為に割り付けられた。短縮版 PCT は，パニックの減少及び恐怖症的恐怖に関して，非指示的支持的療法より効果的であった。それは，短縮版 PCT が，特別な効果を有することを示唆していた。しかし，治療の最後での全体的なパニック消失率（53%）は，比較的低く，多くの患者にとってはより多いセッション数の治療のほうが有益であろうことを示唆していた。

社会恐怖

　社会恐怖に対するいくつかの認知行動的治療が，初期の認知行動モデルを用いて研究者によって開発されてきている。これらの治療は，Butler と共同研究者らの不安マネージメント・トレーニング（anxiety management training：AMT），Heimberg の認知行動的グループ治療（cognitive behavioural group treatment：CBGT），Mattick と Peters のグループ曝露と認知再構成の併用治療を含んでいる。心理学的介入に関する比較対照試験（Butler et al., 1984；Heimberg et al., 1990；Mattick and Peters, 1988；Mattick et al., 1989）は，これらの治療それぞれが社会恐怖に特異的な効果を有することを示している。Butler ら（1984）と Mattick と同僚ら（Mattick and Peters, 1988；Mattick et al., 1989）はまた，彼らの治療が曝露のみより優れていることを明らかにした。しかし，反応者のパーセンテージに関するデータ調査は，治療効果の実質的改善にいまだ余地があることを示唆している。Heimberg ら（1990）は，CBGT 患者の 65% が治療の最後に改善していたことを証明した。Mattick と Peters（1988）は，より厳格な改善規準を使って，曝露と認知再構成の併用治療グループのわずか 38% が高い最終到達機能へ至ったことを証明した。否定的な評価の恐怖に関して，変化の程度の分析（Watson and Friend, 1969）が同様の筋を語っている。患者たちはこの方法で改善を示したが，治療を受けた患者の治療後の平均は，一般的な母集団にとっての平均以上のままで残る。この章に概要が示された認知モデルを基礎に私達が最近開発してきた認知療法の新版が治療効果においてさらなる改善を生むであろうことが望まれる。このことがまさに当てはまるプレリミナリーな指摘が，12 人の終始一貫して関与した社会恐怖患者に治療を与えた最近の研究（Clark and Wells, 1995b）によって提供された。否定的な評価の恐怖に関する平均変化は，上述された 3 つの代替の認知行動的治療の試験において報告されたものの 1.5 倍から 2 倍あった。

　これら希望を与えるプレリミナリーな結果は，より大規模な比較対照試験で確認されることが必要である。

要約と結論

　この章は，不安障害に対する有効な心理学的治療の開発に関する特定の戦略を説明してきた。患者への注意深い面接と相関する実験的研究がその障害の中核的な認知の異常と認知の変化を通常妨げている因子を同定するのに使われている。中核的な異常とその維持因子に焦点を合わせる認知療法の特殊に専門分化した形態は，その後，発展し，比較対照試験で評価される。その実行を通じて常に，実験的研究と治療開発作業の間の密接な相互作用が存在する。例えば，パニックでは，安全行動に関する私達の実験的研究は，治療開発中の臨床的観察から始まって，その実験結果に基づいて，治療中，安全行動をやめることに現在の主な重点を置くようになった。同様に，社会恐怖の治療では，患者が他者にどのように見えるかと推量する身体感覚の誤用についての私達の重点は，社会的相互作用中の否定的な思考に関する実験的研究における予期せぬ発見によって強く影響された（Stopa and Clark, 1993）。

　その戦略が，2つの対照をなす重度の不安障害に適用されている。パニック障害の場合には，その戦略は，よく発展し，その結果，帰着した治療は広く評価され，非常に有効である。社会恐怖の場合，研究は，より初期の段階にあり，治療は，約束されるものだが，まだ広く評価されてはいない。

謝辞

　オックスフォード研究のほとんどは，Medical Research Council（医学研究協議会）（Gelder and Clark）と Wellcome Trust（Clark and Ehlers）からの助成金によって支援された。研究プログラムは，まさにチームの努力の賜物であって，私は，Michael Gelder, Paul Salkovskis, Ann Hackmann, Adrian Wells, Anke Ehlers, Hugh Middleton, John Ludgate, Carolyn Fordham-Walker, Melanie Fennell, Gillian Butler を含む多くの優れた共同研究者を持てて幸運である。

第5章
全般性不安障害

Adrian Wells and Gillian Butler

　パニック障害や社会恐怖症のような不安障害と比較して，全般性不安障害（generalized anxiety disorder：GAD）は，理論的な理解がほとんどなされておらず，GADに特異的に開発され適応された治療法（Borkovec et al., 1983a；O'Leary et al., 1992；Borkovec and Costello, 1993；Barlow, 1995；Ladouceur et al., 1995）には，臨床的評価がなされていなかったり，未だ開発の予備的段階にある。この章では実験的・臨床的観察に基づいて改良されてきたGADの概念的理解について論じる。はじめに障害の性質についての記述と，心理療法におけるこれまでの発展について概略を述べる。そして全般性不安と心配（worry）における最近の実験的・理論的研究に焦点を当てる。ここで述べるアプローチに含まれる仮説は，GADにおける苦痛の主たる原因のひとつに心配があるということである。新しいGADの認知モデルとそこから示唆される治療法を論じる。最後にストレス全般に対する脆弱性についてや特にGADモデル構成に用いられたいくつかの概念を強迫性障害や分裂病のような障害における認知モデルと比較して論じる。

全般性不安障害（GAD）の性質

　全般性不安障害はDSM-III（APA 1980）によって初めて定義された。オリジナルのDSM-IIIの診断基準を満たすためには，患者に少なくとも1ヶ月以上にわたって以下の4つの項目のうち3つの症状が認められないとならなかった。(1) 運動性緊張；(2) 自律神経機能亢進；(3) 憂慮（不安，心配，恐怖，思い過ごし，自分や他人の不幸を予期すること）；(4) 警戒心。1987年の改訂（DSM-III-R；APA 1987）では障害の記述で心配が主要症状とされ，

この改訂は DSM-IV (APA 1994) でも採用されている。障害のおもな特徴は,「(仕事や学業などの) 多数の出来事または活動に対する過剰な不安と心配 (予期憂慮), 少なくとも6ヶ月間, それが起きている日の方が起きていない日より多い」(p. 435)。その他の診断的特徴としては, 以下の6つの認知, 感情, 身体症状のうち3つを伴っていること: (1) 落ち着きのなさ, または緊張感, または過敏;(2) 疲労しやすいこと;(3) 集中困難, または心が空白になること;(4) 易刺激性;(5) 筋肉の緊張;(6) 睡眠障害 (入眠または睡眠維持の困難, または落ち着かず熟眠感のない睡眠)。GAD であると診断するためには, 不安, 心配, または身体症状が著明な苦痛または重要な領域における機能の障害を引き起こしていることと不安と心配の対象が他の第1軸障害の特徴 (例えばパニック発作や恐怖反応の結果) に限られていないことが必要である。

　後方視的なデータからわかったことは, 実際に予測されていたことではあるが, GAD の発症はパニック障害などの障害と比較して緩徐であることである (Anderson et al., 1984; Rapee, 1985)。初診時の平均年齢は 39 歳 (Rapee, 1989) であり, Rapee (1991) は, 障害の発症 (10代中盤) から初診時までおよそ25年かかっていることに注目している。現在 GAD に罹患している患者が何年も同じ診断基準を満たしていたかは不明だが, 成人 GAD 患者が長い間, 不安を感じやすく, 心配する傾向にあり, その傾向は小児の頃から認められたであろうと思われる。

　GAD の持続性は, その性質理解への重要な手がかりである。60%から80%の患者が生涯を通じて, 心配になったり不安を感じたりした (Butler et al., 1991; Rapee, 1991; Barlow, 1988) と述べていることは, 不変的な不安傾向の高いレベルを反映している。実際, 患者には不安や心配について考える性格特徴が認められることが多い。約 50% の GAD 患者が人格障害を伴っている (Sanderson et al., 1994a, b)。GAD 患者の最も一般的な第2軸診断は, 回避性もしくは依存性人格障害である。加えて他の慢性の障害によく見られるように, GAD も2次的問題を生じる。Butler ら (1987a; 1991) は, DSM-III-R の GAD 診断基準を満たす患者が, しばしば社会不安, 自信欠如, 意欲低下, 抑うつ (後の研究で対象患者は Beck うつ病評価尺度が20点以上であった) をも示したと報告した。この結果が意味するのは, GAD に苦しむ人々には多くの関連した障害があり, そのいずれかによって心配という不

快な状態が引き起こされ，そのプロセス全体により彼らは傷つきやすく混乱した状態にされているかもしれないということである。彼らはいつ症状から解放されるかを予測できず，援助なしでは問題の1次的側面を2次的側面から区別することが難しくなっている。

　GADは，基本的もしくは「中核的」不安障害と記述されてきた（例えばBarlow, 1988 ; Rapee, 1991）。これが何を意味するか必ずしも明白ではないが，この障害の比較的純粋型では，基本的認知の過程が，自己にまつわることの否定的な反すう，自己に対する機能不全的認識，特定の処理スタイル（Wells and Matthews, 1994）などの不安脆弱性の影響を受けるという意味では事実であるかもしれない。Beckら（1985）が示唆したのは，知覚された脅威の数もしくはコストがそれらに対処する能力よりも勝っている時に不安は起こるということであり，その結果人々は不安に感じたり，脆弱さを感じたり，心配したりするのである。GAD患者は，認識できる状況因がなかったとしても，このバランスが偏っている，または偏っているかもしれないと感じている。心配がこの過程に果たす役割は充分にはまだよく理解されていないが，それにもかかわらず，GADとGADで心配が関与している役割についてより良く理解することが，GADに対してより効果的な治療法を編み出すこととともに，他の不安状態のメカニズムに対する我々の理解を深めるために重要であると思われる。

GADの心理療法の発展

　GADの性質は一見複雑に見えるため，GADの治療は，GADを概念化することと同様に困難である。GADという疾患が現在のように明確に定義される前に出版されたBarriosとShigetomi（1979）とRachmanとWilson（1980）らの総説においても，この点が認識され，当時行われていた治療法によっては約3分の1の患者しか改善を見ず，それ以上は治療法の選択の余地はなかった。当時，より効果的な治療を生み出そうとする試みは，以下の3つの中心となる考え方に基づいていた。第1に，全般性不安は，心配に対する個々の反応によって持続し，その結果不安の悪循環が起こる。よって，治療はその悪循環をたちきるために，個々の不安を持続させる要素を特定し，修正する方に働かなくてはいけない。曝露とリラクゼーションというおもな

行動的かつ物理的な方法が，恐怖不安の治療に適用され効果的に用いられてきたが，その一方で認知療法的手法はその当時は広く一般には行われておらず，この障害の顕著な認知的な側面をもっと見直すべきである。第2に，曝露についてであるが，曝露は他の不安障害治療の中心となる治療法として発展してきたものだが，これはGADの治療として有用であるとは考えにくい。なぜならば，不安を引き起こす引き金，及びそれに対する回避行動が，GADでは明確でないからである。「曝露は，ほとんどあるいはまったくGADの治療に役立たない。……なぜならば患者にはまず手始めに回避するものが何もないからである」(Barlow et al., 1984)。第3に，不安は，将来の不確実さに対する正常な反応であるため，また人々の対処資源は必然的に限られているため，治療の重点はこれらの資源をより効果的に働かせる方法を探すことに重点を置くべきである。認知療法的手法は，問題（と心配）を視界におさめ，脆弱性に対する予測と確信を変化させるのに役立つかもしれない。また，認知療法的手法は，GADの問題の2次的側面——社会不安，抑うつ，自信欠如，低い自己評価——を扱うのにも有用であろう。最近の研究を概観することで，これらの考え方が，いかにして治療に取り入れられているかがわかるであろう。

　認知的な介入を用いた初期の研究は，わずかな，あるいは不十分な結果しかもたらさず，またそれは少数の症例に単純化された方法が用いられたものであった。（例えばRamm et al., 1981；Woodward and Jones, 1980）。問題点のひとつは，個々の症例の思考についてはわずかな注意しか払われず，患者がより建設的でポジティブなものの考え方をするように仕向け，それを手助けすることに，より多く注意が払われたことである。もうひとつの問題点として，あまり洗練されていない認知的手法が，行動的な介入と結び付けて使用されたために，様々な要素の影響によって混乱を招いた（例えばButler et al., 1987a；Barlow et al., 1984）。思考や信念について再検討する行動学的な実験において，認知的手法と行動的手法を結び付けることは，現在では広く受け入れられている。80年代の初頭には，上記2つの手法が，必ずしも単一の統一された原理を用いることなく，別々に用いられていた（Butler and Booth, 1991）。最後に，当時は不安に特異的な認知過程についてわずかしか理解されていなかったため，認知的な介入はうつ病についての研究から得た考え方に，もっぱら基づいていた（Beck et al., 1979）。

Butler ら (1987a) の研究では，彼らが「不安マネージメント」と名付けた複数の要素からなる認知的かつ行動的な治療法によって，重要で持久性があり，かつ再現性のある効果が得られることが示された。個別化されかつ協調的な認知的手法と，曝露，リラクゼーション，自信をつけるための手法を組み合わせた。「不安マネージメント」は，対照群と比べて不安の尺度のみでなく，抑うつの尺度やパニック発作の頻度にも大幅な変化をもたらし，そしてその効果は最大2年間持続した。3分の2弱の患者は，この期間に不安のために医者にかかることはなかった。この研究は，それまでの知見に進歩をもたらし，そして GAD についてのさらなる知識をもたらした。それは，それまでの仮説に反し，また Borkovec の一連の不安の理論と一致して，彼らの患者の 64% が非恐怖症タイプの回避をしたことがあること，そして患者の 80% が，なんらかの状況不安を持つことを述べた。この回避の多くはそれをしなければ不安を持続させるような潜在的，認知的または感情的な形態をとった (Butler et al., 1987b)。これらの有力な結果にもかかわらず，治療に対する反応は依然として大いに不安定なものであった。3分の1近くの患者は，治療の効果がほとんどないよう見うけられ，Durham と Turvey (1987) と Borkovec と Mathews (1988) らによっても同様の数字が報告された。

これらの結果を発展させるために，不安の認知の本質についてさらに探求することが必要不可欠であるように見うけられた。一連の研究により，うつ病の患者や正常コントロールの被験者に比べ，GAD の患者は，彼らにとって好ましくない出来事が生じる可能性を過大評価するということがわかった (Butler and Mathews, 1983, 1987; Butler, 1990)。主観的な危険性の評価と不安感の尺度は，有意に関連していた。この相関は，(a) 不安のレベル，(b) 心配の量，(c) 不安耐性あるいは不安傾向，(d) 個人のおもな関心事，特に自己への脅威についての関心事，等により変動する。同時に GAD 患者は，脅威となる出来事による主観的な代償を，正常コントロールより高く見つもり，また一貫して，あいまいな事象を脅威的として解釈することがわかった。

これらの結果が示唆しているのは，GAD の認知療法中に患者の予後を同定し吟味することや，潜在する脅威に対する知覚された代償とあいまいな情報に対する誤った解釈に対して効果的に対処する方法を学ぶことが，有意義であるということである。Butler (1993) と Clark ら (1994) は，患者があ

いまいな素材を脅威として解釈する程度が，治療結果を左右することを述べている。そのように出来事を解釈し続ける人は悪化や再発する傾向がある。理論上，認知療法は間違った解釈と可能性／代償評価を特に治療中に標的にしたり，これらの過程の根源を標的にしなければならない。GADで考えられる根源には，心配，注意処理，思考制御方策，心配の情報処理への影響がある（Wells, 1994a, 1995）。

　認知療法を用いた早期の研究が，考えられる根源要素に焦点を当てなかったが，他の治療方法より認知療法がいくらか優れている事を示した（例えばDurham and Turvey, 1987 ; Borkovec et al., 1987 ; Power et al., 1989）。しかしながら非特異的な治療によって得られる効果は，事実上，同程度らしく（例えばBorkovec and Mathews, 1988 ; Rapee et al., 1988），1991年まで認知的介入（cognitive behaviour therapy : CBT）は他の治療方法，この場合行動療法よりも明白で一貫した利点はないことが示された（Butler et al., 1991）。後者の研究は「比較研究がいかに施行されるべきかのモデル」として記述された（Hollon and Beck, 1994）。参加した治療者は経験を積んでおり，両方の治療法の良い訓練を受けた。治療の質は他施設で働いている評価者によって判定され，広い範囲の認知測定が用いられた。CBTは行動療法より多くの認知変化をもたらすことと，安定した効果を示すことがわかった。グループ間の違いは治療終了後の6ヶ月目には開始時と比べてさらに広がり，その時点で操作的になされた「経過良好」の基準に該当したのが行動療法が5％であるのに対してCBTでは42％であった。行動療法とは異なり，CBTは不安と同じく抑うつ患者にも明らかに同等の効果があった。仮定と信念に対する標準的な認知療法的な働きかけに加えて，認知療法的方法と関連する行動療法的課題を用いてGADに存在する様々な形態の回避を取り扱うことで，治療者が問題を遷延化させるような，潜在的，認知的，感情的な回避に対して，この治療法を用いて働きかけることを可能にした。この作業は思考，予期，信念の変化につながった。

　他の治療法と比較して認知療法の相対的に優位であるとの証拠は増え続けている。BorkovecとCostello（1993）は，リラクゼーション応用法と認知行動療法を比較した。両治療法ともGADを他の不安障害から区別する特異な行動的，認知的，身体的症状を取り扱うように調整された。これらの治療法は非指示的な治療を受けたコントロール群と比較して効果的であることが

証明され，これらが非特異的な要因とは独立して機能する成分を含んでいると思われた．長期経過の観察では，認知的方法が優位であることを示唆しており，リラクゼーション法を受けた患者の37.5％に対して，57.9％の患者が認知行動療法によって良好な社会機能に至っていることがわかった．しかしながら相違は統計学的に有意ではなかった．Durhamら（1994）もまた分析療法との比較で認知療法の実質的な利点を報告し，1年の継続治療においては優位な点が多く，31％に対して認知療法によって実質72％の患者が効果を維持したと報告した（Durham, 1995）．

要するに，認知行動療法を用いたGADの治療によって，永続的であり一貫した効果が得られるという研究が増えてきている．我々がさらに不安の認知の特徴について知り，不安の認知と心配について知りえたことに対してこれらの療法を適応してみれば（例えばButler et al., 1991；Borkovec and Costello, 1993），効果はさらに明確になる．治療終了時，機能の改善がある者は，現在の所，患者の3分の1に対して認知行動療法ではおおよそ半分である．もし我々が，さらに効果があった治療において，認知のどの側面が標的とされたかを正確に知れば，それをさらに役立てることができるであろう．しかしながら，文献的考察に基づいた，一般的な意見を述べることしかできない．認知療法は主としてBeckの脆弱性の認知モデルに基づいており，それは知覚された脅威と知覚された手段のバランスに反映される．特に，GADでは心配の焦点が推移し，特定の関心事のみに適応する方法は限られた使用しかできないであろうということがわかった．このジレンマから抜け出すには，不確実性を取り扱う方法や心配を同定し制御する方法などの共通性に焦点を当てることと，潜在する仮定，信念，意味を同定し取り扱うことである（Butler, 1994）．この先に明らかにして述べていくが，これらの治療は問題の持続という1次的な側面に焦点を置くのではなく，特に有用なのは心配について心配することや他の特定の後続性認知の次元に焦点を当てることかもしれない（Wells, 1994a, 1995）．

GADの治療がより効果的にはなってきたが，単純な恐怖症やパニック障害などの不安障害と比べるとまだ遅れている．これは，一部は恐怖症的不安やパニック発作の欠如などの基準が比較的簡単に作成されたのに対して，一方で全般性不安の欠如の基準はさほど明確ではないというような，使用される尺度から生じる産物でもある．恐怖症やパニック発作とは違い，適度な程

度の心配と不安は全ての人にとって有用であると思われ（Davey et al., 1992; Borkovec and Roemer, 1995），それ故，完全にそれらを取り去ることができることを期待するのは合理的でもなく，まして賢明でもない。しかしながら，この章の後半で GAD の認知モデルを示すが，それにより正常及び，異常な心配の違いの明確な見通しが得られ，我々が何を測定し修正するかについての示唆がなされる。疑いなく GAD の治療には改良の余地がある。GAD の特異的なモデル，GAD における心配の理解から，さらに特異的で効果的な治療法を開発するための仮説に新しい根拠が提供されるべきである。

心配の概念

「心配」という単語は，日常会話において一般的に使われているが，心配という処理を詳細に定義することの必要性を否定するものではない。心配の本質を詳細に明確化することは，心配を他の思考と区別するのに必要である。Borkovec ら（1983b）は，心配を，問題解決を目的とする，主として言葉による概念活動と定義した。心配は，否定的な感情を含む一連の思考として生じる。心配は，結果の不確かな未来の出来事と関連している。Davey（1994）もまた，問題解決という心配の本質を強調し，心配することは「問題解決のさまたげ」の表明であると提示している。

多数の報告において明らかにされたことは，心配と他の思考は区別することができ，その区別は，不安障害のモデルを作るのに有用であるということである（例えば Wells, 1994a）。Turner ら（1992）は，2 つの思考——心配と強迫思考——に関する文献をまとめ，両者間にはいくつかの違いがあると結論づけている。特に，心配は通常，思考として生じるのに対し，強迫思考は，思考やイメージや衝動として生じる。心配は，強迫ほど侵入的とは受け取られない。心配の内容は，強迫内容に典型的であるほど了解し難いものとしては認められていない。Wells と Morrison（1994）は，通常の心配と侵入思考とを比較する研究を計画し，対象者から 2 週以上にわたる報告を得た。この研究の対象者には，（その日の）最も強い 2 つの心配と 2 つの侵入思考（強迫思考）について記録する日記を完成してもらい，いくつかの重要な次元において評価してもらった。この研究の結果，通常の心配と通常の強迫思考との間に，多くの顕著な違いが示された。心配は，強迫思考に比べてより

言語的な内容を持つこと，強迫思考はよりイメージに富むことが報告された。心配は侵入思考に比べ，極めて現実的で，より自発的で，打ち消すのが困難で，より心をかき乱し，より長く持続すると評価された。心配は強迫思考に比べて，より衝動行為と関係しているという予想外の結果も得られた。

　Wells (1994a) は，心配と強迫思考と自動思考との区別を明確にすることは有用であると示唆している。自動思考（Beck, 1967）は，急に生じ，明らかに求められたものではなく，言葉またはイメージの速記体のようである。否定的な自動思考の電文体のような性質は，心配の特徴である広がりをもった冥想的な評価的思考とは対照的である。自動思考の内容は障害に特異的と見なされており（Beck et al., 1987），それゆえパニックにおいて，思考は，身体上ないし精神上の出来事を，さしせまった身体的，精神的あるいは心理社会的な破滅の徴候と見なす誤った解釈に関係している（Clark, 1986; Ottaviani and Beck, 1987; Hibbert, 1984）。社会恐怖においては，否定的な自動思考は，他人からの否定的評価及び実際の否定的自己評価への恐怖に関係している（Stopa and Clark, 1993; Clark and Wells, 1995; Wells and Clark, 印刷中）。GAD における心配の内容は，他の不安障害における心配の内容に比べて，おそらく，より多岐にわたるものである。心配と自動思考との違いは，これらの思考とそれらに特異的な情報処理過程との関連を示唆している（Wells and Matthews, 1994）。特に自動思考はより反射的であるのに対して，より持続する心配の実行には，さらに多くの注意の入力を必要とする。WellsとMatthews（1994）は，否定思考を惹起するものと維持するものの区別は有用であると議論している。心配の始まりは比較的自動的だが，心配に見られるお決まりの手順は複雑で，過度に要求的な性質や，GAD における内因性，外因性のフィードバックによっても修飾されていることから，心配の維持には個人の注意の持続が必要になるということを示している。

　正常の心配と問題となる心配は，内容において確かな違いを示さない。Craske ら（1989）は，19人の GAD 患者の心配を，29人の不安障害でない対照群と自己モニタリング法を用いて比較した。心配は，個々の判断により，あらかじめ決定された5つのカテゴリー：(1) 家族，家庭，人間関係，(2) 金銭，(3) 仕事，学校，(4) 病気，けが，健康，(5) その他，に分類された。GAD 患者は，対照に比べて，病気，けが，健康についての心配を，有意に高い割合で報告した。しかしながら，対照群では，GAD に比べて，金銭の

心配が，有意に高い割合で報告された。それらに対する心配の最高値あるいは嫌悪の最高値，すなわちその内容の強度，あるいは心配に抵抗しようとして生じる不安の強度において，GAD と対照群の心配は同等であった。2群（GAD 群対対照群）を従属変数と見なした前向きの回帰研究において，自覚された制御のみが有意な予測因子であった。Vasey と Borkovec（1992）は，慢性的な心配症の人とそうでない人において，破滅が生じる場面の内容について調べ，心配内容にはほとんど違いがないことを認めた。34 の比較のうち4つのみが違いを示した。同様に Borkovec ら（1983b）は，自分で心配症であるという人とそうでないという大学生において，内容の頻度に特別な違いはないとしている。

多くの研究者が，問題となる心配の中心的な特徴は，対処不可能性という点であるという結論に達した（Craske et al., 1989；Borkovec et al., 1991；Rapee, 1991；Wells, 1994a）。研究の1例として，Kent と Jambunathan（1989）は，心配の対処不可能性は，最終試験前4～5週にわたる医学生の不安の変動の多くを説明すると述べている。

心配の対処不可能性

上に述べた証拠により，心配に対処できないことが，GAD の中心的な特徴のひとつであることが示唆された。心配と GAD を理論的に詳述することで，自覚される心配への対処不可能性が様々な方法で説明されてきている。Barlow（1988）は，不安な関心事の中で注意が狭まり，それによって引き起こされる脅威に対する過度の警戒により，「患者が消し去ることのできない，あるいはいかなる効果的な対策もないような過度の心配を引き起こす」（p. 259）というモデルを提唱している。このモデルは，注意の狭小化という点から心配に対処できないことを説明しているが，Wells と Matthews（1994, p. 161）が指摘するように，そのことが起こるメカニズムは特定されていない。そのような注意の狭小化により，心配に符合しない情報を処理するのに利用できる注意が消去されるかもしれず，あるいは心配から注意をそらすといったような対処操作に必要な注意力を弱めるかもしれないといったことが考えられる。一方で，注意の狭まりが過度の警戒を引き起こすというのは，あり得そうにない。ここで言う注意の狭小化は，心配と関係する思考に限定された焦点と関連し，その一方で過度の警戒は，外部の脅威に対する

感受性の増大を意味する。よって注意の狭小化は，脅威を感じてから生ずる過度の警戒に引き続いて起こるというほうがより考えやすい（Eysenck, 1992）。

　Borkovecらは GAD に関連して，心配についての異なる見解を提示している。彼らは，心配は，より陰性感情と結びついている想像の発展などという他の思考様式からの回避を表していると提案している（例えば Borkovec and Inz, 1990 ; Borkovec et al., 1991）。要するに GAD 患者は，心配を，認知の回避の一手段として用いていると考えられる。この視点によると，心配することで，それ自体による問題が生じることになる。これが強化されうるのは，そうすることで陰性感情を減弱させたり回避させたりする効果があるためであり，また記憶されている恐怖に関する情報に対する十分なアクセスをも妨げることで感情処理をブロックするからかもしれないためである（例えば Foa and Kozak, 1986）。このような即時の不安減少や不安への対処によって，心配の性質は，強化されて対処を失うものとなり，心配は感情処理を阻害している間，長い時間，不安を持続させることになる。Borkovec と Hu（1990）は，心配の感情に対する抑制的効果について支持する証拠を提示した。恐ろしいシーンを想像する直前に心配をする発語恐怖の被験者は，中立的なあるいはリラックスした考えをするように指示された被験者に比べ，心拍数の増加が有意に少ないことが報告されている。しかし，心配をするグループは，中立的なグループに比べ，有意にイメージに対する大きな主観的な恐怖を報告している。

　それゆえ，心配することはそれ自体で心配を悪化させる効果を持ち，また他の様式の侵入思考を助長しうる。Borkovecら（例えば Borkovec and Inz, 1990 ; Borkovec et al., 1991）の推測によると，心配は感情処理を阻害し，また Butler ら（1995）は，ストレス刺激へ曝露した後の心配の効果について先進的な研究を行った。この研究では，3つのグループの学生ボランティアが，短い無音の身の毛のよだつような作業事故のフィルムを見させられた。次に被験者らは，フィルム中の出来事について及びそれが示唆することについて心配を言葉にする，あるいはフィルム中の出来事をイメージする，あるいは4分間気分を落ち着かせるよう，それぞれ指示された。さらに被験者はフィルムを見た後7日間の間に思い出した，フィルム中の場面の侵入的なイメージの数についての日記をつけ続けるように指示された。この日記のデータは，侵入の大半がフィルムを見た後の3日間に生じたことを示唆していた。

この期間，侵入の回数を比較すると，フィルムを見た後に心配したグループの被験者では，イメージしたグループ及びコントロールグループに比べて，はるかに多く侵入を報告していたことが判明した。

　引き続き実施された研究において Wells と Papageorgiou (1995) は，ストレスに続く侵入的なイメージの心配による培養効果を来す連動メカニズムについて仮説検証を行った。その仮説とは，心配は感情処理を阻害し，かつ，記憶におけるストレス因の想起に「固執する（タッギング）」方向へと働く。タッギングとは，連想によってストレスに関連する事象を想起させる潜在的な引き金の範囲を広げるような，精巧なストレス因の処理を意味している。この仮説を検証するために，様々な形によるストレス後の心理的操作が用いられた。実験における操作は，仮説に基づく感情処理阻害及びタッギング効果の割合によって変化させた。実験には5つのグループが参加した。対照群は，残酷なフィルムを見せられた後，心を落ち着かせるための時間が与えられるということを，予め告げられていた。残りの群は，それぞれ下記のうちひとつの操作を指示された。フィルムの中での出来事をイメージすること；単純な気を紛らわすタスクを行うこと；日常の心配事を口に出して言うこと；フィルムの中での心配について口に出して言うことである。連動メカニズムモデルに基づいて仮定されたことは，イメージすることは，感情処理を容易にするが，一方でタッギングは少ししか生じない，ということである。気を紛らわすことは，感情処理を部分的に阻害するが，タッギングを多く生じることはない。日常の関心事についての心配は感情処理を著しく阻害するが，それは心配には注意が必要であるため注意をイメージからそらされるためであり，一方でタッギングはほとんど生じない。フィルムの内容について心配することは，感情処理を阻害し，強いタッギングを導く。グループ間にわたって侵入的イメージの想起頻度の直線的な増加傾向が予想された。実験の結果として，はっきりとした直線的な増加傾向が得られ，そのことは連動メカニズムとも相容れる。これら2つの実験結果は，一定の状況のもとでは，心配は侵入的イメージを培養するのにつながるという見解に一致する。明らかに，心配しがちな個人，特に心配を対処法として（おそらくイメージを避けるために）使う人は，侵入思考の頻度が増すことで意識の流れを妨げやすい傾向にある。このタイプの効果は，気にかかる考え事に対する制御を失ったことの証拠と解釈されうる。もっともそのことは実際には，制御を失った

というよりも，対処する方策として心配を使ったという現象を反映する。

思考抑制研究から，対象者が特定の思考を「考えない」試みを行う時に反動生成効果を生じることがわかってきた（例えば Clark et al., 1991）。これが示唆するところは，GAD や強迫患者などが考えをコントロールしようとすることは，主観的な対処不可能性の一因となってしまうかもしれないということである。例えば，Wegner ら（1987）は対象者に「白熊」のことを考えないようにさせ，5 分間，思考の流れを報告させ，白熊の考えが起こった時ごとにベルを鳴らすように指示した。対象者は指示されたようには思考を抑制することができなかった。続いて白熊のことを 5 分間考えるように指示されると，彼らははじめから白熊のことを考えることを指示された対象者に対して，有意に高く白熊のことを考えたと報告した。Wenzlaff ら（1988）は，うつ病スコアが高い大学生が，否定的な事柄をはじめは抑制できるが，望ましくない否定的な思考が遅延してよみがえることを示した。逆説的抑制効果もまた自然に起こる侵入思考で示された（Salkovskis and Campbell, 1994）。

Wells と Davies（1994）は，思考コントロール質問票（Thought Control Questionnaire：TCQ）を開発し，望ましくない／不快な思考をコントロールするのに用いられる方策の個人的な違いを測定した。TCQ の下位項目には 5 タイプの方策が含まれる。すなわち，(1) 気を紛らわす，(2) 社会コントロール，(3) 心配，(4) 罰，(5) 再検討，である。感情面における脆弱性（不安傾向，神経症性傾向，心理的出来事に対するコントロール不良，私的な自己認識）について行ったいくつかの測定と，心配と罰の方策とが正の相関を示したが，その他の方法には関連はなかった。これらのデータは，人は心配を望ましくない考えをコントロールするために用いており，この方策はコントロール不良の高まりと関連しているという論点を支持したが，この関連についての因果関係はわかっていない。しかしながら，抑制と心配培養研究の結果をあわせて概観するなら，思考と心配をコントロールする試みが，侵入を増強する一因となっているという事実がある。GAD 患者は，処理方策として心配を使い，彼らの思考をコントロールしようとする傾向がありそうで，そのことで侵入と対処不可能性を増強するように思われる。

要するに，心配について対処不可能性を増強することの基礎となるメカニズムとして最も考えられるのは，(1) 心配を処理方策や対処行動として使用

すること，(2) 思考をコントロールしようとする試み，である。その個人の認知における機能不全的信念のような他の原因から起こる間違ったコントロール能力についての評価もまたこれらに追加しなければならない。対処不可能性は過度のコントロールの試みによる機能であると思われる。過度のコントロールは少なくとも2つの形態をとる。すなわち，(a) 対処法に役立つと思われている要求的心配についてのお決まりの手順の実行の制御 (b) 思考抑制活動に努力を使い果たすこと，である。処理方策として動機づけられた心配の使用と思考制御の試みの概念は，Wells (1995) のGAD認知モデルの構成要素で，後に論じる。

心配の多次元的性質

心配を測定するために，最近3つの質問紙票が開発された。Penn State Worry Questionnaire (PSWQ, Meyer et al., 1990)，Worry Domains Questionnaire (WDQ, Tallis et al., 1992)，Anxious Thoughts Inventory (AnTI, Wells, 1994b) である。それぞれの評価尺度は，心配を評価測定するための異なる概念的アプローチを反映している。PSWQは，心配傾向の一般的な未分化評価法で，「多くの場面で心配になる」などの項目よりなる。一方，WDQは内容で心配を判別するという異なった領域を評価する。WDQは，5つの内容次元からなり，心配が生じるのが，関係，自信欠如，目的のない将来・仕事・財産である。AnTIは多次元的な心配の評価法であり，心配内容に加え，心配することにおける特徴的なプロセスを評価する。3つの下位項目からなり，社会，健康，後続性心配 (meta-worry) を測定する。後続性心配は心配を心配することから構成され，対処不可能性，侵入的として思考についての否定的な評価からなる。後続性心配は心配の重要な次元であるように思われる。なぜならコントロールする試みにより生じる，対処不可能性，破壊的，うまくいく見込みが薄いことなどのような心配の評価によって，GADの患者の心配と不安でない個人とが区別されるからである (Craske et al., 1989)。

全般性不安障害の認知モデル

健常群とGAD群における心配内容が類似していることが示唆しているの

は，うわべだけの内容の違いによって GAD における，心配が問題を起こす性質を説明しようとしても無駄なことであろうということである。Wells (1995) は，GAD の理論的モデルを作る上で2種類の心配を区別しなくてはならないとし，タイプ1とタイプ2の心配を提案した。タイプ1の心配は，外的な出来事と内的な非認知的な出来事，例えば AnTI 下位項目の2項目で測られるような社会的，健康的なことについての心配に関係する。タイプ2の心配，あるいは「後続性心配」は，その人の自身の認知上の出来事，特に心配の発生，の否定的評価と関係する。後続性心配のテーマの例は，「心配すると気が狂う」，「心配をコントロールすることができない」，「心配は異常である」，「心配する考えによって悪いことが起こる」などである。初期の経験的研究からは，後続性心配傾向（「心配する考えについての心配」の程度という観点から測定される）により，健常群がタイプ1の心配傾向の問題として心配を位置付け，その程度を予測し，不安傾向をコントロールすると言われた。しかしこの方法のようにタイプ1の心配の問題を位置付けて予測することはできなかった（Wells and Carter, 準備中）。

　後続性心配に関する GAD の概念化によって，GAD と健常群におけるタイプ1の心配で内容に違いのないことが説明できる。そして，GAD をモデル化するためや，より効果的な治療を発展するための新しい枠組も提示する。さらに，社会的，健康的心配の事実に対して疑いを持つことなどのタイプ1の心配内容を取り扱うことを基礎とした GAD の治療は，タイプ2の心配が中心的であるならば，あまり効果がないことになる。

　適切な GAD 認知モデルは，一連の現象を説明できなければならない。主として，それは病的なメカニズムを示しながらも，健常群と GAD の心配における類似と相違についても適応できなくてはならない。それは，また，GAD において知覚される心配の対処不可能性を説明できなければならない。

　Wells (1995) は，そのようなモデルを提案した。全般性不安障害患者は，心配についての肯定・否定の信念が共存する認知の不調和の状態として見られる。これらの信念の発展は，否定の信念の発展よりも先行して肯定的な信念が最初に作り上げられるという時間経過として捉えうるかもしれない。一旦心配の否定的信念が発展した人は，心配を否定的な方法（後続性心配）で評価しやすく，特定の試みで心配をコントロールしようと試みる傾向がある。このように，後続性心配が生ずるとき，問題とはならないような心配が問題

となる。Wells (1995) は，後続性心配をより生じやすいことが正常の心配からGADの心配を区別すると提案する。一旦否定の信念と後続性心配が確立されるならば，人は心配する事についての否定的評価結果を避ける動機を生じることになる。これは心配を抑制するか，避けることによって成し遂げられているかもしれないが，肯定的な心配信念と矛盾しているので，心配を全体的に放棄することは，あまりに脅威であるように思われる。肯定的な心配確信の例は，以下のようなものである。「心配することで将来の問題に対応できる」，「心配すれば全てうまくいく」，「起こりうる全ての悪いことを考えられたら，それらを防ぐ準備ができる」，「心配することで，やり遂げられる」，「心配しないことは，良くない」，「運命を乗り切ってゆける」である。つまり，GAD患者は心配することを対処方策として用いる傾向があり，それを行うとき，心配処理に関係する恐れを活性化する。最高の方策は，まず第一に心配の必要性を避けることである（例えば，不安を惹起するような状況を避ける）。しかしながら，広範囲に誘因の可能性があるため，そのことはしばしば可能でなくなるので，GAD患者は心配することの必要性があることを回避するためにわずかな安全行動をとったり，心配が用いられたとしても，心配の結果が否定的評価とならないように行動する。これらの安全行動には，再保証，気を紛らわすこと，思考制御戦略を用いることなどがある。

　タイプ1とタイプ2の心配は，「脅威についてのモニタリング」と関連している。これは心配と関連した情報により警戒心が高まることである。脅威を早期に発見することで回避や安全反応が開始できるようにする自発的な方策となる場合もある。しかしながら，モニタリングはまた非自発的に行われる方策でもある。非自発的なモニタリングは，脅威を識別するための心配が点火する自動処理ユニット（例えばWells and Matthews, 1994）から生じるようであり，それは脅威に関係した情報が意識の中に割り込んでくるかのようでもある。タイプ1とタイプ2の心配の区別は，モニタリングが外部あるいは内部の脅威に向けられているかで可能である。内部の脅威は，心配の思考自体が生じることによって示される。

　Wellsモデル (1995) において，後続性心配の進展と維持にはいくつかの道筋がある。始めに，心配により生じる危険な結果に関係した情報は，いくつかの情報源から得られるかもしれない。例えば，心配歴のある人は後に精神障害へと進展するかもしれない，あるいはストレスの弊害についてのメディ

ア情報が後続性心配に寄与するかもしれない。第2に，一般的な西洋文化における，心配することは悪く，あるいは心配は何らかの点で異常で，「神経症的性格」の徴候であるという考えを反映して，心配することは社会的に受け入れられないという意味合いを生じている。第3に，社会的な比較過程を通じて，対処として心配手順を用いている人は，それは自己に生じうる脅威に対処するものではないことを見出すかもしれない。第4に，心配を繰り返していることで，望まない結果を予測する否定的情報にさらにアクセスしやすくなり，それにより，これらの結果を防ぐあるいは目をそらすために心配の拡張がもたらされる。それゆえ，心配はより広がりをもち，制御するのがより困難になる。第5に，回避，安全行動，思考制御の試み，及び脅威モニタリングは，個々を閉じ込められた心配形式に陥らせる。つまり，侵入思考が維持され，脅威はより容易に探知され，機能不全的な信念を確実なものとする。最後に，心配によって喚起される予期される不幸に関係した不安のような心配の感情面でのなりゆき，及び感情処理の停止は，心配にも寄与するかもしれない不安感情や刺激を維持する。例えば，不安の認知や身体徴候あるいは感情処理の停止の徴候が，コントロールの喪失として間違って解釈され，そのようにして後続性心配に寄与している。

GADにおける回避

このモデルはGADにおける回避の性質を示唆している。伝統的に，回避は障害において中心的な役割を果たさず，回避はとらえにくいものと考えられてきた (Butler et al., 1987b)。タイプ1と後続性心配の分析から，GAD患者は，心配自体が賦活するのを避けようとするために，外的脅威や感情的刺激を避けることが示唆された。一連の行動が，心配を避けるために利用される。他人から一定の型の行動を要求されるメディアの回避型，例えば，頻回の電話接触や会話における特定の話題の回避，病人の回避は，心配の賦活化を避ける試みを示している一例である。

GADにおける回避と安全行動の分析は，それが当初思われていたよりも，複雑である。Wellsモデル (1995) において，心配することは，それ自体，回避の一形態及び安全行動として用いられる。安全と回避の方策として心配を用いることは，心配と反すうによって得られる利益についての肯定的な信念に結びつく。例えば，GAD患者は，予感される脅威と闘う対処法として

心配するのかもしれない。彼らは心配が，起こりうる否定的な出来事を扱う準備になると信じている。それゆえ，心配は未来において，対処に失敗することを避ける機能を果たす。心配の方策が否定的に評価される時（後続性心配），それが問題となる。

後続性認知モデルの治療応用

後続性心配の観点から問題となる心配のモデルを構築することや，心配することに関する肯定的，否定的信念を明らかとすることは，障害に対する認知療法の重点を変えている。不安マネージメントや一般化された認知療法のような，初期の心配に触れない治療法や後続性認知を用いない治療法が，相応の結果を生じてきたことは知られている。しかし，特異的な後続性認知モデルに基づく治療法は，より有効な治療法の開発へとつながることが期待される。

後続性認知モデルに基づく治療法の性質についての詳細な説明は，この章の範囲外である。より詳細な議論のためには，Wells（1995, 準備中）を参照されたい。簡潔に言えば，後続性認知治療の中心的目的は，心配することに関する機能不全的な信念の修正である。典型的には，後続性心配は最初に取り扱われるべきである。このことは，後続性心配を導く否定的信念を扱うことを目的とした行動実験との組み合わせによって達成される。例えば，個人が心配のコントロール喪失を恐れる時，実験は，心配を強めて行動の制御を失わせるような意図的な試みを行うこともある。対処不可能性の信念は，心配を延期させる戦略を含む実験で取り扱われ，そこでは，心配様の思考を「そのままにしておくこと」が要求される。これは，それが逆説的な制御方策にならないように呈示され，信念変化の方向に向かわせる。後続性心配と否定的信念の修正は信念の弱体を阻害し，回避や思考制御の試みのような行動反応を修正することに依存する。このように治療の重要な側面は，信念変化を促進する方法で，回避と心配制御行動の逆転もしくは断念である。いったん後続性心配と関連する信念が効果的に扱われたのならば，対処方策として心配を用いることの動機付けとなる肯定的信念も修正される。認知行動的変化の進展を促すように働きかける目的で，肯定的信念が否定的信念へと結びつくように導かれる部分に働きかける場合もある。治療法の一端は，心配

の筋書きに別の肯定的な結末を作り上げていく実践によりなっている。これらの方策は，心配することによって予想している有害な効果を避けるための方策や心配コントロール術としてではなく，予想される方策の利用範囲を必要ならば広げるためであることに注意しなくてはならない。

ここでまとめられたモデルと治療は，伝統的な不安マネージメントと認知療法における介入とは重点を変えている。心配しすぎることへのコントロールとタイプ1の心配内容を扱うことを教えることは，それら自身にある程度有効であるに過ぎないであろう。タイプ1の心配に焦点を当てることは，社会的評価に対する心配のように現時点での関心事であり，多くのGAD症例に対して必要とされるが，それによって後続性認知の修正を犠牲にするべきものではない。

心配の機能

以上で概観した後続性認知モデルが示唆するものは，人は対処策として心配を使うよう動機づけられているということである。Borkovecは，GAD患者は心配をいまいましくてさらに心を乱す考えから，気を紛らわすため，あるいは考えが起きるのを避けるために使うと仮定し，またWells（1994a, 1995）は，慢性の心配を抱えている人は，心配することが，利益をもたらすというある程度の信念を持っている，と仮定している。心配の利点に関する確信は，健康に不安のある患者の一部（Wells and Hackmann, 1993）——健康についてあれこれ心配を巡らすことが保護的な作用を持つと信じる人々——においても見られる。

2つの研究において，BorkovecとRoemer（1995）は，GAD患者が高頻度に訴える心配の6つの原因について，自己報告にてGADの診断基準を満たす学生を対照に調査した。第1の研究において，被験者は不安障害でない正常な対照群と比較され，第2の研究においては3番目のグループすなわち，心配はないが不安を有する患者も参加した。いずれの実験においても，どのグループの被験者にも最も支持された原因は，動機づけ，出来事に対する準備，回避及び防止であった。いずれの研究においても，GADの被験者は，より感情的なものごとから気を紛らわす手段として心配を用いる割合が，他に比べてはるかに高かった。2番目の研究においてGADの被験者は，心配はあるが不安のないグループに比べ，感情的な話題から気を紛らわす傾向が

はるかに高かった。また，GAD 患者のグループは迷信的な理由から，または問題解決のために心配を使うことの割合が，不安のない被験者と比べてはるかに高かった。

Cartwright-Hatton and Wells (投稿中) は MCQ (Meta-Cognitions Questionnaire) を開発した。これを用いて心配あるいは侵入に対する信念，精神的な出来事のモニタリングや侵入的な思考の問題に影響を及す自己報告と認知能率についての個人差について評価した。一連の因子分析の研究により，信頼性のある5つの因子尺度が選ばれた。4つの因子は信念について表している。(1) 心配に対する肯定的な信念（例えば，心配は私が難局を乗り越えるのを助ける），(2) 思考を制御できないという信念（例えば，私は心配し始めたら止まらない），(3) 認知に関する信念（例えば，私は記憶力が乏しい），(4) 迷信，罰則，責任などの主題を含めて思考に関する全般的に否定的な信念（例えば，自分の思考を制御できないのは，自分が弱い証拠だ）である。

5番目の要素は後続性認知の過程を表す。すなわち認知的な自意識，これは無意識あるいは自分の思考を意味し，モニターしようとする傾向についての尺度である。(例えば，自分の心がどう動くかについて細心の注意を払う)

MCQ を開発するにあたっての大きな目標のひとつは，後続性認知モデルによって予想された心配の相関を評価することであった。特に後続性認知モデルでは，肯定的あるいは否定的な信念の後続性認知が，問題となる心配や侵襲的な思考と正の相関があるとされている。MCQ のサブスケールは全て，Anxious Thoughts Inventory によって評価された心配しやすい傾向，及び精神的な出来事に対して制御不能であることに対しての Padua Inventory のサブスケールによる評価と，正の強い相関を示している。さらに，MCQ サブスケールと心配傾向の共変数につての階層的回帰分析を行ったところ，心配に対する肯定的な信念，自分の思考を制御できないと信じる信念，認知に関する自信の無さ，これらは全て等しく心配しがちな傾向を，104人の学部生と大学院生の被験者について，予見していた。

後続性認知モデルが予想するもの

これまでの記述で議論してきた予備的な研究内容は，後続性認知モデルと相いれるものである。

このモデルを用いて，正常者と GAD 患者との心配のタイプが異なるわけ

ではないという以前の研究を説明できるので，さらにこのモデルは裏付けられる。このモデルの中心的な予想を検証するべく設定された研究によって，このモデルの妥当性は強く立証される。それらは以下の通りである；

1. 侵入思考が主要な問題ではない不安患者，及び対照群と比べて，GAD患者は後続性心配の割合が高値を示す。
2. タイプ1の心配の頻度とは無関係に，後続性心配は心配と関連する苦悩/不安を引き起こす。
3. GAD患者は，心配及び反すうに関して否定的な信念のみでなく，肯定的な信念を持つことがある。
4. 心配手続きを使うよう患者を駆り立てる後続性心配や信念を修正するのに失敗した治療は，これらの次元を修正しようとする治療に比べて，より高い再発率を持つであろう。

後続性認知と自己制御： 他の感情障害における認知モデル構築への示唆

心配することは，たいていの感情障害に見られる。WellsとMatthews (1994) は，感情障害における一般的な脆弱性モデルを開発し，そこでは自己にまつわる活性化した心配が中心的役割を演じているとした。モデルは注意と記憶の偏り，認知欠損，機能不全的な信念，自己に焦点化された注意，活性化した心配（反すう）のような感情障害に関連する認知現象を説明している。これらの現象は，相互に作用する3つのレベルを持つ認知構造物の中に概念化される。すなわち，(1) 自己信念，(2) 自動的に制御された処理，(3) 低次元の自動的処理，である。感情障害のモデル化において主要な関心事の相互作用は，自己関連処理に関係している。この種類の処理構成は，自己制御実行機能 (self-regulatory executive function : SREF) と呼ばれる。その理由は，その主たる目的が現在の状況と，予想されたか取得された基準との相違を分析し減弱することにあるからである。この過程は，認知的，生理的，行動学的自己規制を通して，不快な感情を減らすことを目的としている。この意味において，SREFは感情障害の注意内容を決定するだけでなく，処理システムの修正，調整面として広い後続性認知機能をもたらす。SREFモデルにおいて，個人によってなされる処理形態は，自己信念によって決定

される。これらは感情障害の図式化された理論（Beck, 1967, 1976）によって特徴づけられるような説明的な形態（例えば、「私は、脆い」）をとる信念だけでなく、処理システムを活性化へと導くような手続き的な信念でもある。このように、自己規制処理は、後続性認知の機能を持つ。例えば、ある信念は、ある話題に関する反すうを活性化したり、特定のタイプの刺激をモニタリングするように指示する。他の手続き的信念は、既存の信念を強化するか、新しい情報を吸収して信念を変えるように導く。自動処理レベルで活動を調整する手順もある。このモデルにおいて、活発な心配や自己にまつわる反すうは、感情障害で特に問題となる処理形態である。それは、機能不全的な信念が活性化されるのを維持し、脅威を識別するための低い次元での処理機能を準備し、機能不全的な知識を減弱することができる処理情報に向けられるべき注意能力を奪う。反すう状態では、その他の自動的な処理方策の使用が妨げられる。モデルが示唆するのは、信念の変化を最大限にするように、自動的な SREF 処理は管理されねばならないということである。これは、反すう方策をあきらめたり、注意トレーニング（例えば、Wells, 1990; Wells et al., 準備中）や「分離した注意」（Wells and Matthews, 1994, p. 305-307）のような手段によって処理方法を制御する柔軟性を増すことを含む。

　後続性認知の機能不全は、問題となる侵入思考が関連する全ての障害で中心的要素であると思われる（Wells and Matthews, 1994）。強迫性障害において重要なのは、侵入と反すうについての否定的信念と記憶や思考制御方策のような各自の認知技能における自信に関連する信念であると思われる。Salkovskis（1985）の強迫的問題についてのモデルは、以下のような機能不全的信念に基づいた侵入思考の評価が重要な鍵であることを示している。例えば、「ある行動について考ることは、その行動を起こすようなものである。；そして侵入が起こった時に中和しないのは、侵入が起きた時の損害を探索したり望んだりすることに似ていたり等しかったりする」（p. 579）。ここでは後続性認知について述べるが、モデルは、むしろ後続性認知の観点からではなく、主観的な責任の評価の観点から発展してきた。他の研究者、例えば、D. A. Clark and Purdon（1993）は、さらに詳細に強迫的問題における後続性認知を検討し始めている。

　統合失調症において、侵入と陽性症状の意味における肯定的あるいは否定的信念は、患者のそれに対する感情的・行動的反応に影響する。さらに、

「後続性モニタリング」に結びつきそうな信念もあり，その場合，幻覚のような陽性症状を生じることに過敏な患者もいる。過敏さを活性化することは，幻覚と誤解される様々な正常体験の察知を増加させるかもしれない。後続性モニタリングは，これらの症状を活性化することもできる。さらにこのような症状に関する肯定的・否定的信念は患者が症状とうまくやっていくことを可能にすると思われる。肯定的な信念は，特定の症状を維持する努力と関連しているかもしれない。

WellsとMatthews (1994) が提案していているのは，自己反すう処理形態の使用として明らかになる後続性認知障害は，感情障害の脆弱性の中核であるかもしれないということである。これと並行して興味深いことに，Rapee (1991) は，我々が論じているGADを心配障害とし，不安傾向の概念に非常によく似ている基本的な不安障害であるかもしれないということであると示唆している。さらなる心配と後続性認知次元の分析によって感情障害における脆弱性の理解が深まるであろう。

結語

全般性不安障害は，現在は慢性的な心配による疾患と考えられている。今日まで，他の種類の不安障害に有効であった治療的アプローチが試みられているが，GADに対してその概念に一致した焦点を当てているわけではない。この章では心配の特徴や効果について論じたが，これによりGADについての重要な問題——心配の対処可能性等——についての重要な洞察が得られた。またこの章ではWells (1994a, 1995) の認知モデル——慢性的心配とGADの認知モデル——について概観した。この認知モデルは治療に対する具体的な展望——すなわち重点を，心配のコントロールや症状マネージメントの技術を患者に教えることから，問題とされるタイプの心配に寄与する信念と過程を概念化し修正することへと，置き換えること——を提示した。要約するとGADは，対処不可能な心配による障害なのではなく，心配について心配することと，処理方策として心配を度を越して使用する，という障害なのである。

最後に，後続性認知アプローチは，統合失調症や強迫性障害など他の精神疾患に対する我々の理解を深める可能性の高いアプローチである。既に複数

のアプローチにおいて後続性認知の次元が示唆されている（例えばSalkovskis, 1985；Clark and Purdon, 1993；Frith, 1992）。しかしさらなる発展には，思考のタイプと，後続性認知過程の原因及び結果との相互作用の，より包括的な定式化を必要とするであろう。認知療法のさらなる発展は，後続性認知分析と，より伝統的な認知的アプローチに沿った介入とを包含させることによってもたらされる可能性が大きい。以上述べてきたことをもとに，新たな治療が生み出され，従来の治療法は最善の効果を得るべく修正されるであろう。

　この章に記載した研究は，Michael Gelder教授によるところがきわめて大きい。また筆者らは，常に彼の激励により支えられつづけた。ここに大いに謝意を表したい。

第6章
強迫性障害

Paul M. Salkovskis and Joan Kirk

　強迫性障害（obsessive-compulsive disorder：OCD）は，重度の生活障害をきたす不安性障害であり，生涯にわたる治療を必要とする治りがたい状態であり，治癒することよりも共存したり適応したりするべき問題と見なされがちである。脳神経外科的処置のような過激な治療法も，その有効性よりも，わずらった人の苦痛が絶望的に大きいがゆえに，未だに最重症の症例に適応と考えられている。10年程前まで，臨床家たちは強迫性障害を，ほとんど消えてしまうほど稀な障害と考えることで自分たちを安心させてきた。最近の疫学的な社会集団調査によると，有病率は全人口の1～3％であり，そのような考えは払拭された。Michael Gelderは，異なる方法で，私たち2人が強迫性障害の分野において，治療への無力感に挑むことを勇気づけた。臨床における行動療法に対する彼の強いサポートは，認知行動療法を強迫性障害に応用すること（Kirk, 1983）を力づけてくれた。彼はまた，強迫の問題に対する認知行動療法のさらなる発展に焦点を当てた特異的な研究プログラムの一部として，以下に記した理論的な公式の発展にも力を注いだ。このプログラムは，強迫性障害一般における認知過程へのより良い理解に関心を持ち，既存の行動療法に認知の要素を加えることで洗練し，強迫的な思考に対する効果的な方法を発展させた。

問題の本質

　強迫性障害は反復して侵入する思考やイメージ，衝動あるいは強迫的な行動によって特徴づけられる疾患である。強迫行為は行動に表出される儀式（手洗いや確認行動など）と，行動には表出されない儀式の双方を含む。そ

れらはここでは，「中和」と呼ぶ。DSM-IV（APA 1994）では，強迫性障害を，執拗に反復して侵入する上記のタイプの認知と定義しており，それは単に実際の生活の問題に対する過度の不安ではない（全般性不安障害でより典型的な不安と，強迫とを区別する）。精神病症状と強迫とを区別するために，その人が，侵入思考を自分自身の思考の産物だと見なしていることが要求される。定義では，強迫で苦しんでいる人々は，侵入してくる考えを無視したり，抑圧したり，中和することを試みる。強迫行為は，侵入する観念や，厳格に行わなければならないと信じている規則に従って行う反復行動，と定義される。強迫的であると定義されるには，それらの行為が，苦悩や恐ろしい結果を防いだり減らしたりすることを目的としていなければならない（しかし，その行為と中和しようとしていることとの現実的なつながりを欠いている）。

　強迫観念・行為の定義に加えて，それらによってある程度の社会的・職業的問題が生じ，大きな悩みを引き起こしていることが必要である。侵入思考は，臨床的に問題のない人々にも見られるので，OCDの定義のこの側面は重要である。

頻度

　OCDは最近まで，0.1%以下の頻度で，稀な臨床的問題と見なされていた。外来での強迫性障害が比較的高頻度なのは，この障害の自然経過によると考えられていた。即ち自然寛解は比較的稀で，常に治療への抵抗性が高い障害ととらえられていた。これらのことは，臨床観察にかけた時間が統計学的に均一でなく，比較的少数の患者の観察から得られたものであろう。しかしながら最近の疫学調査では，全人口中でOCDは以前考えられていたよりも高頻度であることが示唆されている。社会集団での頻度は1.9～3.2%と報告されている。

　OCDそれ自体とは対照的に，OCDの基礎症状を持つ人はかなり多い。Rachmanとde Silva（1978）は，内容に関して強迫観念と区別できない侵入思考を，健常者の90%近くに認めた。高頻度に健常者に見られるという報告は繰り返しなされている。（例えばFreeston et al., 1991 ; Parkinson and Rachman, 1980 ; Salkovskis and Harrison, 1984）最近では，健常者での強迫

は，普通に見られるものとされている。これらの所見は，行動的あるいは認知行動的アプローチを用いている研究者には特に興味深く，強迫の問題の起源は，普通の侵入思考にあるという仮説もある。

現在の治療の発展

最近の認知行動療法の起源は学習理論に求められる。Mowrer（1947, 1960）は，不安障害における恐怖と回避行動の二因子モデルを示した。彼は，特定の刺激に対する恐怖が，古典的条件付けによって獲得され，オペラント条件付け過程によって維持されることを示唆した。例えば，生物は，恐怖に結びつく条件付け刺激を，初めは逃避することで，後に回避することで不快な刺激を減弱することを学習する。SolomonとWynne（1960）は，ある刺激が，以前の強く不快な刺激で古典的条件付けがなされると，条件付けられた刺激に対する回避反応の消去が非常に難しくなると報告したが，このことはとても重要な観察である。すなわち，彼らは，不快な結果と結びつけた条件付け刺激がなくなったあとも，回避行動が長く続くことを示した。そのような状況下で観察された回避行動は，強迫患者のとる行動と似た様式で常同化する傾向が見られた。回避行動が妨げられた時のみ，高度の恐怖が再び現れた。動物は行動を妨げられたあとも，回避／逃避行動を相当長く執拗に続けようとした。しかし，この努力も最後に消失した。

最初に行動理論のアプローチを強迫障害に適応したMeyer（1966）は，2例の慢性の強迫神経症症例に対する行動療法の成功例を報告し，次いで一連の成功例を報告した。彼の仕事から，強迫に心理学的モデルを応用することと，効果的な行動療法が発展することが予想された。Meyerは，1963年にMetznerが報告したような強迫の動物モデルから，[atoreptic therapy]と呼んだアイデアを描いていたように思える。強迫的儀式行動に対して，全般的に感受性を低下させる試み（Wolpeが恐怖症の治療に用いた）が成功しなかったことは重要だ。Meyerは，治療中あるいは治療の間に儀式が起こっていないことを確認しつつ，回避行動に直接挑むことが必要であったと論じた。彼は強迫において，害を予想することの役割と，最近の認知行動療法の理論を提示する方法で，治療中患者が予想していることが起きないことを明らかにすることの重要性を強調している。Rachmanら（1971）は，この治

療法を採用し,恐れられている状況への曝露と反応妨害を併せることで発展させた。

行動理論

OCDの行動療法は,強迫思考は,あとで消すことができない不安と条件付けによって形成されている,との仮説に基づいている。患者は,逃避と回避(確認や洗浄行為のような)を発展させており,それは不安の消失を妨げる効果を持っている(Rachman and Hodgson, 1980)。この見方は,単純に,かつみごとに,曝露反応妨害法(exposure and response prevention:ERP)として知られる行動療法を導くことになった。この方法で患者は,(a)強迫行為を引き起こす刺激に曝露され,(b)回避と逃避反応を避けるようにさせられる(Steketee and Foa, 1985;Salkovskis and Kirk, 1989)。

Rachmanらは(Rachman and Hodgson, 1980に詳しい),このモデルの妥当性を確かめるために,強迫患者に関する一連の重要な実験的研究を行った。二過程理論(two-process theory)から予想されたことだが,彼らは,(1)強迫の誘因は,不安や不快さの増大に関連する。(2)患者が儀式的行為を許されると,不安や不快さはほとんど直ぐに軽減する(3)儀式が遅れると,不安や不快さはいく分長い時間をかけて(1時間程度まで)軽減する(自然軽減)(4)患者が儀式的行為を我慢すると次の試行での不安は比較的低くなるが,もし儀式的行為が行われるとこの不安低下は生じない。OCDの行動療法が成功したのは,経験に基づく理論やよく計画された研究,理論や研究の創造的な臨床応用の相互作用や組み合わせによるところが大きい。

行動療法の実際

行動療法は,当初,入院やその他の集中的な治療で用いられ(Marks et al., 1980),高価になりがちであった。ERPはEdna Faoのグループによって実践され(Riggs and Foa, 1993),24時間連続的に最高レベルの曝露と反応妨害を行ったいくつかの研究によって,その理論を広げていった。代表的論文で,これらの治療の成功率は75%以上(Abel, 1993;Christensen et al., 1987)と報告され,治療に反応しない患者は,抑うつ気分や歪んだ信念を持つと予

想されるという証拠がある（Foa et al., 1983）。最近の研究では，より一般的に採用されている宿題（自己曝露）を重視した外来患者の治療の実践で，少なくとも設定次第では有効であるとされている（Marks et al., 1988）。

行動療法は，反復思考のみで儀式的行為が表れない患者に適応することは難しく，治療拒否や脱落が比較的よくある。OCDの治療では，かなり改善した，あるいは改善したことが成功と見なされる。強迫の問題が，完全に改善される患者の比率は非常に少ない。治療終了時の社会的あるいは職業的に明らかな欠落が残遺しており，長期のフォローアップの後にも，改善はない（Kasvikis and Marks, 1988）。したがって，高度の曝露反応妨害法が施行されたとしても，治療終了時に完治する患者が増えるかどうかは考慮の余地が相当ある。

このように行動療法には限界があり，強迫性障害の概念化と治療に関して，行動療法の最も良い形は維持しながら，代替となるアプローチが必要であろう。定義にもあるように，強迫の問題は，普通ではない歪んだ思考のパターンから引き起こされるので，認知的アプローチがSalkovskis（1985；1989a, b）によって開発され，行動に基づいた既存の治療アプローチに認知を加えた方法を作り出す際に応用された（Rachman, 1976, 1993参照）。認知行動学的アプローチを詳細に考える前に，全般的な欠損モデルを簡単に述べておこう。心理学的欠損モデル（全般的な認知機能の欠損が理論化されている）は，神経学的問題が正常の認知機能の障害をもたらすとする生物学的モデルと，強い類似点を有している。

欠損理論と認知の要素

OCDは，容易に認知欠損と生物学的疾患理論とに結びつく。コントロールできずに侵入する思考と，反復し，単一的であり，時に風変わりな行動が明らかであり広範囲に広がる。患者は，記憶や意志決定の問題として訴え，気分の全般的な障害がしばしば明らかである。したがって，臨床家や研究者たちが，OCDには全般的な認知機能の欠損があり（Reed, 1985），そして恐らく構造的そして神経学的な障害と関係しているのだろう（Goodman et al., 1992；Insel, 1992）と提唱するのも驚くことではない。

OCDの認知欠損理論は，2つの主要な意見のどちらかに基づいていた。

(1) OCD の患者には，認知機能の全般的な障害がある，(2) OCD の患者は，一般記憶と意志決定能力が低い。これらの意見は，両方とも行動療法の所見からは大きく離れており，これらの理論が曝露反応妨害法の効果の説明に用いられたことは，これまでのところない。対照的に，認知行動療法による仮説は，全般的な機能の障害ではなく，非常に特異的なひとつの正常機能と関連した問題であるとしている点で，前述の行動理論と関連している。この認知行動学的見地によると，強迫の問題は，学習された感情の過敏性と連結している鍵への刺激に対する特異的な反応パターンから生じる。一方，記憶や意志決定，「抑制の失敗」などと報告されている他の問題は，患者に展開される情動覚醒とコーピング方略に基づく，二次的なものと考えられている。言い換えると，強迫患者は，自身の認知機能と，処理の資源を競う結果影響を受けるその他の認知機能を，あまりに熱心にコントロールしすぎる傾向がある。最近の研究で，この見解を支持する意見が出ている。Maki ら (1994) は，健康な確認行動をする人の認知制限抑制テストは，確認行動を認めない人と同様であると報告した。しかしながら，確認行為をする人は，認知のコントロールに失敗しがちであると自らを知覚した。このことは，これらの人は，実際にコントロールの失敗がなくても，知覚された欠点をコントロールしようと試みるという仮説に一致する。

逆説的に，全般的欠損理論の大きな問題点は，OCD の現象から考えられる鍵概念を説明できないことである。実際，患者には記憶や意志決定に問題があるように見える。家のドアを頻回に確認するが，同じ患者であっても，ほうきの戸棚の扉はほとんど確認しない。夫や治療者など信頼している人がいると，確認行為への衝動はなくなる (Rachman, 1993)。汚染と同様に，対象が汚れているという経験にはある程度の特異性がある（例えば，特定の人々や特定の階級の人に対して）。このことは，何が清潔で何が汚れているかを決定するという全般的な問題として説明することは困難である。記憶に関しても同様のことがいえる。記憶障害に関する主要な根拠は Sher ら (1989) によって報告された。修正した Maudsley Obsessive-Compulsive Inventory (MOCI) 得点と Weschler Memory Scale (WMS) を用いたこの研究では，確認行為をする健常者と OCD の患者は共に，修正 MOCI 得点が低い被験者に比して，WMS の点数が低かったと報告した。興味深いことに，強迫観念の患者はそのような記憶障害は呈さず，強迫の問題と直接結びつく領域以外

の記憶に問題があることを示す徴候は,実際何もなかった。しかしながら,人々が自身の記憶に関心を持っていたら,その関心のために確認を行うであろう。このことは,確認を報告する人には,少なくとも2つのタイプがあることを意味する。つまり記憶障害があり,これを代償しようとするものと,過度に自身の記憶に関心を払うがために同様の代償行為を行うものである。したがって,Sherら(1989)の研究に対する解釈として,実際に全般的な記憶に問題がある人の方が,そうでない人よりも確認する傾向にあると言うことが可能である。臨床的に強迫的な確認行為をする人々では,全般的な記憶に問題がないことが証明されている。つまり認知行動理論では,確認行為の例における問題は,過度で高度な特定のものについての記憶への関心によって生じるとしている。確認行為は,自身の記憶に問題があると自分で知っている人でも発展する。これはSherのいう"強迫的でない病的確認行為をする人"に相当するだろう。

　最後に,治療の有効性に関する問題が存在する。OCDの患者に全般的な欠損理論が,真に役に立つものであるためには,(ERPのような)現在行われている心理学的な治療の有効性をその理論によって説明できる必要がある。それは,治療で起こる変化に関して,実験可能でその変化が予想できることを証明するものでなければならない。確認行為や手洗いをやめさせる方法が,記憶自体を増強することはまずないだろう。理解しやすく表面的には妥当に見えるが,全般的欠損理論は,現在の臨床における強迫の問題を理解する上で新たに寄与するものはない。認知的あるいは生物学的理論が有用な理論であるためには,OCDの現象を説明できなければならず,また,特異的な実験によって理論的に予測されることを検証しそれが正しいという証拠によって支持できねばならない。(単純な生物学的モデルへの批判はSalkovskis,1996a, bを参照)。現時点においては,行動学的あるいは認知行動学的理論のみが,OCDの現象に対する包括的な実験可能な説明を与えてくれる。

認知行動理論

　臨床的な強迫とは,侵入する認知であり,その発生の仕方と内容は,それを防ぐための行動を患者がとらなければ,自身や他の人々に害を与えてしまい,その責任を負わなければならないと患者が解釈しているものである,と

の仮説が立てられた（Salkovskis, 1985）。この解釈の結果，思考や衝動やイメージを抑え中和しようとする。中和とは，知覚された自分の責任を減らす効果のある自発的に始めた行動であり，表面に出ることも出ないことも（強迫的な行動や儀式的思考のように）あると定義される。中和行動の結果として，侵入する認知はさらに顕著で頻回となり，より多くの不快感を生じさせ，さらに中和行動の確率を上げる。同様に，思考を抑制するための試みは，すればするほど繰り返す確率が上がる。

　この仮説では，強迫思考は，責任が増していることの現れであるとする解釈こそが，OCDで苦しんでいる人々のいくつかの重要な症状を説明できるものであるとしている。すなわち (1) 不快感，不安，抑うつの増強，(2) 強迫思考の元となった考えやそれに関連した考えが出現しやすくなること，(3)「中和」行動反応は，責任から逃避したり回避する試みである，ということである。これらには強迫行為や強迫思考に関連した状況からの回避や，再保証を求めること（したがって責任を希薄化する，あるいは分け合う），そして強迫思考を心の中から除去または除外しようとすることなどが含まれる（本書 p. 136～138）。しかしそれらは，不安の消失を妨げるばかりでなく，感情的，認知的，行動的不適応反応につながる侵入思考の悪循環の悪化にも貢献する。例えばOCDの患者は，「私は自分の赤ちゃんを殺す」という考えが浮かんでくることは，赤ちゃんと2人きりになることを避けるとか，周りの人々に再保証を求めるとか，悪い考えとバランスを取るために良いことを考えるなどその考えを妨げることをしなければ，自分はその考えに屈してしまうことを意味しているのだと信じてしまうのである。

　それゆえ，認知理論では，強迫の問題は精神的コントロールが悪いということではないとしている。そのかわりOCDの患者は，自分自身の精神機能，例えば行動の記憶や侵入（強迫）思考や疑いといった側面を誤って解釈する傾向にあり，結果としてあまりに強固にコントロールしようとしすぎると仮定されている。体験する不快感は，侵入してくる思考の内容や発生自体に対して思考が下す評価に基づくものである。強迫のない対象群に比べて侵入が頻回となっているのは，その評価によって動機づけられた（表出された，あるいは隠れた）行動に起因していることがほとんどである。強迫患者の下すこのような評価は，責任についての歪んだ信念に集約する。OCD患者に見られる，表出された行動ばかりでなく，侵入思考や記憶を含む自分の行動に

付随する「責任」についての歪んだ感覚は，過剰なコントロールととらわれとして特徴づけられる精神的努力を引き起こす。

ここでの「責任」とは，何か予防的なあるいは元気づけるような行動をとらない限り，自分が自分や他人に起きる害の原因となりうる，あるいは将来なると信じていることである。OCD患者が評価している責任は，以下のように定義される。

「自分には恐ろしい悪い結果を引き起こしてしまう重要な力，あるいはそれを妨げる力があるという信念」

したがって，侵入思考とは，自身や他人を害することに対する責任を意味しているものと考えることは重要に思われる。なぜならその評価は，侵入思考を，苦痛と中和行動の発生の両者に結びつけるものであるからである。責任という要素なしに評価のみが害や危険に関係するのであれば，その影響は，気分―評価の悪循環（Teasdale, 1983）の一部になりうる不安や抑うつになりそうであるが，責任―中和関連という要素が加わらないと臨床的な強迫とはならない。誰かがぶしつけなことを言ったり，子供を傷つけるようなことを話しているのを聞いたとしても，それ自体では気分が動転することはない。しかしながら，もし言われたことが個人的に意味がある（例えば，この人は私の子供を殺したがっている）と知覚すると（不安や怒りなどの）感情的反応が予想される。責任に対する特定の評価なしには，強迫的なエピソードは起こらないのである。

強迫的なパターンは，脆弱な人では，侵入が自分で考えたと見なされる時に特に起こりやすい（例えば，「このような考えは，私が子供を傷つけたいと思っていることを意味しており，私はコントロールを失わないようにしなければならない」）。このことは強迫的な確認行為を行う人が，ドアが閉まっているか自問することと，他の誰かが同じドアを閉めるのを見ることとの違いと同じである。この責任の影響は，RoperとRachman（1975）とRoperら（1973）の実験で明確に示されている。そこでは，OCD患者を（ドアの確認など）確認行為が生じさせるような状況においても，1人でそのような状況にいる時と非常に対称的に，治療者と共にいる時は確認行為や不快さをほとんどまったく生じなかった（責任と確認の関連に関してはRachman, 1993

の詳しい記載を参照)。

したがって責任の評価によって引き起こされた中和行動の発生にこそ,認知モデルの核心が見い出されるべきである。すなわち,「侵入によって生じる自動思考に,責任が含まれていないのであれば,中和が生じることはなく,その結果強迫の問題よりも不安や抑うつを高めることになるだろう」(Salkovskis, 1985, p. 579)。Salkovskis が次に記載したように,この評価は一部,思考自体についての信念と結びついている侵入が起こること自体から生じる。例えば,「侵入が生じたときに中和しないことは,侵入に含まれる害が起こることを探したり期待することに似ているか等しい」とか「あることを考えるのは,それをすることと同じように悪いことである」などである。このような状況下で,評価は「この思考が意味するものは……」という形を取る傾向にある。このように,分別があると見なされる評価は,それ自体意味のない思考に基づいていると思われる。もちろん,不安患者が,「私はおかしなことを考えているから,おかしいに違いない。そして私はその考えがおかしいことはわかっている」と言うことも,よくある。

認知行動仮説によると,患者は,自分の記憶と意志決定の過程に特に関心があると見なされる。その結果として彼らは,精神的過程と活動を,それに対抗するような様々な生産的なそしてそれゆえ不安をかりたてる方法で,懸命にコントロールしようとし過ぎる。コントロールしようという過剰な努力は苦悩を増大させる。なぜなら,(1) 精神活動に対して熟考し,注意を直接向けることは,意識の内容を修飾しうる,(2) 精神活動の範囲を意図的にコントロールしようとする患者は,失敗するか反対の結果にさえ直面することになる,(3) 害や害に対する責任を回避しようという試みは,患者の害に対する関心を抱きやすくし強める,(3) 害を防ぐための中和行動は,患者が恐れていることは起こらないと患者が気づくことを妨げてしまう。このことは,責任や害について誇大化した信念が減少しないことを示している。

正常な侵入思考についての最近の実験的研究

責任の測定法

責任評価に関する主要な2つの測定法を著者らのグループは開発してきた。患者が一般的に抱く態度や信念は,誇大化した責任を示すものとして侵入思

考を解釈しやすいが（例えば，「もし悪いことを考えたら，それは悪い行いをするのと同じくらい悪いことだ」，「もし私が，物事が悪い方向へ向かうことに対してわずかながらでも影響力を持ちうるとしたら，それを阻止するために行動しなければならない」），我々は，まずそういった態度や信念の及ぶ範囲を測定する方法を考案した。OCD患者と対象群における結果の予備的分析では，健康なコントロール群，強迫的ではない不安障害患者と比べて，強迫観念を持った患者は，このスケールで有意に高い得点を示した。これは，強迫性障害の素地が，責任に関する一般的な信念によってつくられる，という仮説に一致する。

次に，自己報告された責任解釈に対する特異的な測定法が考案された。患者に，侵入思考や衝動，イメージに悩まされる時，どれくらいの頻度で特定の考えが浮かび，また，どの程度その考えを信じるのかについて評価させる（例えば，「これらの考えを無視することは無責任だ」「そのことを考えるとそれが実際に起こってしまうかもしれない」）。臨床的に問題となる強迫観念を持った患者は，この測定法で有意に高い値を示すだけではなく，健康なコントロール群と重なりを示すこともない。また，不安障害患者の対照群とは，ほんのわずかな重なりを示すだけである。この測定法は，「状態」に関与する変数を評価でき，臨床的な変化を鋭敏に捉えるという利点がある。治療法を開発する仕事で，この測定法は，治療者が修正の対象とする特定の信念を選んだり，面接の中での，あるいは，面接と面接の間の変化を評価するのに，有用であることが証明された。

侵入思考への反応に関する研究的あるいは臨床的実験

認知仮説が本当ならば，健康な対象群における侵入思考は，特定の状況下，つまり侵入思考を扱うために特定の戦略を用いる状況下では，予測可能なパターンをとることを示すことが可能なはずである。例えば，侵入思考を抑圧あるいは中和しようと慎重に努力することによって，その頻度やそれに関連した不快感は増していくはずである。Wegner（1989）は，感情的に中立な刺激を精神的にコントロールする際に影響を与える要素についての一連の実験を特に思考の抑圧に焦点を合わせて記載している。これらの研究では，思考を抑圧する努力によって，初期に刺激が増強されることはなく，短期間で抑圧されることが示された。しかし，その直後の期間には増強（「反跳」と

記されている）することが示された。しかしながら，他の研究グループ（Lavy and van den Hout, 1990 ; Merckelbach et al., 1991）では，感情的に中立な刺激が予想されたように逆説的に増強したが，反跳は見られなかった。その後，Clark ら（1991）と Clark ら（1992）は，録音した物語をあらかじめ聞かせておいてその物語に登場する，生き生きした，感情的には中立の刺激（緑のウサギ）を用いて実験したが，やはり即時増強効果は見られなかった。Clark らは，増強を認めた研究においては，抑圧の過程に先だってその後抑圧される対象に言及する頻度をコントロールしていなかったことが結果に影響したのではないかと指摘している。

　解釈に関する重要な問題を示すこれらの研究の間には，方法論的に大きな違いがある。例えば，思考の回数を数える方法をとっているものもあれば，streaming という方法を用いているものもある。Streaming という方法は，被験者に自分たちの意識の流れを言葉で表させる方法であり，それらの意識は後に対象となる思考が，思考全体の何％を占めるかというように符号化される。対象となる刺激は，どれだけありふれており，社会や生活と関わりがあるかという点で，緑のウサギから台所用具まで様々である。多くの場合，通常定義されている「侵入」思考とは関係なく，自然に起こる思考にも焦点は当てていない。Salkovskis と Campbell（1994）は，被験者が普段ある程度抑圧しようとしていると報告した侵入思考を対象とした。それは彼らにとって個人的な関わりのある，自然に起こる否定的な侵入思考である。このように，こういった侵入思考の特徴は，被験者が個人的に受け入れがたいと感じることであり，除外または抑圧しようと自ら動機付けされることである。研究の中で，75 人の健康な被験者は，5 つの実験的条件のもとに分けられた。思考の抑圧，発言コントロール，3 つの異なる気を散らす条件のもとでの抑圧である。この実験の初期には，標準的な「何を考えてもよい」時期が続く。それゆえ，このデザインは，抑圧と反跳効果の両方の評価を可能にした。思考頻度は計数計によって評価された。この研究によって，抑圧するように求められた群は，発言コントロール群と比べて実験中の 1 期と 2 期の間に，有意に多くの侵入思考を経験することが示された。気を散らす指示は，特異的な課題が与えられた時のみ有意に侵入思考の頻度を減少させた。侵入思考を評価する要素（不快感や受け入れやすさ）への影響は，気を散らす課題を行っている時でのみ認められた。

実験室での短い抑圧期間（代表的には数分間）を含んだ研究は，被験者がほとんどの時間思考を締め出そうと努力しているような強迫観念へと，当然一般化されなければならない。自然に起こる侵入思考を長期間抑圧することの影響を調べる研究で，TrinderとSalkovskis（1994）は，被験者に4日間侵入思考のみを記録させ，抑圧するか，考え通すかのどちらかを求めた。この研究において再び，抑圧は侵入を高めるという結果が見出された。この研究は，OCDの症候学と思考抑圧実験の橋渡しとなる。今や我々は，これらの発見を臨床的に応用し始めている。まず，いくつかの治療法を交互に用いながら一定の期間抑圧を続けた症例に関する研究がなされた。その方法では，患者に数日間侵入思考を記録するために日記をつけさせ，その後，記録しつづけること，もしくは記録することと抑圧することをランダムに数日ずつ行わせた。最初の4人の患者では，「抑圧期間」と「記録期間」の間で，思考をコントロールする方法として抑圧を用いたところ，およそ2倍の侵入が起きたという明らかな違いを示した。カンファレンスでの発表のために予備分析を受けた群間比較では（Salkovskis et al., 1995），抑圧，考え通すこと，記録のみがOCDと健常者の間で比較された。強迫性障害の患者と，コントロール群の結果では，抑圧はOCDと健康な対照群において，その他の2つの指示と比べて侵入を増加させることが示された。しかし，健康な対象者が，その後の「何を考えてもいい」期間においては侵入思考の頻度が著しく減っていくのに対して，強迫性障害の患者は，その頻度を増していくことが示された。

　他の研究においては，否定的な侵入思考に対して感情的に反応してしまう時の，責任の評価が重要であることが示されている（Freeston and Ladouceur, 1993 ; Freeston et al., 1991 ; Purdon and Clark, 1994）。認知モデルでは，感情障害患者に特徴的な，より深刻な問題では，そのような評価の基礎は「思考誤認」にあると示唆されている（Beck, 1976）。思考誤認は，あらゆる反応に影響を与える歪みである。また，それは，その人が持っている世界と，その人と世界の関係についての全般的な仮説に影響を与えるような歪みである。

歪んだ思考：否定的評価の起源

　思考誤認それ自体は病的なものではない。事実，ほとんどの人は「経験的」に判断しているのであり，その多くは当てにならない（Nisbett and Ross, 1980）。認知仮説では，OCD 患者は特徴的な思考を示すとされている。そしておそらく最も典型的で重要なのは以下の考えであろう。

　　結果に影響をおよぼすもの全て＝結果に対する責任

　興味あるのは，行動しないこととその反対の行動を通しての責任との関係である。Salkovskis（1985）は，「自分や他人に振りかかる害を妨げないこと（あるいは妨げようとしないこと）は，害を引き起こすのと同じことだ」という信念が，強迫の発生についての重要な仮説であろうと示唆した。臨床的経験（また，最近の著者らのグループによる予備研究）から，強迫性障害の患者は強迫的でない人々と比べて，手を抜くことに関して過度に敏感なのではないかと考えられる。最初は，この敏感さは一般化された特徴のように思われたので，OCD の人々は無視した結果起こりうる有害な結果に関して健常者よりもずっと注意深いと思われた。しかし，より詳細な研究によってそれに取って代わる説が示唆された。強迫の問題に悩まされていない人々が，手抜きに敏感になる状況が少なくとも 2 つあるということである。ひとつは，彼らが手抜きの結果に注意を払わなければならないという特別の義務を負っていると信じている時である（つまりそれは彼らの責任である）。2 つめは，彼らが実際に手抜きによって起こる悪い結果を予想している時である。OCD の人々を心配させる手抜きは，彼らが過度に入念さを示す領域に関するものであり，彼らが義務を感じるのは明らかである。より重要なことは，災害を予想する際に，侵入思考の経験が関与する可能性があるということである。ある人がもし歩道にガラスの破片を見つけ，明らかな根拠がないにもかかわらず，そのガラスの破片で子供が転んで目を傷つけるかもしれない，という侵入思考を経験した時，彼らは，決断に直面する。「私はこのガラスを置いて歩きつづけるのか，それとも拾い上げるのか？」侵入思考が起こらなければ，決断を迫られることはない。このように害に関する侵入思考は，本来な

ら判断が要求されない状況を，害に関する特別な判断が要求される状況に変える。定義より，OCD患者は健常者と比べて頻回に，そのような思考を経験しがちである。実験的研究において，我々は，健常者でも害に関係する侵入思考があった時には，何もしないとOCD患者と同様の反応が生じることを見出した。つまり，OCD患者の特徴のひとつは，彼らが頻回に，広範囲にわたる，考えうる限りの否定的な結果を予想することである。侵入思考は対処しなければ悪い方向に向くかもしれない事柄に関係することが多い（例えば汚染が広がる，偶然誰かを傷つける，ドアを開けっ放しにする，ガスをつけたままにするなどである）。強迫性障害の患者には，時には問題や災害を予想することを避けることさえ許されない。なぜなら，これは彼らが意識的に，その進路を選んだことを意味しており，責任の感覚が増大するからである。その結果患者は，悪い結果を予想する努力を義務と見なしているのである。もし悪い結果が予想された場合，侵入思考として責任も確立される。何もしないためには，有害な結果を避けるための行動を起こさない，という判断をせねばならないだろう。つまり，起こりうる悲惨な結果に気づいているにもかかわらず行動しないと判断することは，行動的な決断となる。その人がそれらの悲惨な結果の原因となるという判断である。このように侵入あるいは強迫思考が起こると，手抜きによってのみ害が起こりうるという状況から，「積極的に」害が起こることを許してしまう選択をしたという状況へと変わるのである。このことは，OCD患者における怠慢傾向の明らかな欠損が，強迫的思考の発生によって引き起こされているということを示しているのかもしれない。

　何かをしないという判断が「代理人」という感覚を生じさせる。患者は，自分が見ていない鋭利な物や，害が起こりえないと考えられるものについては関心がない。しかし何かを見て，それを防ぐ行動がとれる，あるいはとるべきだという考えが浮かんだ時，状況は変わる。なぜなら，行動しないことが行動上の決断となるからである。このように，害や害に対する責任という侵入思考が実際に起こると，それはその内容に対する責任を知覚する上において重要な役割を果たす。p. 136〜138に書いたように，抑圧は，まさにOCD患者があらゆる侵入を締め出したいと考える状況において，思考を増大させ，この効果をさらに高める。こうして，ドアに鍵をかけた時ドアが開いているかもしれないと考えないように努め，幾度もその考えを繰り返し，ゆえに責

任があることを自覚しつつあえて確認しないという選択を通じて，責任をとるリスクを無理強いされる。抑圧しようとする気持ちは高まるが，完了した行為に直結する思考を抑圧することは非常に困難である。そのため，その行為はさらに侵入や抑圧の引き金となるということが繰り返されるのである。

認知行動療法の治療的意味：概観

　ERPが成功して，当初認知的アプローチとしては患者が曝露療法にうまく乗らない，または効果が得られないようにしている思考や信念（Salkovskis and Warwick, 1985）そして強迫と同時に起きている不安や抑うつ気分による影響（Salkovskis and Warwick, 1988）を同定し，修正する技術が強調された。次第に，認知的アプローチがOCDの治療で起こる変化の過程を別の形で概念化することを可能にするような（Salkovskis and Warwick, 1985, 1988；Salkovskis, 1996a, 1989c），それゆえ，曝露を超える新しい治療技法を示唆する（Salkovskis, 1996b）ことを可能にするような形で，治療が発達してきた。

　ゆえに，OCDに関する認知行動療法のおもな目的は，その理論に直接従っているものである。治療の目標は，強迫思考が苦悩に満ちたものではあるとしても，さらにとる行動とは無関係なものである，という結論を下すのを助けることである。患者に侵入思考の発生をコントロールする方法を教えることは，その発生を阻止するような方法の場合のみ有効である。それは，侵入思考は少なくとも一部は自分たちのコントロール下にあり，ゆえに，特別重要な意味はないと患者に納得させることによる。それゆえ，強迫思考のコントロールの鍵は，コントロールの訓練が不要であることを学ぶことにあるのかもしれない。

　認知理論は，治療が成功するためには，患者が侵入思考を責任の増大としてとらえる誤った解釈や，そういった信念を維持するのに関連した行動について誤った解釈，あるいは，それを導くような信念を修正することを援助することが必要であると予想している。強迫性障害の患者は，治療以前には，強迫的な経験を特別な脅威として感じ取り悩んでいる。例えば，彼らの考えでは，彼らは子供への痴漢であったり，他人にとっては常に伝染病の脅威であったりする。治療の本質は，より脅威の少ない経験に対する新しいモデル

を組み立て，試してみるのを助けることである．強迫洗浄の患者の場合，自分が汚染されている可能性があり，他人に伝染させないように（あるいは自分自身に害を与えないように）しなければならないという考えから，自分は汚染に対する恐怖感について特別な問題を抱えているのだ，という考えに問題の視点を移していくのを手助けをする．つまり，問題は彼らの恐れる「現実世界」の危険ではなく，考え方や判断の仕方であると理解するのを助けるのである．

　例えば，（誰かの子供を刺し殺すというような）ある行為を行うことを想像することによって，その行為を実行する可能性が増すと信じている患者もいる．患者は，考えることによって実際にそれを起こすことができるかを直接発見することで，信念を検証するように促される．例えば治療者はこう言う．「私が自分の死を考えることによって自分を殺せるか考えてみよう．私は今すぐ死にたい．[間] あなたにはそれができる？　あなたがそう考えた時何が起こるだろう？」．あるいは患者ができなかった時には，「私があなたにそうするように言った時，あなたがそうすることについて考えた時，何があなたの心を通りすぎただろう？」．同じ患者がその後，自分の責任の範囲を完全に証明するために，特別な思考パターンを用いることによって恐れていた結果を自ら引き起こすように促されるかもしれない．（例えば，「自殺について考えることによって実際にそれが可能だろうか？　次の面接までに自分が死んでいるとできる限り一生懸命考えてみてください．そしてそうした時何が起こるか，何があなたの心に浮かぶかを記録してください……」）．このタイプの一連の介入は，彼らの強迫の問題が，自分の考えに自分が責任を負っているのにコントロールできないということが原因なのではなく，自分が精神活動をあまりにも一生懸命コントロールしようとしすぎることが原因であるということを，再考することを助けるようにデザインされている．このように認知療法は，患者の持つ信念や，害を妨げようとする努力が不要なだけでなく，むしろ彼らに起こる問題を作りだしていることを理解し，試す手助けをする．その目的は，問題が実際の有害な危険にあるのではなく，考え方にあるのだと理解させることである．

　この治療法は，ERPに完全に身を任せることを恐れている患者にとっては，特に有効である．なぜなら認知的原理は，強迫行動を開始し動機付けると同時に苦痛を生み出す信念を標的にしているからである．認知療法は，単

に強迫行為を実行することを止めるのではなく，むしろ強迫行為を止めることは考えているほど危険ではなく，影響もないことを気付かせるために，患者を儀式へと導く誤った解釈を探し，同定し，修正するものである。実際，認知療法の初期の発達は，ERPを拒否し反応しない患者に対して行われていた（Salkovskis and Warwick, 1985）。侵入思考とそれに関連した信念に対する誤った解釈を直接修正することによって，患者が治療を拒否したり，治療から落伍することなく治療に引き込むことが可能となると同時に，より完全な変化をもたらすであろう。

ERP抵抗性の患者に対する（Salkovskis and Warwick, 1985），あるいは，OCDに対するより完全な治療戦略としての認知行動療法が特別に発展したこと（Salkovskis and Warwick, 1988）とは別に，認知行動理論は，強迫的反すうに悩む患者に対する効果的な治療の開発に適応されてきた。行動的な理論と治療においては，強迫行為の役割が強調されるので，表に出る形では儀式化しない患者は理論的に例外となり，古典的な技法を用いた治療は難しい。対照研究で，純粋な反すう者に有効であると証明された行動療法はない。いくつかの過去の研究で，治療を受けた患者のうち，反すう頻度が少なくとも50%減少したのはたったの46%であり，また苦痛が50%減少したのはほんの12%であった（詳細はSalkovskis and Westbrook, 1989参照）。認知的アプローチによって，表に出ない強迫がほとんど常に存在し，治療で扱われる必要があるという人たちがいることが明らかになり，治療に組み込まれた。例えば，自分の子供が死んでいると想像する患者は，子供が生きていると考え，心の中でこのようなことが起こらないようにと祈ることでこの考えを中和する。このような隠れた強迫行動は，手洗いや確認行為と違って急に起こり，それを同定し制御することが難しい。先に概説したようなOCDに対する認知的概念化や手順を用いることによって，患者が精神的強迫を探索し，理解し，コントロールできるようになるのを手助けできるような枠組を治療者は得られるのである。これらの儀式は，その本質が内面のものであるため，患者の侵入（及び，儀式化しないために起こるかもしれない恐ろしい害）に対する評価を扱わずに止めることは難しい。認知行動療法では，曝露を最大にし，反応妨害を容易にするために，評価を対象とするとともに録音テープを用いる。もうひとつの焦点は，強迫思考を誘発するために録音テープを用いることである。その結果，次の面接において患者が作り出している

問題となる解釈と，これらの思考をコントロールし，中和しようとするあらゆる衝動が同定される（Salkovskis, 1983；Salkovskis and Westbrook, 1989）。患者には，（強迫的侵入が自然に発生するのに対して）自ら努力していることに注目させて，中和のために行っている（強迫）行為を同定することを教える。認知的技法では，解釈を修正して苦痛を減らすとともに，強迫思考を精神的にコントロールしたり，中和するのを止めるよう促す。テープと認知的な手順はその後，治療面接外で特別な宿題として，あるいは曝露と信念を修正する訓練を行うために，（強迫観念を誘発するような）ある状況を（ヘッドホン付きの個人用ステレオを使うことによって）作り出す手軽な方法として使われるようになる。治療初期には，宿題として，毎日前もって決められた回数テープを用いた訓練と，思考応答が行われる。その後，通常強迫思考が惹起されると考えられる状況において，同じ手順が用いられる。治療の後期には，患者が，日常生活の中で強迫思考が予期せずに起こった時に，この技法を適用できるように援助する。その目的は，強迫患者が侵入思考を害のない（そして潜在的には有益な）普通の精神機能の一面と見なすようになる，という点で感情的過程が完全であることを保証することである。一連の症例研究において，我々は，認知的な手順と録音テープを用いた曝露との組み合わせは，より古典的な慣れさせる技法と思考停止技法が有効でない場合において有効であることを見出した（Salkovskis and Westbrook, 1989）。この治療の認知行動的方法の詳細は後に述べる。

強迫的問題における認知行動療法：特別に考慮すべき問題点

　認知仮説により，一般的な不安に関する問題の発生と維持の双方をはっきりと理解できる。認知行動療法の特に有力な要素のひとつは，危険が不明確なものであると考えるように仕向ける手法であるが（Salkovskis, 1991, 1996a, b），OCDにおいてはこの点でいくつかの特別な困難が生じる。強迫的信念の細部に注意を払うことによって，困難がどこに存在するか，それを最もうまく解決する方法は何かということを明らかにする。強迫観念においては，恐れている危険が比較的遠い未来に起こりそうだと判断される場合が多い。例えばOCD患者は，罰当たりな思想をコントロールしないことによって死後に永遠の苦しみを味わうと信じているかもしれない。彼らの恐れている結果が生じないことを示す戦略はうまくいかないことが多い。このタイプの強

迫観念が再保証にあまり反応しないことは，長く知られてきた（Marks, 1981）。

　幸運なことに治療者と患者がいっしょに作業を進めることは，問題が影響を与える過程に対し共通した理解（概念化）が得られるため，よい認知療法を実践するためには必須である。誤った解釈（それが症状か，状況か，思考であるかにかかわらず）を変える最も有効な方法は，彼らの経験に取って代わる，より脅威の少ない解釈を与えるよう手助けすることである。それからその後の治療として（議論や行動実験や不合理であることを証明する訓練を用いて），彼らの持っている異なった解釈との間の違いを，判別できるよう手助けすることである。そのことにより，取って代わる別の解釈は，あらゆる場合において非常に個人特有のものとなり，その人の経験した解釈や症状の特定のパターンに基づいたものとなる。

　認知仮説ではまた，精神的問題のタイプごとに，そのカテゴリー内で広い一貫性を示すことが特定されている。パニック発作を繰り返し経験している人は，身体的精神的感覚を，差し迫った破滅の兆候として解釈していることに重点を置く傾向がある。社会恐怖患者の関心は，恥をかいたり軽蔑されたり拒否されるという考えに特に焦点が当てられる。臨床家や研究者は，ある特定の精神的な問題についてのさらに特別なモデルによって，より正確な介入を集中させるための一般的な指針を得ることができる。このように認知療法においては，患者の問題に関して共通の理解を話し合うことが強調され，それにはそれに続く戦略，つまり，可能であれば患者がより脅威の少ない代替案に至ると同時に否定的な解釈が間違っていることを証明できるように，手助けするような方法が組み込まれている。OCDにおける恐るべき破局は，他の問題に比べて遠い未来に存在しがちなので，それが間違っていると証明することは戦略としてあまり有効ではない。このことから，患者の問題に関する脅威のない解釈を患者，治療者双方が理解することは，より重要となる（つまり患者特有の認知モデルは，患者の症状や状況に個別的に当てはめられる）。

OCDにおける一般的治療戦略

契約

　強迫的問題の治療においては，問題の精神的基盤に関して患者と共通の理

解を得ることが極めて大切である。なぜなら，患者は治療の始まりに際して，問題は自分が恐れている破局という危険の中にいることであると信じているからである。もしこのような信念を非常に強く抱いているとしたら，患者は心理学的（あるいは精神医学的）治療を適切に受けられないであろう。例えば，もし強迫性障害の患者が，侵入してくる考えは自分が潜在的に子供への痴漢，もしくは潜在的に殺人者や冒瀆者などであることを意味していると信じている場合である。そのような考えがあるとしたら，自分にいかなる責任も無く，とがめられるはずもないことを確かめるには，自分の思考と戦い，考える結果起こることを中和することによってその状況に対処する。したがって治療の初期段階において，患者は，彼らの経験している困難に別の解釈があり，治療によりまったく異なるより脅威の少ない説明が提供されることが理解できるように支援する。例えば，問題の鍵は患者が自分を子供への痴漢かもしれないと信じ，悩んでいること（痴漢であることではなく）であり，ゆえに彼らが排除しようとしている，まさにその侵入思考によって悩まされているということである。有効な治療を行うためには，治療戦略は危険を減らそうとする無駄な努力ではなく，このような悩みを減らすことに向けられるべきであるということに患者が同意することが極めて大切である。

認知行動療法におけるポイント

まず，患者が上記のような共同作業的関係を通して治療に同意したら，患者の強迫的問題を維持させている認知行動の包括的モデルを作り上げ，それを評価するために，問題点を発見させることに焦点を当てることが治療上のポイントとなる。

取って代わる別の説明の根拠を患者が考えられるよう援助する

患者の抱える問題に対する2つの説明は，互いに相反するものではなく，並列するものだと見なされる。治療の次の段階では，これらの2つの見方についての相対的な利点を評価する。患者にはこの2つの代替案がどの程度自分の経験に則しているかを考えさせる。今患者が得られないような新たな情報を探さなければならないところに話が行きつくことがよくある。彼らの抱いている信念について結論を出す際に，行動実験を情報収集の訓練として用

いる。例えば，あるOCD患者は，その考えを止めようとすればするほど，その考えの頻度が上がることを話の上では理解する。しかしながら，彼女は子供を傷つけるという考えはこのパターンに従わないかもしれない，と考えることもできると思うかもしれない。また，この考えを何とかコントロールするには考えをどこかへ押しやり，気をそらすしかないと見なすかもしれない。これを検証するために，患者は，強迫観念の起きた回数や日時などを書き込む日記をつける。ある日には，可能な限りその考えを取り除くようにしてみる，そして他の日には，考えが起こるに任せ戦わないようにさせる。そうすることによって患者は，考えまいとした日には，より頻回に思考が起こり，思考に抵抗しようとした日には，より苦しめられてしまうことに気付けるようになる。患者と治療者によって作成された認知行動モデルと患者の経験がそのモデルに適合するかどうかの討論を継続的に行うことによって，(行動実験を用いて) 新しい経験が生じる。認知と行動の要素は織り交ざって，患者は，以前受け入れていた信念に比べ，より役に立ち脅威の少ない思考を考慮し，採用することが可能になる。

　強迫思考を詳細に同定することとセルフモニタリングとそしてこれらの思考に対する評価を，患者が治療以外の時々刻々で責任の執念を修正するのを助けるようにデザインされた練習と組み合わせる (例えば，非機能的思考についての日記を使うことによって)。治療者は，患者が，彼らの個人的責任の範囲に関するネガティブな考えを修正することを助けることを目的とする。例えば，ある患者が，自分のせいで同僚が職を失うと考え，周囲の人にこのことに関する保証を常に求めた。治療者は，まず患者に，彼の同僚の失職に関与する可能性のある因子をリストアップさせた。リストの最初は，彼が彼の友人を辞めさせるのではないかと彼が恐れている部長に言った言葉から始める。次に，その他の因子が患者によってリストアップされた (彼が退職間近だったとか，彼の部の経済的な問題とか，彼と上司との軋轢など)。次に，治療者は円グラフを書き，リストの下の方から，その要因がどれくらい全体の中で占めているのかを書き込むようにさせた (するとリストに上がっている最初の要因が最後になる。これは，彼が別の同僚に語ったことを，同僚が部長に話したかもしれないという患者のコメントである)。この方法は再保証が必要ないという利点があり (全ての要因は患者自身が同定したものであるから)，「自分が悪い結果に影響したとしたら，自分には責任がある」とい

うような"白黒思考"に挑戦することに有効である。個人的責任についての0〜100の評価が，この種の練習の前後に行われる。

　行動実験で焦点を当てることは，彼らの抱えている問題は悪い結果に責任があるというより，悪い結果に責任が生じてしまうと悩むことだ，という見方についてであり，その見方にいくつかの側面から到達するように援助することである。行動実験は，セッション中だけでなく（そのセッションのある部分を明確にするために），セッション外でも宿題として，まったく新しい証拠を集め，また，治療セッションで明らかになったことを強化するために行われる。ここで使用される戦略のほとんどは，2つのカテゴリーに分類できる。(1)特別な思考過程が，患者の恐怖を維持することに果たしている役割の大きさを評価するためにデザインした行動実験。これらの実験の重要な特徴は，症状自体（例えば侵入思考のような），あるいは，これらの症状と関連した恐怖や苦痛を増加させている過程を，明らかにすることである。(2)曝露訓練。ここでは，恐れている刺激が中和行動を行わずに，繰り返される。

　患者と治療者によって患者の強迫の問題に含まれると仮定されたプロセスを直接試すための行動実験には幅がある。例えば，ある考えが浮かんできた時に，それを考えないようにさせることで，それが起こる頻度が増加することを示すことができる。これは，最初にセッション中の患者にとって中立的な思考から始めて（今から，キリンのことを考えてはいけません），それから，患者の強迫思考について行う。一部の患者には，セッションとセッションの間の長い期間に（1回数時間から1日に及ぶ）日記をつけさせる（あるいはカウンターを使用する）。このことには長期の抑制効果があることを示すことが有用である。思考内容が同定されていない時期の患者の一部には，可能な限り抑制させ（そしてこの努力を評価する），他の患者には，起こったことと抑制に向けた努力の大きさを，記録させる。次のセッションでは，この2つのタイプの期間がひとつのグラフ上に2つの点の連なりとしてプロットされる。グラフ化されたら，患者に結果をどう考えるか尋ねる。これは，思考を抑制することが生産的でないことを示すのに，特に強力な方法である。

　確信を訂正する時には，注意深く計画した曝露の訓練が，形成されている否定的評価の根拠を調べる上で役に立つ。(例えば，ある特定のことを考えることで特定の結果が起きると信じている患者では，治療者が，今この瞬間に死にたい，と大声で言い，続いて患者に同じことをさせる)。確信を訂正

させることができない時には，予想している不快の方が実際の不快よりもほとんどいつも相当悪いことや，強迫思考が妨げられれば不快は急速に減少することを示すのに曝露が有用である。あらかじめ思考内容が同定されている場合，患者の問題についての2つの可能な説明に対する見方が評価される。(1) 問題が実際の害であり，彼の責任であるのか，あるいは (2) その害に関する危惧とそれを防ぐことについて責任を感じているのは過剰な関心によるのか，ということである。治療戦略としては曝露反応妨害法が強調されるかもしれないが，これは認知的アプローチの全体の枠組みに組み込まれている。強迫的反すう思考に対する治療における曝露はテープを使うことで最もうまくいく。そこでは，患者は，侵入する思考や誘因となる刺激を反復することが（否定的な責任の評価の程度を低下させることで）不快な経験を減少させるということを発見する機会が得られる。

　それぞれの行動実験は，患者が体験に対して以前持っていた（脅威的な）説明を，治療者とともに作り出した新しい（脅威的でない）説明と比較して検証するのを助けるために考案したスキーマに基づいてひとつひとつ考案される。また，患者が自分の精神活動に対する誤った解釈を生じさせるような，背後にある一般的仮定（例えば，害を避けようとしないことは，故意にそれを起こるようにすることと同じくらい悪いことであるというような仮定）を同定し，修正するのを援助する。行動実験を計画し実行する際には，強迫の問題の根本的基盤は，侵入思考とそれに関係する精神現象を，患者が解釈あるいは評価する方法にあるということ，治療戦略は，患者が彼らの問題の基盤について新たな理解ができるよう援助することが目的である，ということを心にとどめておくことが重要である。誤った解釈（例えば，侵入思考の想起と内容を，害に対する個人的責任の象徴として考える）に対する信念を減らすのに最も良い方法は，より脅威的でない代わりとなる説明を与えることである。代わりとなる説明は，もちろん，患者が同意した認知行動的モデルに基づく。それゆえ，患者は，彼らが経験している問題に2つの可能な説明があることを持続的に思い出させられる。(1) 彼らは実際に害を起こし，害を避けることに失敗する危機にある人である，または，(2) 彼らはそのような害について悩んでおり，彼らの問題は，害の実際の現実より，むしろこの不安と関心に由来している。また，あらゆる機会にこれらの異なる見解によって，何が有用かについての異なる考えが生じることも強調したい。特に，

気になっている何かを避けようとする絶え間ない努力は，必然的にとらわれを増加させる効果につながってしまうことを強調したい。

強迫的反すうの治療に用いる治療戦略は次に述べる。先に述べたように（p. 144～145），強迫的反すうの治療では部分的に行動療法を用いるが，強迫的反すうの治療を通して，強迫的反すうを侵入思考と中和思考にもっと正確に分けなければならないという行動療法の問題点が示された。このことは認知の概念化として統合することができ，統合的認知行動的アプローチを可能とするものである。

強迫的反すうに対する認知行動的戦略

第1段階：評価と目標設定

評価の段階では，治療者は反すう思考のエピソードの描写を得ることと，そのエピソードの中で起きる特異的な連鎖に焦点を当てる。どのように侵入思考や侵入的認知が責任という点から解釈されているのかとか，その解釈がそれに引き続き起こる侵入思考に対する中和や抑圧，その他のコントロールなどしようとする努力にどのように影響を与えているかを同定することにかなりの力点を置く。この段階の最後には，2つの目標が達成されるべきである。ひとつは，問題に対する定式あるいは理解が共有されたことが同意されるべきことであり，2つ目は治療の目標が交渉されたということである。これらには，短期，中期，長期の目標を含まれるべきである。強迫的反すうに悩まされる患者に対しては，その思考を取り去ることを目標としては考えてはいないことを強調することが重要である。

第2段階：正常化と非脅威的な代替説明の考慮

この段階では，さらに定式を明確化し，患者の侵入思考の問題を持続させている機序を患者が理解することを援助する。この段階では，患者が侵入思考の意義を理解することを助けるために，いくつかの戦略を用いる。

1. 侵入思考の正常な機能に関する討論。侵入思考が有用であることはないか（例えば，肯定的な侵入思考，よいアイデア）。否定的な侵入思考が有用でありうるか（例えば，適度に起こっている時には，可能性のある危険を

さらに気づかせる)。過剰な暴力的侵入思考でさえ，ある環境では有用でないか（例えば，家族の一員が知らない人に攻撃されようとしている）。侵入思考に，必要な時にだけ生じるよう命じることが可能かどうか。

2. 侵入思考の想起及びその内容と，それらに対する評価（そしてそれらがいかに中和行為を産み出すか）との間の関連に関する討論。正常な中和行為が起きる状況を同定する（例えば，侵入思考に関して特別な責任の感覚があるとしたら，それは休暇に向かうのに下調べすることや用心することや，その人がしたことの結果，まずいことが起こりそうだと誰かが教えてくれた時引き起こされる心配などである）。

3. 強迫思考に悩まされる人が，何がまずくなりそうかという考えが生じる手順が調べられる。

4. もし適切でない文脈で肯定的侵入思考を否定的に評価してしまっているとしたら，どのような方法で評価しているかを考える。さらに，思考そのものに対抗する思考の発生と内容についての評価が果たす役割の重要性を具体的に論証する。例えば，リラックスした楽しい休日を過ごすという考えは楽しむことができるが，墓の下の親友の棺桶を考え始めれば楽しい思いをすることはできない。

5. 特定のタイプの侵入思考を誰が体験するのか，それはその人にとって何を意味するものかを討論する。悪魔教の信者が「神は悪だ」という思考を持ったとしたらどうなるか。

6. 問題解決力と侵入思考の発生の関係とともに，その関係は肯定的か，否定的か，中立かを同定する。この後半の戦略は，普通でない状況で否定的侵入思考を持つことの有用性を確認することを含む（例えば，暗い路地で身体的攻撃を受けたら自分は暴力的になるだろうという思考）。

7. 患者に，侵入思考がもし一度も起こったことがなかったとしたら，どうだろうかを考えるよう求める。自分で考える前に，次に起きる思考で決定しなければならないとしたらどうだろう。どのような考えを持つだろう。それはまったく退屈ではないか。

この段階の終わりまでに，患者が，侵入思考が正常であるばかりでなく，日常生活に不可欠の部分であることを理解するように援助するべきである。これらの討論のいくつかは，治療中に再び取り上げられることになる。

第3段階：問題の再検討

　患者に，彼らの問題に対する2つの代替可能な解釈を直接比較するように促す。それらの類似点と相違点が明らかになり，苦悩を感じることなく侵入思考を体験できるために必要なことを詳しく討論する。侵入思考を防止することは，選択のひとつでないばかりではなく，少しも望ましいことではない。録音テープ技法の使用と（責任についての考えを修正し，いかなる中和行動も防止するために）責任に関する考えを同定することが重要であることを説明する。

第4段階：録音テープ曝露と信念の修正

　患者の侵入思考を明らかにするためにテープを用いる。責任に対する評価と，この時点で同定された中和の衝動にその評価がどのように結びついているかを同定することに重点を置く。反応妨害法を始める時には通常，認知的理論付けの下で，侵入思考への評価に挑戦することを援助する。セッションでは，同定され取り扱われる反応妨害に対する不快や，さらなる苦悩を記録しながら，慣れることから始められる。宿題をグラフを用いたり，詳しい指導をしながら設定する。この時期を通じて全ての機会に，討論の技法と前述の（p. 143, 148〜151）行動実験を用いて信念を修正し続ける。

　患者に曝露のセッションの間に生じた変化をどう考えるかとか，これらがすでに合意した問題の2つの代替可能な説明にそれぞれいかに適合するかを質問する。続くセッションでは，テープ上の別の思考を標的にできる。患者には，自分の家でも定期的に一定の時間テープを使用させる。続いて，個人的侵入思考が自然に生じやすい環境で再生できるように携帯ステレオを用いさせる。最後に，テープを持ち歩かせ，いつでも実際の侵入が起こった時に，それに応じてこれを用いさせる。

第5段階：実生活におけるさらなる行動実験

　次の段階は，再びテープを用いて，自然に生じた侵入思考を手がかりにテープを使用する。テープを用いたシリーズの後半の段階では，他の思考に対して曝露と反応妨害を自分で行わせて記録させる。反応妨害の記録の一部分を，特異的信念とこれらの修正から抽出する。この期間を通じて，挑戦を要する特異的信念をモニターするために責任と解釈についての質問紙を用いる。

患者の思考に関する定式化と思考に対する信念は，この段階では完全に明らかにされるべきで，これがさらなる治療を可能にする。討論と行動実験はあいまって，（私の問題は心配だ，というような）代替説明と，この考えを増強するような行動実験への気づきを作り出す。例えば，これらの考えが悪化し，不快になり，苦悩となっていることを示すために，イメージ再構成，思考再構成，破滅イメージ，言語訓練，責任の考えに対抗するための円グラフ，彼が責任を持たなければならないかもしれないと恐れる事態を生じさせる方法を考える思考実験，強迫的になることとならないことへの洞察，因果関係を示す多数の矢印などを用いる。

　強迫思考を治療する上での理念は，以前に不安や不快の引き金となった因子は依然起こるが，治療によって侵入思考の意味をほとんど誰でもが体験するレベルにまで修正する効果がある，ということである。経験される侵入思考の回数を直接減らそうとはせず，減少させようという患者の考えに対しては，そのような考えを抱かせている信念を取り扱うことで対応していく。正常な人は思考をコントロールしようと思わないことに注意を向ける。症状をコントロールしそこねても重大な否定的結果は起こらないことを考えると，コントロールとは間接的なものなのである。

最終段階：再発予防

　将来起こると考えていることが同定され，患者によって元に戻す方法が作り上げられる。患者は治療期間を通じて，治療の期間に何を学んだかを記録していなければならない。前述の（p. 136～138）質問紙が以下の事柄を同定するために用いられる。(1) 侵入思考が起こった時，責任の評価を行う際に残存している傾向，(2) より肯定的な評価が持てるようになっている程度，(3) 将来の問題を引き起こしうる責任に関する全般的な仮定。討論と行動実験を再び，同定された問題を患者が修正するのを助けるために用いる。この段階では，このような変化をもたらすための患者自身の努力を強調し，治療者は最小限の観察者としての役割を果たす。これが，患者が自らの思考と行動に責任をとる程度を最大にすることに役立つ。

治療の有効性

　強迫思考に対するこのタイプの認知行動療法の有効性について一例報告や複数症例の研究が今までに数多く公表されている（例えば Headland and Macdonald, 1987 ; Salkovskis, 1983 ; Salkovskis and Westbrook, 1989 ; Roth and Church, 1994）。最近では Freeston（1994）が対照研究の成果を報告した。そこでは，完全な認知行動療法（再評価戦略と習慣修正訓練の双方を含む）が，待機リストのコントロール状況と比較された。治療によって，自覚的にも他覚的にも実質的な改善が認められた。特に勇気づけられることは治療後6ヶ月の経過観察において，積極的な心理療法が終了しても再発なく，効果が持続していた点である。著者らのグループは，現在，認知行動療法と待機リストコントロール，及び，信頼性の高いストレス調節プログラムとの比較を行っている。

　OCDにおける認知療法の応用は，最近まで，論理感情療法（RET）と曝露の比較に限られていた。興味深いことに，Emmelkamp ら（1988）は，RETがERPと同様に効果的であることを示した。最近では，van Oppen ら（1995）がOCDに対する認知療法の初期の版（Salkovskis, 1985）に基づいた認知療法と，比較的限られた認知方略セット（Salkovskis and Warwick, 1988 ; Salkovskis, 1989a）と，ERPを比較した。それによれば，認知療法は少なくともERPと同程度の，そして限定された側面では，認知療法が曝露療法よりも勝っていることを示唆する点がいくつかあった。この様な比較検討には理論としては価値があるが，著者の考えでは，より決定的な臨床的比較は，慣らすことに基盤を置いたERPと，認知に基盤を置き同様に曝露反応妨害も行う治療の比較が行われるべきである。もし，認知理論が正しいとしたら，認知行動療法では，より早い完全な改善が期待できる。

将来の方向性

　認知療法の有効性は，今や確立されたものとなった。習慣化の論理に従ったERPの，認知行動療法（責任と脅威を与える信念を変化させるばかりでなく，患者が強迫思考の意味に対していだく脅威に代わるものとして，認知

的概念化を明確に発達させることを強調する）に対する相対的有効性を調査するため，筆者らのグループによる最近の研究が進行中である。これらの2つの方法の，短期と長期の有効性が評価されねばならない。双方の治療の予後と再発は，責任の高まりを反映する侵入思考の評価が，治療の経過での修正度に相関することが推測される。セロトニンの再取り込み阻害のような薬物が有用であるが，これは病態モデルについて疑問を生じさせ興味深い。強迫の問題が相互に結合した反応と過程（侵入思考の発生，その評価，誇大化した責任などの）として概念化されるとしたら，治療が異なる要素に効果がある（あるいは変えられない）ということは，変化の機序を理解する上で非常に興味深い。この型の情報はまた，部分的にあるいは一時的に有効である治療をさらに改善する方法を示唆する。治療を離れて，誇大化した責任につながる経路や，短期あるいは長期に責任をいかに操作するのが最良かに関するさらなる実験的研究が必要である。また，全般的欠損と見られていることを心理学的に定式化する方法を特別に研究する必要がある。しかし，その理論が示唆することは，患者が過剰に試みていることの結果なのである。

謝辞

　筆者は，この章の考えを発展させるのに協力していただいた Elizabeth Forrester, Candida Richards, Sue Thorpe, Charlotte Wilson, Abigail Wroe に深謝する。

第7章
摂食障害

Christopher G. Fairburn

　本章を Michael Gelder 氏に捧げる。氏はオックスフォード大学の精神医学教室教授としての 27 年間において，国際的な名声を得た広範囲の研究領域を持つ部門を作り上げた。驚くべきことではないが，彼の研究的な興味は（本書に記されているように）多岐にわたって広がり，彼の励ましと思慮深い意見なくしてオックスフォード大学における摂食障害の研究プログラムは盛んになるどころか始まりさえしなかったであろう。他の領域の研究――摂食障害はそのほんの一例であるが――を育てたことも，彼の偉大な功績である。私は，Michael 氏の長年にわたる無尽の支援に特に感謝の意を表したい。彼が臨床的，研究的な問題に向かう時の厳格さは常にある着想を生んだ。

　1981 年に，摂食障害の治療として認知行動療法を最初に用いた報告がなされた（Fairburn, 1981）。そこには，かつては「難治」と見なされてきた（Russell, 1979）神経性大食症に対しての認知行動的治療の著明な効果が記されていた。それ以降，認知行動療法のこの特別な形式は多くの研究の対象となり，その結果本症の最も有効な治療方法であることが明らかになった。今日，神経性大食症は，認知行動療法が最も適応となる疾患である。認知行動的治療は，神経性無食欲症や「むちゃ食い障害」に対しても考案されている。
　本章の目的は，摂食障害への適応としての認知行動療法の科学的な立場と実践を論評することである。本章にはいくつかのセクションがある。第 1 に認知行動療法を本症に用いることの理論的根拠について記述する。第 2 にその効果に関して，第 3 に治療そのものについて記述する。最後に認知行動療法的なアプローチの有用性について考察する。この中ではおもに神経性大食

症の認知行動的治療へ重点を置く。というのも，認知行動療法の本症への適応についてはほとんどの研究が支持しているからである。

摂食障害の治療に認知行動療法を用いる事の理論的根拠

神経性無食欲症と神経性大食症の症状の持続

　神経性無食欲症と神経性大食症の顕著な特徴は認知の歪みである。まさしくそれは，これらの疾患の「中核的精神病理」であると長年にわたって見なされてきた。1970年代に精神療法家のBruch（1973）は神経性無食欲症の患者の「容赦ないやせの追求」について記し，Russell（1979）は神経性大食症の原著で「病的な肥満恐怖」について記載した。体型と体重に関する認知の歪みがこれらの2つの障害とその亜型の疾患特異的な特徴である。確かにどちらの疾患の診断を行うにもこの特徴が存在することが必要となる（表7.1）。神経性無食欲症と神経性大食症は，本質的に認知障害であると主張することが可能である。

　神経性無食欲症と神経性大食症の中心的な認知障害は，体型と体重に関する独特な態度と価値観のセットである。やせと体重減少が理想化され，追及され，体重増加と「肥満」を回避することに大変な努力が企てられる。この精神病理の中心は，自らの価値を体型や体重を主として時にはそれのみで判断する傾向である。通常は自己価値を多種多様な領域における能力（例えば，対人関係の質や，仕事での業績や，スポーツや他の娯楽での能力）で判断するが，神経性無食欲症や神経性大食症の患者は主として体型や体重によって自分自身を評価する。認知的な用語によれば，患者らは特徴的な「体重に関連した自己スキーマ」（Vitousek and Hollon, 1990）を有している。

　こうした患者の多くは，第2の中核認知特徴，すなわち長期にわたる否定的な自己評価（「全般的自己スキーマ」Vitousek and Hollon, 1990）を有する。患者の大多数は否定的な自己評価を含む抑うつ症状を初診時に認めるが，その抑うつが長期にわたる特徴となるのは一部の例のみである。そうした患者では様々な領域において自分の行動に不安があるので，おもに自分の体型と体重によって自己を評価する。それは一部には外見——特に体重——は他の生活の局面の多くのことに比較してコントロールしやすく思えるためであり，また一部にはダイエットや体重減少は社会的にも推奨されているか

表7.1 DSM-IVの神経性無食欲症と神経性大食症の診断基準（下線は筆者による）

神経性無食欲症
A．年齢と身長に対する正常体重の最低限，またはそれ以上を維持することの拒否（例；期待される体重の85％以下の体重が続くような体重減少；または成長期間中に期待される体重増加がなく，期待される体重の以下になる）。
B．体重が不足している場合でも，体重が増えること，または肥満することに対する強い恐怖。
C．自分の体の重さまたは体型を感じる感じ方の障害，自己評価に対する体重や体型の過剰な影響，または現在の低体重の重大さの否認。
D．初潮後の女性の場合は，無月経，つまり月経周期が連続して少なくとも3回欠如する（エストロゲンなどのホルモン投与後にのみ月経が起きている場合，その女性は無月経と見なされる）。

神経性大食症
A．むちゃ食いのエピソードの繰り返し，むちゃ食いのエピソードは以下の2つによって特徴付けられる。
　(1) 他とはっきり区別される時間の間に（例；1日の何時でも2時間以内の間），ほとんどの人が同じような時間に同じような環境で食べる量よりも明らかに多い食物を食べること。
　(2) そのエピソードの間は，食べることを制御できないという感覚（例；食べ物を止めることができない，または何を，またはどれほど多く食べているかを制御できないという感じ）。
B．体重の増加を防ぐために不適切な代償行為を繰り返す，例えば，自己誘発嘔吐；下剤，利尿剤，浣腸，またはその他の薬剤の誤った使用；絶食；または過剰な運動。
C．むちゃ食い及び不適切な代償行為はともに，平均して少なくとも3ヶ月に渡って週2回起こっている。
D．自己評価は，体型及び体重の影響を過剰に受けている。
E．障害は，神経性無食欲症のエピソード期間中にのみ起こるのではない。

（APA 1994より許諾を得て転載）

らである。こうした患者は，より痩身になれば気分がより一層良くなるのではないかとの希望を抱く。しかし，彼らの根底にある否定的な自己観ゆえその外見と体重に永久に満足できない。その結果として頑固にやせと体重減少を追求するのである。

　神経性無食欲症や神経性大食症の認知行動的治療は，それらの症状が持続する理由についての認知的な視点に基づいたものである（Fairburn, 1985；Fairburn et al., 1986；Garner and Bemis, 1985）──図7.1を参照。こうした視点に基づくと，体型や体重に関する特有の関心が中心的な特徴といえる。なぜならその他の多くの特徴は，この関心から2次的に生じると理解できる

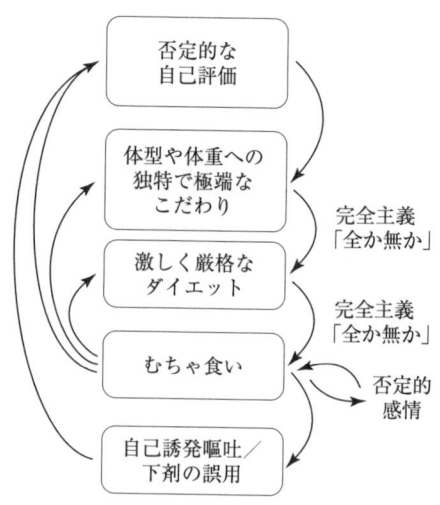

図7.1 神経性大食症を維持する認知的見解

からである。ダイエットやその結果生じる体重減少は食物や食事、体型、体重に関するこだわりがあるために生じるので、明らかに2次的な特徴である。同様のことが、自己誘発嘔吐や過活動、下剤の乱用にも当てはまる。

むちゃ食いは、この疾患の特徴的な精神病理の中で体型や体重に対する関心の直接的な表れとしては単純に見なせない唯一の部分である。これは神経性大食症の患者の全て（診断基準によれば）、また神経性無食欲症のサブグループに存在する。これは、恐らくそうした患者の特定のタイプのダイエットの結果として生ずるようである。神経性無食欲症の患者や神経性大食症の患者は食事摂取を厳しく制限し、したがって食べたいという持続的な生理学的なプレッシャーを受けているが、そうしたタイプのダイエットが彼らを特に大食へと導くのである。どのように食べるべきかという一般的なダイエットの指針よりもむしろ、彼らは多くの特殊なダイエットに関する規則を自分に課する。これらの規則は、いつ食べるべきか（というよりむしろ、いつ食べてはいけないか、例えば、夕方6時以前には食べるべきではないなど）、まさに何を食べるべきか（というよりもむしろ、何を食べてはいけないかということ。そしてこのように患者のほとんどは「禁じられた食物」の膨大なリストを有している）、そして食べるべき食事の総量（例えば、1日1000kcal以下など）などである。ほとんどの患者がそうした多くの規則に従おうとす

るため，その結果彼らの食事は型にはまった融通のきかないものとなる。

　神経性無食欲症と神経性大食症に見られる食事内容の厳しさと頑なさは，2つの付随する一般的な認知の特徴，完全主義と全か無か的な思考（白か黒か的な思考）との組み合わせによる影響の現れであると理解できる。摂食障害の患者は，生来完全主義者の傾向がある。彼らは自分自身に非常に高い水準を要求し，それが達成されないと心の底から落胆する。こうした完全主義は彼らの生活の多くの局面で見られ，ダイエットの強烈さを見てもこれは当てはまる。全か無か的な思考もダイエットに加わる。このことから食事の指針ではなく規則が存在する理由がわかる。また，全か無か的な思考は完全主義とともにこれらの規則が破られた時の患者の反応の激しさも説明する。食事の規則からほんの少しでも外れると，彼らはダイエットを「破った」と見なし，一時的に食事制限の試みを放棄した反応を示す。というのは，彼らは完全にコントロールする以外の何もかもが無価値であるかのように見なしているためである。しかし従おうとする厳格な規則が余りにも沢山あるために，こうしたダイエット上の小さい失敗は避けられないものなのである。その結果，食物摂取を制限しようという試みが，繰り返される過食のエピソードによって中断されるという不安定な食事のパターンが生じる。

　むちゃ食いにつながるこのダイエット上の小さな失敗は，否定的感情が生じた時に特に起こりやすい。全てのタイプの否定的感情は，彼らの食事への厳格なコントロールを維持する能力を損ないうる。逆に，むちゃ食いは否定的感情を和らげる傾向がある。このことはいくつかのプロセスによって生じる。それには，過食を開始する時に生じる開放感や，ある種の食物を食べること自体の肯定的な意味合い，大量の炭水化物を食べた後に生じる眠気や嘔吐する患者においては自己誘発嘔吐によりもたらされる緊張の緩和などが含まれる。もちろんこうした効果は長続きせず，自己嫌悪感，体重増加や肥満への恐怖感に徐々にとって代わられる。むちゃ食いが終了する頃には，患者はダイエットへの努力をさらに倍増させることを決意し，それによって悪循環が確立する（むちゃ食いに関連する心理学的な過程についての詳細な説明は Polivy and Herman, 1993 を参照）。

　第2の悪循環は，むちゃ食いと代償行動である"排出行動"（自己誘発嘔吐と下剤，利尿剤の乱用に対しての米国の用語）を結び付ける。こうした患者はこのような行動が，過食を代償する有効な手段であると（誤って）見な

しているので，いったんこうした行動を用いるようになると過食へのバリアが取り除かれてしまう。自己誘発嘔吐の場合，胃が一杯であれば嘔吐はたやすいという事実によりこうした過程はよりいっそう促進される。図7.1に見られるように，いったんこうした悪循環が確立されると，排出行動をコントロールできないことがさらなる自責の源となる。

神経性無食欲症の患者においては，飢餓の心理学的，生理学的効果のあるものが（Garner et al., 1985 参照），摂食障害を持続させるのに寄与している。例えば，儀式的な食事が食行動を遅くし食行動の柔軟性のなさを促進する。ほどほどの量の食事を食べた後でさえ，結果として胃運動が減少することで満腹感を生じる。食物や食事に関する考えにとらわれていることが，食事への関心をさらに強める。気分の落ち込みが否定的な自己評価を強め，それによって価値を判断するために体型や体重をよりどころとすることをさらに強める。社会的な引きこもりにより，自己への没頭や体型や体重が興味の焦点となることを一層強める。このように，2組の経過が摂食障害を維持している。すなわち中核となる認知における精神病理と，神経性無食欲症に見られるような飢餓の影響である。

神経性無食欲症を持続させる第3の因子もある。これはすなわち，多くの患者が彼ら自身には問題がないと見なしていることである。VitousekとOrimoto（1993）は以下のように述べた——「神経性無食欲症の患者は，彼らの障害を苦悩としてよりも成就と見なしている」。神経性大食症の多くの患者はむちゃ食いに嫌悪を抱いており援助を受けることを切望しているのだが，神経性無食欲症の状態では自我違和的なところがほとんどない。これはこうした患者たちの行動（ダイエットやその他の体重を減少させる行動）が全体として彼らの目標（体重減少とやせの追求，体重増加と肥満の回避）に合致し，その結果彼らは変化する必要性をほとんど認めず，治療のために何とか現れても渋々であることになる。

治療の意味合い

神経性無食欲症と神経性大食症の持続に関する認知的説明は治療上重要な意味を含んでいる。主たる意味合いは，持続する変化をもたらすためには，治療は食習慣や体重の正常化をもたらすだけではなく体型や体重に関する関心も取り上げなければならないということである。なぜならこうした関心に

よって障害された食行動へと駆り立てられるからである。認知的な説明からは，治療が否定的な自己評価も修正すべきであることがわかる。多くの患者においては，否定的な自己評価の修正は単に食事のコントロールを取り戻すことで生じるが，長く否定的な自己評価が続いている患者にとってはこれは当てはまらない。

維持に関する認知の観点に基づく根拠

神経性無食欲症と神経性大食症の持続に関する認知的な見方を間接的に支持する研究報告はかなりの数に上る。そこには，こうした患者の認知的な特徴に関する記述的なコントロール研究（Mizes and Christiano, 1995 参照）や，食事制限と「対抗的調節（むちゃ食いと同様のものとしてよい）」についての研究（Polivy and Herman, 1993 参照）が含まれる。しかし認知的な見方を最も強く支持するのは，治療の効果についての研究である。

治療に関する研究は正しくデザインされれば，こうした障害の持続に関する理論をテストする絶好の機会となる。したがって，認知に関する説明を支持する最も強力な証拠は神経性大食症の治療に関する研究からもたらされる。認知行動療法が本障害に対して大きな永続的な影響力を及ぼすことを示す多数の研究によって認知的な説明は間接的に支持されるのである（以下参照）。認知的な変化を生じるようにデザインされた手順を取り去れば治療を「分解」して治療効果が弱まり患者が非常に再発しやすくなるのだが，この知見が認知的な説明へのさらなる支持となる（Fairburn et al., 1993a）。行動学的に回復した患者で，治療終結期における体型や体重への関心の強さが直接再発と関連していたという知見が最も直接的な支持となる。体型や体重への関心が最も少ない患者の再発率は9％だったが，それに対してその関心が中等度の患者では29％であり，最も関心の高い患者では75％であった（Fairburn, 1993b）。この重要な知見は追試される必要がある。いくつかの（ただし全てではないが）研究では初診時の自己評価のレベルにより治療反応性を予測できることが認められた——すなわち診察時に最も低い自己評価の患者は最も治療反応性が低かった（Fairburn et al., 1987, 1993b）——ことは銘記すべきである。この知見により，否定的な自己評価が抑うつの単なる2次的な症状ではない時には，それもまた治療の標的となるべきであるということが支持される。

むちゃ食い障害の維持

　むちゃ食い障害は神経性無食欲症や神経性大食症に特徴的である体重をコントロールしようとする極端な行動（つまり，自己誘発嘔吐，下剤や利尿剤の乱用，過活動，激しいダイエット）のない，反復的なむちゃ食いが特徴である摂食障害として近年記述されるようになったものである。(Fairburn and Walsh, 1995)。しかし，その精神病理と治療に関しては比較的知られていない。むちゃ食い障害の多くの患者は体型や体重に関心はあるが（多くの患者は有意に過体重である），一般的に神経性無食欲症や神経性大食症の患者と比べるとそれほど強烈でもなく重要なことでもない。そして過体重の患者においては，これらはより一層理解しやすい。むちゃ食いが極端な食事制限を背景にして起こる神経性無食欲症や神経性大食症の患者と異なり，むちゃ食い障害の患者はむちゃ食いする時以外には比較的普通に食事をする。実際にもし異常があるとすれば，食事量が少ないことよりもむしろ食事量が多いことである。彼らのむちゃ食いは，厳格な食事制限の崩壊によって生じるものではなく，否定的感情に対する習慣的な反応であるかのように見える。神経性無食欲症や神経性大食症の持続に関しての認知的な説明は，むちゃ食い障害に対しては一部にしか妥当性がないようである。

認知行動的なアプローチの有効性

神経性大食症

　神経性大食症の治療に関する認知行動的なアプローチは十分に確立されており広く認められている。この治療は，この新しい形態の摂食障害の出現に対応して著者が1970年代に作り出したものである。この疾患の2つの特徴が特に治療に関連していると考えられた。第1は，神経性無食欲症に見られるのと同様な認知的歪みが存在することであった。しばしば摂食障害の形態は年単位に経過とともに変化し（患者の3分の1は以前に神経性無食欲症の既往がある），体型や体重に関する関心はおおよそ変化せず持続していた。この関心が（先に記述したように）本障害をつき動かしているようであったので，ひとつの大きな治療目標はこの関心を緩和することであった。Beckや共同研究者が開発した認知的テクニック（Beck et al., 1979）がこの目的に十分かなっているように思われた。第2の特徴は，食事のコントロールを

著しく喪失していることであった。肥満の治療に向けて開発されたある種の行動的テクニックはこの点に関して関連がありそうに思われた。この新しい治療の準備段階のものは，本質的にこれらの2つのアプローチの混合物であった。しかし引き続き行った臨床的な実験から他の手順が必要であること，またそれらの手順の適用順序が重要であることがわかった。1979年には，ほぼ標準的な治療が出来上がった。

一連の症例の結果が1981年に出版され（Fairburn, 1981），詳細なマニュアルが1985年に出版された（Fairburn, 1985）。治療はその後様々な方向で修正されたが，本質的には1970年代に開発された治療と同様である。他の研究グループが独自のものを開発したが，多施設研究には標準的なアプローチが必要なのでほとんどの研究者はオックスフォードマニュアルの最新版（Fairburn et al., 1993c）を選択的治療法として採用してきている。

この治療は多くの研究の主題となっており，20以上のコントロール研究が終了している。この知見は，Fairburnら（1992）やMitchellら（1993），最も最近ではWilsonとFairburn（印刷中）により総説されている。おもに3つの知見が見出された。

1. 認知行動療法は，神経性大食症の精神病理の全ての面に多大な有益性がある。

むちゃ食いとそれに関連した排出行動の頻度が著しく減少し，食事制限が減少し，体型や体重への関心の強さが減少する。こうした変化に伴い全般的な精神症状が減少し，自己評価や社会生活機能の改善がもたらされる。「中断」率や「寛解」率が，大食と排出行動に対して使われることが多い。この値は対象とする行動に束縛されていない患者の割合を示すのに使われる。CraigheadとAgras（1991）は10件のコントロール研究の結果を集計し，排出行動の頻度が79%減少し57%の患者がむちゃ食いを絶ったという結果を得ている。Wilson（1996a）はその後の8件の研究について同様の値を得た（それぞれ86%と55%）。

興味深くはあるが中断率の値は注意して解釈すべきである。というのは，多くの患者は完全にむちゃ食いを絶たなくても非常に良い結果を得ているためである。結果に関してはもっぱらむちゃ食いと排出行動のみに焦点を当てるのではなく，様々な指標（例えば食事制限，体型や体重への関心，実際の

体重,全般的な精神症状,自己評価,社会適応の質など)を用いて,いろいろな方向(例えば鍵となる行動の頻度,健康なレベルの何%に回復したか,中止率など)で考える必要がある。

2. 認知行動療法により獲得された変化は,十分に維持されると思われる。

　認知行動療法後の中長期的な転帰に関する研究がさらに必要なのは明らかだが,入手できるデータからは治療による変化は確固としたものであることが示唆されている。半数から3分の2が治療後良好な結果を得ており,それは6ヶ月から12ヶ月にわたり良好に維持できていた。長期的な転帰に関する研究(追跡期間が平均5.8 ± 2.0年)によると,3分の2 (63%) に摂食障害が認められずそのほとんどが非常に良好に経過していた (Fairburn et al., 1995)。これは短期間の認知行動療法(18週間にわたる19セッション)であり,治療終了から調査までの間に37%の患者しか(どんな問題に対しても)以後の精神的治療を受けておらず,初診時には慢性の摂食障害であった(ほぼ7年間にわたる罹病期間)ことを考えると非常に印象的な結果である。

3. 認知行動療法は,ひとつを除いてこれまでに比較された全ての治療法より優れている。

　認知行動療法は,抗うつ薬による治療(そして抗うつ薬と認知行動療法を組み合わせた治療),認知行動療法の行動療法版,反応妨害法を用いた曝露,支持的表出的精神療法,対人関係精神療法 (interpersonal psychotherapy: IPT) と比較されてきた。対人関係精神療法を例外として,認知行動療法はこれら全ての治療法より優れていることが認められた。抗うつ薬はまず考えられる代替治療であるが,これらの患者はあまり進んで受け入れないし,再発が起こるのが普通である。認知行動療法と抗うつ薬を組み合わせることの明らかな有効性は見られない (Wilson, 1996a 参照)。

　対人関係精神療法は認知行動療法に相当する効果が見られる治療法である。短期間の焦点を絞って行う精神療法であり,うつ病の治療としてKlermanらにより立案された (Klerman et al., 1984)。

　神経性大食症の治療のために考案された改訂版は,摂食障害それ自体よりもむしろ現在の対人関係の問題を同定し修正することに焦点を当てている (Fairburn, 1993; Fairburn, 1996)。この治療の有効性を検討した研究のひと

第7章 摂食障害　167

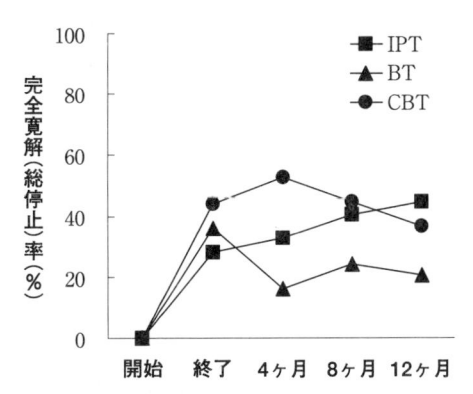

図7.2　認知行動療法（CBT●），行動療法（BT▲），対人関係精神療法（IPT■）を受けた患者の完全寛解率（Fairburnら，1993aより許諾を得て転載）

つでは，治療終了時には認知行動療法よりも有効性は低かったが（Fairburn et al., 1991），対人関係精神療法を受けた患者では改善が続くため，経過観察により2つの治療法の差は消失した（Fairburn et al., 1993a, 1995）。12ヶ月後のフォローアップでは良好な転帰についての厳密な基準を満たした患者の割合は等しく（図7.2），2つの治療法の効果を詳細に分析した結果も両者の効果は同等であった。しかし認知行動療法と対人関係精神療法は治療反応の経時的出方に違いがあるので，同じように効果があると結論を出すべきではない。むしろ神経性大食症を持続させる過程に影響するのは2つ以上の方向があるように考えられる。

　臨床的な経験によると，対人関係精神療法は対人関係の機能を改善しそれによって自己評価も改善するといえる。このことによって，こうした患者が自己の価値を評価する時に体型や体重に依存することが修正されることになる。結果として，体重をコントロールすることは彼らにとってさほど重要ではなくなりダイエットの激しさも減り，摂食障害は次第に色褪せていく。もしこれがこの治療の作用方式であれば，対人関係精神療法が作用するのに認知行動療法に比べ長期間を要するのは驚くに値しない。というのは，対人関係精神療法には対人関係の変化（これは一般的には他の変化をももたらす）が必要であり，摂食障害に対しては直接的な効果が少ないからである。一方，これが唯一の作用方式ではないようである（Fairburn, 1996）。例えば対人関係のストレスの頻度や強さのいずれが減少しても，直接むちゃ食いの頻度

を減少させることにつながるからである。

対人関係精神療法が認知行動療法に代替できる治療法として確立されるには，さらなるコントロール研究によりその効果を評価する必要がある。現在は認知行動療法が神経性大食症の抜きん出た治療法と見なすべきである。

神経性無食欲症

認知行動療法の神経性無食欲症の治療への有効性は未だ確立されていない。皆が同意した治療手順はなく，治療研究がひとつあるのみである (Channon et al., 1989)。あいにく，この調査は少数の患者の研究であること，評価に用いたプロトコールが不備なこと，関心の対象が治療のみであることといった点から得られた結果の解釈は難しい (Pike et al., 1996)。

なぜ神経性無食欲症の認知行動療法が比較的無視されてきたかについては，いくつかの理由がある。第1に，神経性無食欲症は比較的稀であり，治療により長期間を要するため神経性大食症に比較して研究が困難であること，第2に，後に議論するように多くの患者は治療に従事することが困難であり，彼らを治療研究にのせることはさらに問題を生じるからである。第3には，治療マニュアルに近いものさえないからである。一方神経性大食症の症例に関しては，1980年代早期には詳細なマニュアルが普及していたのである。自らの研究アプローチを用いることを合理化できる状況があるにも関わらず，ほとんどの研究者がこの方向への挑戦に立ち上がらなかったのは悲しむべきことである。

他の摂食障害

摂食障害の治療に現れる患者の3分の1以上は，神経性無食欲症でも神経性大食症でもないということは，忘れられていることが多い (Fairburn and Walsh, 1995)。代わりに，彼らは「非定型摂食障害」あるいは「特定不能の摂食障害」と診断される。これらの摂食障害は特徴付けが乏しく，治療法は研究されていない。唯一の例外がむちゃ食い障害であり，いくつかの予備研究の焦点になっている。

研究者たちは神経性大食症の患者に有益であったアプローチを試みることに最も関心を示してきた。したがって，抗うつ薬，認知行動療法，対人関係精神療法が全て検討された。神経性大食症の治療におけるように，抗うつ薬

の使用については再発が問題になるようである。(McCann and Agras, 1990)。認知行動療法と対人関係精神療法の転帰もまた期待はずれであったが,おそらくその治療が個人でなく,集団の形式で施行されたからであろう(Telch et al., 1990; Wilfley et al., 1993)。より優れた結果が,ピッツバーグから研究報告された。そこでは認知行動療法と行動療法的体重コントロールプログラムが比較され,両方の治療法が1症例に対してひとつの治療ベースで施行された(Marcus et al., 1995)。両方の介入ともかなりの持続的な変化が得られたが,体重をコントロールする行動的なプログラムの場合では有意に体重減少が得られた。この知見が確かならば,むちゃ食い障害の治療に際して食餌療法的/行動的テクニックのみで十分なことを示している。一方その方法を使うことは,神経性大食症では再発と関係していた(Fairburn et al., 1993a)。さらに,むちゃ食いの問題のための自助療法(Fairburn, 1995)を評価した研究の予備データによれば,多くのむちゃ食い障害の患者はこのタイプの単純な介入も有益である(Carter and Fairburn, 準備中)ということも銘記すべきである。こうした知見を総括するとむちゃ食い障害では,神経性無食欲症や神経性大食症の持続に対しての認知的な説明が当てはまらないのではないかという疑問が強まる。

神経性大食症の認知行動療法

この治療は神経性大食症の持続に関する認知的な説明に由来しており,それゆえおもな目標は単に障害された食習慣を修正するのみではなく,体型や体重への極端な関心を修正することである。さらに,治療では完全主義,全か無か的な思考,そして症状に関連あれば否定的自己評価を含む全般的な認知の歪みを取り扱う。治療は外来主体であり,一般に20週にわたる20セッションで各セッションはおおよそ50分間である。最近の治療では,「過食の克服」(Fairburn, 1995)や「神経性大食症と過食」(Cooper, 1995)といった,認知行動療法的セルフヘルプ本を読むことで治療セッションを補うというように発展してきている。これらの著書は,治療への認知行動療法的アプローチに基づくセルフヘルプマニュアルとともに,(認知行動的な視点からの)むちゃ食いの問題への現在の我々の理解をわかりやすく伝えるよう作られている。それらの一部は治療者が行う認知行動療法を補助するために記さ

れている。

　治療は3つの段階に分かれている。第1段階では，最も強調されているのは神経性大食症の持続に関する認知的説明である。なぜならこのことが全ての治療の土台となるからである。さらに，むちゃ食いを規則的な食事の安定したパターンに置換するために，行動療法的テクニックが用いられる。第2段階では，ダイエットを除去することを特に強調して健康的な食習慣を確立するための試みがさらに行われる。この段階においては認知的な手順が広範囲に用いられ，問題を持続させている思考や信念，価値観に焦点が当てられる。最終段階は治療後に変化したことを維持することに関したものである。治療は足し合わせであり，新たなものを導入したら前のものを止めるというのではなく前の手続きに付け加えていく形になる。そのテクニックを導入する正確なタイミングは重要ではないが，導入する順序は重要である。なぜならそれは，以前のものの上に次のものが建ち上がるように作られているからである。

　以下，引き続いて治療の概略を述べる。より詳細な説明を希望される読者は，Wilsonらの本の実施に関連した章（印刷中）とともに認知行動療法のマニュアルの最新版（Fairburn et al., 1993）を参照されたい。

第1段階

　ここでは2つのおもな目標がある。第1に，治療の土台となる理論的根拠を説明すること，第2に，むちゃ食いを規則的食事の安定したパターンに置き換えていくことである。

　治療の原版では第1段階の予約は週に2回である。その後の経験から，そのような頻回な予約は一般に食習慣が著しく障害されている患者，特に1日に多くの回数過食する患者のみに必要であることがわかった。こうした患者には週に1回以上の治療が必要である。さもなければ，1回のセッションで得られたものは次回のセッションまで持ちこたえられない。一方，多くの患者は週1回のセッションで十分に管理できる。

神経性大食症の持続に関する認知的視点に基づいた説明

　これは，第1回目のセッションで施行する。治療者は患者自身の体験と言

葉を織り込んで，図7.1を書き表す。その図について十分に論議したら治療者はその意味を概説する。強調すべき点は，単にむちゃ食いだけではなく患者の摂食に問題があるということである。多くの患者はおもにむちゃ食い（またおそらくは排出行動）に関して訴えるが，もし持続的な回復をしたいならば他の部分をも変えなければならないことを認める必要がある。むちゃ食いを分離して取り扱うのは一時的な利益を生ずるだけである。なぜなら，過食を促進する要因は依然として存在するからである。食事制限を減らす必要がある。さもなければ患者は過食に陥りやすくなる。また，この目標を達成するためには患者の体型や体重（またおそらくは自己評価）への関心も取り扱う必要がある。したがって，治療は患者の行動（例えばむちゃ食いや排出行動といった）と思考や感情（体型や体重に関する関心）の両方に焦点を当てなければならない。治療者は，治療は図7.1の下から上に向かって作用する傾向があることを説明する（本書p. 160参照）。最初に焦点を当てるのは患者の過食に関する訴えであるが，後にはダイエットを取り扱うことや，体型や体重に関する関心にまで強調点を拡大する。この説明を補うために，治療者は患者が「過食の克服」(Fairburn, 1995) の関連した章（4章，7章）を読むことを薦めてもよい。

セルフモニタリング

最初のセッションで，患者は食生活をモニタリングするようにもすすめられる。モニタリングすることの理論的根拠は明確に説明されなければならない。第1に，それは患者の食習慣と問題が生ずる状況を検討するのに大いに役立つからである。第2に，より重要であるが，セッションとセッションの間に患者が彼らの行動と思考と感情を同定し，それに対しての疑問を持ち，その疑問が適切な場合それを変化させる手助けとなる。患者がモニタリングするのを助けるために，記載例を見せて記録用紙にどのような内容が記されるか詳しく説明する（図7.3）（これは，「過食の克服」の中に記載されている）。2回目のセッションと全ての後続するセッションは，前回のセッションまでに完成された記録用紙を見ながら始める。

体重のモニタリング

この治療形式では，患者の体重を（最初の評価時点と，またおそらくは治

日付 （4月8日　水曜日）

時間	消費した食べ物と飲み物	場所	★	V/L	前後の文脈状況とコメント
8:15	（自分で体重測定）				私の体重は書けない―重すぎる。
8:55	お水1杯	台所			昨日からのどが渇いている。
10:10	ダイエット・コーラ	職場			今日はむちゃ食いしないと決めた。
11:30	10～20枚のクラッカー お水	職場	★		2枚だけ食べ始めたが，その後自分が何をしているか気づいた時にはコントロールを失っていた。
12:05	お水			V	
6:50	アップルパイ1切れ アイスクリーム1/2ガロン ピーナッツバターを塗ったトースト4枚 ダイエット・ペプシ カップケーキ6個 レーズンベーグル1個 アイスクリーム2パイント ダイエット・ペプシ		★ ★ ★ ★ ★ ★	 V V	家に戻るとすぐ食べ始めた。 すぐにコントロールを失った。
7:50	お水2杯				非常に寂しい。
9:45	お水1杯				いつもより早く寝た。

図7.3　代表的なモニタリング・シート（Fairburn, 1995より許諾を得て転載）

療終結時を除いて）治療者が計ることはしない。理由の一部はセッション中に体重を測定することで，他のより適切な主題を犠牲にしてそのセッションが体重の問題に支配されることになりうるということであり，また一部は患者がセッションとセッションの間に自ら体重を測定することで利益がもたらされるためである。その代わり第1段階の治療初期に患者は自ら週1回，朝，体重測定を開始するよう促される。1週間ごとに体重測定することは，治療の重要な部分である。患者の食習慣は著明に変わりうるし，ある種の行動療法的介入は体型や体重への関心を活発化するように作られているため，彼らが自ら体重を記録することは理にかなっている。実際，以後行う行動学的試

みにとっても必須のものである。しかし，患者は短期間のささいな体重の変動に基づいて大きな結論を導き出す傾向があるという観点から，患者には体重に関して週1回の測定4回分に満たないうちは，推論を出さないよう助言しておく（つまり患者は長期的な傾向に基づいて結論を導き出すべきであるということ）。

1週間ごとの体重測定は，教育的・認知的介入と組み合わせることで，簡単な行動的教示が根底にある精神病理的特徴をいかに明らかにし，その変容をもたらすかということを示す良い例となる。

教育

治療の重要な要素のひとつは，体重や食事に関する患者教育である。なぜなら多くの患者は摂食障害を持続させる誤った考えを持っているからである。例えば，自己誘発嘔吐を行う患者のほとんどの人はこれが食べた物を回収する良い手段と信じているが，実際にはそうではない。扱うべき主題は，表7.2に示してある。関連する全ての情報は，「過食の克服」(Fairburn, 1995, 4章，5章) に示されている。患者と治療者はこの題材について詳細に検討し，患者にとってのその意味合いについて話し合われなければならない。

摂食，嘔吐，下剤や利尿剤の乱用についての助言

この助言は摂食のコントロールを回復するために重要である。これは第1段階で徐々に導入される。

1. 規則的な摂食のパターンを処方すること

これは特に強調する必要がある。患者は，摂食を1日3回の決められた食事と2, 3回のスナックに限定するよう指示される。これらの食事と間食の後に嘔吐や他の代償行為を行ってはならない。また，それらの間隔はめったに3時間以上あけないようにする。この食事のパターンは他の活動に優先するようにする。患者の周囲の状況や食欲に関わらず，患者は食事や間食を抜いてはならない。逆に，食事や間食の間には食事を控えるために最大限の努力をするべきである。このように，患者の日常生活はこの摂食のパターンにより構造化される。

この食事のパターンを導入することで，こうした患者の食習慣の特徴であ

表7.2 患者教育に際して網羅されるべき話題

1. 体重とその規則
    ボディマスインデックスとその解釈
    患者自身のボディマスインデックスの計算
    自然な体重の変動とその誤った解釈
    ダイエットの必要のない目標体重の範囲
    治療の体重に及ぼす効果
2. むちゃ食い, 自己誘発嘔吐, 下剤, 利尿剤の身体への効果
    水分と電解質異常
    浮腫
    唾液腺の腫脹
    歯の損傷
    月経不順
    空腹感と満腹感への作用
3. 体重調節の手段として嘔吐, 下剤, 利尿剤が無効であること
    多くの患者は吐ききれなかったむちゃ食いの残りで生存している
    嘔吐では食べた分の一部しか取り出せない
    下剤はカロリーの吸収に関して, ほとんどあるいは全く効果がない
    利尿剤はカロリーの吸収に関して全く効果がない
4. ダイエットの効果
    過食を誘発するダイエットの型
    ダイエットの3つのタイプ
    ダイエットに関する規則とダイエットのガイドライン（全か無か的な思考）

るむちゃ食いと食事制限を追放する効果が得られる。確かに, この摂食パターンは患者の日常生活に合うように調整する必要があり, 通常週末にもそれに合わせて修正する必要がある。もしある特別な日が予測できないようであれば, 患者は可能な限り先回りして計画を立てるべきであり, その日の残りのスケジュールを計画する時間を見つけるべきである。食習慣が非常に障害されている患者には, このパターンを段階を踏んで採り入れるよう指示するべきである。

最初に, 彼らは摂食に障害が少ない時間帯——多くは朝であるが——に集中すべきではある。それから次に, そのパターンを1日全てにわたるよう拡大していくようにする。患者によっては, 体重増加につながると考えて食事や間食を摂ることを躊躇することがある。そのような人に対しては, この摂食のパターンを採り入れることはむちゃ食いの頻度を少なくし, 結果としてエネルギー摂取が減少するから体重増加はまず起こらないと保証してあげ

ると良い。こうした保証を与えたにもかかわらず，患者は少ないカロリーの食事や間食類を摂取することがよくある。この段階では，こうした行為に対して反対する必要はない。何故なら，彼らが何を食べるかというよりむしろ規則的な摂食のパターンを確立することに焦点を当てているからである。

この摂食のパターンを導入することは，一部は，体重は増加せずに食事や間食を食べることができることを示す行動実験として提示する意味もある。

2. むちゃ食いをそらしたり遅らせる代替行動の使用

患者が規則的な摂食のパターンを維持できるよう援助するために，彼らがむちゃ食いから自らを守りうる活動を見つけるよう指示する。こうした活動は，過食衝動が起こった時にそれに対処するよう用いられる。患者が「問題の一歩先を」見ることを促すことが特に重要である。彼らはいつ困難なことが起こりうるかを予測し，むちゃ食いに相入れない活動を行うことなどそれらに対処する計画を工夫してみるべきである。そうした活動の典型的な例は，友人に電話をする，友人を訪問する，ある程度の運動をする，入浴したりシャワーを浴びるといったことである。

3. 嘔吐についての助言

嘔吐している大半の症例では，嘔吐を取り扱う必要はない。というのは，患者が過食を止めれば嘔吐は止まるからである。それでもやはり患者に嘔吐しないようにするゆとりを持てるように，食事や間食を選択するよう指示することは重要である。食後，嘔吐への激しい衝動に駆られる患者は，衝動が過ぎ去るまでの時間，注意をそらすよう指示する。

4. 下剤や利尿剤に関する助言

こうした薬物が食物の吸収を妨げることができないことを説明した上で，治療者は彼らにそれらを使用することを止め，捨て去るよう指示する。それだけで多くの患者がそのようにできるのは驚くべきことである。この指示を守ることが不可能であると思う患者には，薬物を次第に中止するような固定した離脱計画を与える。薬物を定常的に使用している少数の患者では（1～2週間続く）一時的な体重増加の期間を経験するが，リバウンドとして起こる水分貯留の結果である。この可能性のある患者に対してはこのことを警告し

ておくことが役に立つ。

キーパーソンである友人や家族・親類と面接する

　第1段階の終わりに際して，治療者は患者とキーパーソンとなる友人や家族・親類との合同面接を1，2回持つようにするとよい。この面接には3つの機能がある。第1には，患者が食にまつわる問題をオープンにすることを促すことである。それにより，この疾患によく見られる秘密主義——これは食の問題につきまとい，それを存続させるものである——を取り除くことができる。自分の問題を公表する（カミングアウト）と，患者は内緒でむちゃ食いや浄化（嘔吐・下剤乱用）することに後戻りすることがより難しくなる。第2には，患者が友人や家族・親戚に対して治療について説明することで，患者が治療の原理を十分理解しているかをチェックする機会を持てることである。第3には，友人や家族・親戚に教え質問に答えることで，問題を克服しようとする患者自身の努力を促す環境づくりを援助できることである。

第2段階

　治療のこの段階は通常，週1回の治療8回で構成される。規則正しい食事に重点を置き，過食をしないための代替行動を使い，週1回の体重測定は継続するが，加えて，全ての形式のダイエット，体型・体重へのこだわり，より全般的な認知的歪曲と対決するよう治療の焦点を拡張する。そのための技法は行動的なものと認知的なものの組み合わせからなる。

ダイエットと対決する

　治療のおもな目標は，患者のダイエットに向かう強い傾向を，たとえ完全に取り除けなくても，弱めることにある。というのも，先に検討したように特定の形式のダイエットによってむちゃ食いの傾向が強まるからである。患者のほとんどはダイエットをやめることは体重増加を招くと懸念している。患者のエネルギー摂取の多くはむちゃ食いに由来しており，ダイエットをやめればむちゃ食いをする危険が減ることから，この懸念はほとんど外れているといえる。

　第1段階ではダイエットのひとつの形式を取り上げていた。それは食べる

間隔を長くあける傾向である。第2段階の初期にはさらに2つの形式を取り上げる。これは，特定の種類の食べ物を避けることと，エネルギー摂取を低く維持しようとすることである。食物を避ける傾向と対決するための最初のステップは，避けている食物を特定することである。これを行うための良い方法は，患者にスーパーマーケットに行ってもらい，体型や体重への影響を懸念して食べるのを躊躇するような食物を全て書き留めてもらうことである。その後，食べるのを躊躇する度合いによって避けている食物に順位を付けてもらい，食べる困難さに応じて4群に分けてもらうようにする。以後治療者は，最も容易なものから始めて徐々に最も困難なものへと，避けている食物を段階的に食事に組み入れるよう患者に指示する。これら避けている食物は，あらかじめ計画した食事やスナックの一部として食べるべきであり，患者が食べることを十分コントロールできると感じる時にのみ食べるべきである。最終的には通常の量を食べられるのが目標ではあるが，最初は食べた量は重要ではない。避けている食物の系統的導入は，患者がもはやその食物を食べることに不安を感じなくなるまで続けるべきである。それを達成した後には，患者は食べ物の範囲を狭くしてもよい。

　第3のダイエットの形式——食べる総量を制限すること——を排除することも，同じようなやり方で達成できる。直接質問したり，食事観察記録を詳しく調べたりすることで，患者の食べる量が少なすぎないかどうかを決めることができる。もし少なすぎるときは，最小限でも1500kcal/日——できれば1800kcal/日に近いほど望ましいが——まで，もっと食事を摂るよう指示する。

　食事に関する他の制限をゆるめるよう患者に指示する。例えばカロリーを常に強く意識している患者は，カロリーのわからない食物を嫌うところがある。このような患者は，自分で食事の正確な組成がわかるように全ての食物を自分で支度したいと主張することもある。このような患者に対しては，カロリー量が決めがたい食物を食べるように促すべきである。全ての患者は種々様々な環境（例えば，レストラン，ビュッフェ，ディナーパーティー，ピクニックなど）で食べる練習をするべきであり，できるだけ様々な食物を摂るべきである。

表 7.3 問題解決の 7 ステップ

ステップ 1：問題が生じたらできるだけ速やかに問題を同定し，明示しなさい。2 つまたはそれ以上の問題が同時に存在することが明らかになることがある。その場合は，それぞれの問題を別々に取り扱いなさい。問題を言い換えてみることはしばしば役に立つ。
ステップ 2：その問題への対処法を考えられるだけ全て考え出しなさい。患者はできる限り多くの可能性のある解決策を考え出すようにすべきである。解決策の中には，無意味であったり，実行不可能であることがわかるものもある。それでも，それらの解決策は選択肢のリストに加えなさい。解決策が多く考え出されるほど，よい解決策が現れる可能性が高くなる。
ステップ 3：それぞれの解決策によって生じる効果とその解決策の実行可能性を考察しなさい。
ステップ 4：考えた解決策の中からひとつの選択肢を選びなさい。この過程は直観的に行われることが多い。解決策の組み合わせが最もよい選択であることもある。
ステップ 5：選んだ解決法を実行する上で必要な手順を明確にしなさい。
ステップ 6：解決策を実行しなさい。
ステップ 7：問題解決の全過程を，その後に生じた出来事に照らして，翌日に評価しなさい。これは非常に重要なステップである。というのも，この手法の目的は，単に対象とした問題を解決するばかりでなく，問題解決法に習熟することであるからである。そのため，患者は 7 つのステップそれぞれを再検討し，問題解決の過程がどのように改善したかを考えるべきである。

(Fairburn ら，1993 より一部改変して転載)

問題解決技能を高める

　患者のむちゃ食いの頻度が「常時から時々」になったら，治療者と患者は一緒に，個々の過食エピソードを促す要因を見つけだすようにすべきである。過食の直前には通常，特定の思考や情動（内在性）が認められるが，一般的にそれらの思考・情動は外在的な対人関係性の問題により引き起こされる。患者に正式な問題解決法のトレーニングを施すことで，このような問題を処理する能力は高まる。用いた手順は Goldfried と Goldfried（1975）が発展させたものと同様のものであり（表 7.3 参照），以後のそれぞれの治療セッションの構成要素となっている。

体型と体重に対する関心を取り扱う

　体型や体重に関する過度の関心を取り扱うため，認知的及び行動的手法を順次使用する。認知的手法は，うつ病の治療のため Beck とその同僚らによって創案された原理（Beck et al., 1979）に従っている。

患者に認知的再構成のトレーニングを施す時には，最初のステップとして，代表的な「問題を生じる思考」（つまり，問題行動に帰結するようなひとつの思考）を同定してもらう。通常，治療の過程でこのような思考はたくさん出現してくるが，その中でも典型的な例を選ぶべきである。適当な思考がすぐに得られない時は，例えば次のように質問することで，引き出させることが多い。もし体重計に乗って，体重が2ポンド増えていたとしたら，心に何が去来するか，正確に考えてください。適当な思考が同定できたら，次に挙げる4ステップを使って，それを検討すべきである。

1. 思考それ自体を書き留めてください。

最も大事なことは，書き留めるのは患者の心に去来した実際の思考そのものであり，それを精製したものではないということである。

2. その思考を支持するような論拠や証拠を列挙してください。

例えば，もし患者の体重が増えた時，その事実は「私は太ってきている」という思考（または，より正確には「私の体重は増えてしまった」）を裏付けるものだと言うかもしれない。ところが，その事実は「私は太っている」という思考を証明しないのである。

3. その思考に疑問を投げかけるような論拠や証拠を同定してください。

ここで重要なのは，その思考は患者にどんな意味を持つかを検討することである。例えば，「私は太ったと感じる」いう思考は，「私の体重は増えすぎた」とか「私の体重は増えすぎているように見える」など，様々な異なった意味を持ちうるが，自分が魅力的ではないと感じるような不快な感情状態を示すこともありうる。「太った感じ」という概念を，「太っている」と区別するべきである。また，「太っている」を健康の見地からの「過体重」や「体重増加」と区別するべきである。問題を引き起こす思考は，典型的には，軽蔑的で貶める内容のものである。本当はその思考を招いた状況に当てはまらないが，細かく検討されることがないために，患者はそれらの思考を信じ，それを根拠に行動する。先に挙げた例では，もし患者の体重が数ポンド増えても，これが差し迫った肥満を意味することはありえない。ソクラテス型の質問を用いて，治療者は患者が以下のような問題を考えるよう促すべきであ

る。すなわち，「どの段階で人は『太った』ことになるの？」，「『太っていること』は特定の体型や体重（例えば服のサイズ）とイコールかな？」，もしそうなら「自分は実際にこの体型や体重に近づいてきているの？」。

　問題としている思考の本当に意味するところ（多くの場合これは率直なものだが）が同定できたら，他の人ならその状況でどのように考えるかを患者に考えてもらうべきである。他の人は数ポンドの体重増加で「自分は太っている」と結論づけるだろうか。ひとつの厳格な基準を自分自身に当てはめて，他者にはより緩やかな基準を使っていないか，患者は自問するべきである。主観的な印象（例えば，太った感じがする）を客観的な現実（例えば統計的に過体重である）と混同していないかをチェックすべきである。また，原因を何に帰するのかとする上での誤りを見つけだすべきである。例えば，体重増加は食べ過ぎでなく，生理前の水分貯留によるものではないか。加えて，考えにおける論理的誤り——非常によく見られるのは二分法的理由付けである——をチェックすることは必須である。

4.　合理的な結論に到達し，それに基づいて行動をするようにしてください。
　取り上げている思考が適切か否かの分析を基盤として，その状況ではどう考えるのが合理的かを患者に決めさせるべきである。問題を引き起こす思考が出現したら，その度ごとにこの合理的結論を思い出すべきである。この段階では患者がその合理的結論を「信じる」必要はない。そうではなく，これは考えるに適切なものであり，行動を決めるのに使っているのだと知っていれば十分である。

　その代表的な思考を対象として認知的再構成の 4 ステップを説明し，患者がそれを理解したと確信できたら，治療者はその手法を治療セッションの間に練習するよう患者に指示する。そして治療者はセッションごとに患者の認知的再構成の試みを再検討する。多くの患者では，問題を生じる思考のレパートリーは限られており，様々な異なった状況が引き金となってその思考を賦活する。繰り返しこれらの思考とそれを賦活する状況を子細に検討することで，その思考の強さや「自動的」性質は徐々に減弱していく。
　問題を生じる思考の土台になっているのは，ある特徴的な態度や仮定である。以下に挙げる見方は典型例である。自分の問題は全てひとたび自分の目

標体重に達すれば解決するだろう。自分の困難は全て食事（または体重）の問題の結果として起こっている。痩せている人は幸せで物事に成功し容姿に満足している。過体重の人は不幸で何事もうまくいかない。明らかにこのような信念は広く抱かれている考えを極端な形式にしたものである。その思考が問題を引き起こすのは，それが強すぎ，個人的な意義が重すぎ，柔軟性がないからである。

問題を引き起こすこのような志向性に疑問を投げかけるために用いるテクニックは，他の障害に対して用いるものと類似する（Hawton et al., 1989参照）。これらの志向性は，問題を生じる思考を同定する時に使ったアプローチでは同定できない。これは，志向性というものが人の心に去来する時には，完全に言葉になっていない傾向があるからである。その志向性とは，暗黙のはっきり言葉となっていない，基礎にあるルールである。実際それは，患者の概念的図式の大きな部分を成しているので，一歩下がって分析することは難しい。そのためこの態度は直接同定されるより，患者の行動（例えば，体重測定を避けること）や患者の問題を引き起こす思考の性質（例えば，太っていることを失敗と同じと考えること）から推測しなければならない。問題を引き起こす志向性を精査する時の精査の原理は，問題を引き起こす思考を取り上げたときに用いたものと似ている。しかしながら，問題を起こす志向性に対しての作業のほとんどは治療セッションの中で行われなければならない。

治療者は，認知的再構成とともに，関連した行動療法的テクニックを使用する。ダイエットへの治療に関しては，行動療法的テクニックはおもに「曝露」の原理を含んでいる。例えば患者の中には自分の体型を他人に見られるのを積極的に避けようとして，決してぴったりした服を着ようとせず，服を脱ぐのは必ず自分1人で他人がいない時にする人がいる。他人が自分の体を見ないようにするためのこのような回避は自分自身にも向かうことがあり，極端な場合，患者は脱ぎ着を暗闇で行ったり，鏡を避けたり，形のはっきりしない服を着たり，シミーズを着たままで入浴したりシャワーを浴びたりする。このような患者の治療としては，彼女らが自身の体を曝け出す（例えばより体型のわかる服を着てみたり，プールや運動クラブに行ってみることなど）機会を捜し出せるように援助するなどの手だてがある。回避の正反対の状況も見られる。それは，患者が体型の変化について細心の注意を払うこと

で，自身の外見に対する関心を示すということである。頻繁に自分の体型を監視している患者には，この行動を制限するように援助すべきである。患者全てに対して，他の女性の体を子細に見て患者本人の体を正しく位置付けられるように促すべきである。この点ではプールや運動クラブへ行くことが特に役に立つ。外見的には魅力的に見える女性を見つけて，その人の体をお腹，お尻，太ももに特に注意を払って子細に見て検討するように患者に言うべきである。典型的な場合，患者は魅力的な女性でさえも「不完全」——体のへこみや震える部分——があることを発見するだろう。

これら行動療法的テクニックは全て，認知的な作業と継ぎ合わせるべきである。曝露療法での経験はほぼいつも，問題を引き起こす思考を引き出すので，その場でそれを検討し，次回の治療セッションで治療者とともに再検討すべきである。

他の認知的ゆがみを取り上げる

全般的に存在する認知的なゆがみ（通常，極端な完璧主義や著しく低い自己評価）が著しいために，治療上の進歩に限界がある患者も少数存在する。このような症例では認知的作業の焦点を広げる必要があり，治療を拡張する必要があることもある。

第3段階

この最終段階は，2週に1回の3セッションからなる。この段階の目的は，将来にわたって患者の進歩が確実に維持できるようにすることである。まだ症状がある（大多数はそうだが）状態で治療を終了しようとしている患者に対して，治療終了後も改善は引き続いて持続することを伝えて安心させるべきである。

将来の困難に備えること（「再発予防」）

将来に関する現実的な期待を患者に確実に持ってもらうようにすることは重要である。よくある問題は，患者の多くは決して二度とむちゃ食いをしないと望むことである。この期待のために患者は再発しやすくなってしまう。というのも，その望みは，ちょっとした逆戻りを「失敗」と見ずに完全な

「再発」と見てしまう傾向を強めるからである。その結果，患者は自分がまったく元通りになってしまったと考え，食べることをコントロールする試みを打ち捨ててしまうことになる。患者全てに対して，逆戻りがあることを予想するようにと言うべきである。過食がストレスへの反応であるために，食の問題は患者のアキレス腱である。治療の中で患者が食の問題を扱う技能を伸ばしてきたこと，それらの技能を再び使うことができることを患者が思い出せるようにすべきである。患者に将来困難に直面したときに使うプランを書き留めて準備できるようにさせることは有用である。

神経性無食欲症の認知行動的治療

原理的には神経性大食症に対する認知行動的治療を調整して神経性無食欲症の治療に使うことは可能である。なぜなら，両者で認知や行動と同様に症状維持のメカニズムが非常に似ているからである。おもに2点の改変が必要である。ひとつはこれらの患者の治療への動機が乏しいことを取り上げる必要があり，もうひとつは，飢餓の影響を治療により打ち消す必要があるということである。しかし，実践的には確立された治療手順はない。GarnerとBemis（Garner and Bemis, 1982, 1985）やPikeら（1996）による有用なガイドラインはあるものの，治療マニュアルに近いものは存在しない。以下に述べることは神経性大食症の治療どう変更して使うかの，いくつかの示唆である。

治療への動機付けを促進すること
治療の手始めから，患者の動機付けの乏しさを取り上げる必要がある。治療者は家族や関係者のためにではなく患者のために仕事をしていることを明確にするのが大事である。GarnerとBemis（1982）は患者の動機付けを高める様々な方法を記載している。彼らは，十分な治療関係の確立，患者にとっては真実のこととして患者の信念や価値観を受け入れること，治療者と患者が一緒になっていろいろ異なる治療的戦略を使ってみてどれが有効か探索するような実験的アプローチをとること，を強調している。加えて，患者の視点から患者の変化の相対的な利点と欠点を再検討するのも価値あることである。そうする折りには，変化の短期的結果と長期的結果を区別することが特

に大事である。というのも,このような患者は未来よりすぐ先に焦点を当てる傾向があるからである。

　患者の動機を高めるために,治療者は患者が問題であると見なしている臨床的特徴を同定する必要もある。オックスフォード大学において筆者と共同研究者は,患者に神経性無食欲症とその特徴について書いた本を読んでもらうことが役に立つことを発見した。Palmer (1988) や Bruch (1978) の書いたものがよいと思われる。当初は患者の多くはその診断を受け入れることは気が進まないが,一度この障害についての記載を読むと,ほとんどの患者はその疾患であることを認める。患者に対して飢餓の生理学的,心理学的効果――特に集中力障害,食物と食べることばかり考えてしまうこと,睡眠障害,寒がり,胃から腸への排出遅延による胃膨満感の起こりやすさ――について教育することは特に重要である。ほとんどの患者はこれらの特徴を備えており,一度それが起こる原因を理解すると体重増加をより受け入れようとする。飢餓が摂食障害をどのように永続させるのかを説明する必要もある。むちゃ食いのある神経性無食欲症患者では,動機付けについてはそう問題にならない。というのも,食に関するコントロールを失っていることは,通常辛さの源となるからである。

健康を維持するための体重を取り戻すこと

　神経性無食欲症の治療で考慮すべき第2の問題は,体重増加が必要であることである。体重減少が急速であったり極端なものでなければ,または患者の健康が身体的合併症で危険にさらされていなければ,体重回復の手順は外来治療に組み込むことができる。しかし,体重増加の必要性を強調する前に,数回のセッションを共同作業を行う治療関係の確立に当てることが最も良い。その後は,体重増加は治療の譲歩できない部分でなければならない。目標とする体重の範囲の下限は,BMI (body mass index) で 19.0 より上に決めるのが最も良い。患者には,この決めた体重の範囲を超過しないよう注意を払うことを保証し,安心させるようにする。体重増加は少しずつ,コントロールしながら(約1週間に1kg)生じるように,また認知行動療法プログラムの他の部分の流れの中で起こるようにする。つまりこれは,患者が高カロリーの食物を,計画した食事やスナックの一部として摂らないといけないということである。あるいは,患者によっては「医薬品」と表示された高カ

ロリーの補助食品を飲む方が容易であると感じる場合もある。これは，治療のこの段階では受け入れてよいが，ひとたび目標体重を達成できたら，患者はそのような補助食品に頼らずに体重を維持しなければならない。体重増加がもし起こらなかったら，治療者と患者は，部分的あるいは完全な入院を含む，他の治療アプローチの適応があるかについて考えるべきである。他方でもし患者が体重増加に成功し目標体重を達成できたら，さらにその先の治療は神経性大食症の治療に準じて進めることができる。

　外来での体重回復の不利な点は，時間がかかるということである。最初に入院して比較的早く体重を取り戻してから，外来ベースの治療に移すことで，治療を加速することができる。これは，現在進行中の2つの治療研究で使われている手順である。外来・入院の2つのアプローチの相対的メリット（費用・効果検討を含む）については検討する必要がある。

　Garner と Bemis (1982, 1985) と Pike ら (1996) が概説した治療アプローチでは，神経性大食症の認知行動療法より，認知的な焦点がより拡大されている。Pike ら (1996) の報告を引用する。「図式（スキーマ）に基づく認知療法は，この疾患において重要な要素である種々の発達的・対人的・精神的要素に触れることとなる。」このように治療の焦点を拡大することが必要であるかどうかを確立する必要がある。

他の摂食障害における認知行動療法

　神経性大食症の治療に対しての認知行動療的アプローチは形態的にはモジュール（構成要素）からできていると見なせる。というのも，このアプローチには，この疾患に特徴的な精神病理の中の，特定の面に向けた一群の治療的手順が含まれるからである。このように，むちゃ食いや様々な形のダイエット，体型や体重への関心，再発の危険などに向けたテクニックがあるわけである。これらのテクニックは，これらの特徴のうちいくつかしか示さない患者に対しても，認知行動療法の枠組みの中でなら用いてもよい。結果として，この治療は幅広い適応を持つ。というのも，前述したように，神経性無食欲症や神経性大食症の診断基準を全ては満たさないが，臨床の対象となる摂食障害患者がたくさんいるからである。これらの患者の中にはむちゃ食い障害の患者も含まれる。この障害の治療に対する認知行動的アプローチにつ

いては Fairburn ら (1993) が記述した。これは，神経性大食症の治療を一部改変したものだが，患者の食べている量に重点を置き，体重減少を促すように作られた指標を加えている。つまり，適度なカロリー制限と活動レベルの増加に重点がある。しかし，先にも議論したようにピッツバーグでの研究の知見では，単純な食餌的・行動的治療のみでも同様の効果があることを示唆している。

神経性大食症の認知行動的治療を普及させる

　神経性大食症は若年成人女性の少なくとも1～2%が罹る (Fairburn and Beglin, 1990) というよく見られる障害である。これらの患者の一部は治療を求めていないとしても，治療を求める患者に対しても未だ十分な専門家がいると言えないのは確かだろう (Fairburn, 1995)。それゆえ治療で優先すべきことは，広く普及しうる治療法を開発することである。

　神経性大食症への認知行動的治療は専門家による治療である。この治療は専門家にかかった患者群で検討されてきており，専門家の治療テクニックを使っており，労力を集中した治療である。それゆえ，この治療はより広く使えるように改変できるのかという疑問が生じる。3種類の知見からは，これは可能と思われる。第1には，(第2段階の) より複雑な認知的手順を導入する前に，患者の中には認知行動療法に極めて急速に反応するものがいる (Jones et al., 1993) というよくある臨床経験である。第2には，Olmsted ら (1991) が示したように，(認知行動的原理に基づいた) 短期の教示的な教育グループは患者の一部で少なくとも短期間は役に立つということである。第3には，蓄積されつつある事実として認知行動的な自助的介入に反応する患者もいる (Carter and Fairburn, 1995 参照) ということである。

　オックスフォード大学では筆者と共同研究者が，神経性大食症の認知行動的治療の3つの簡易版を作り出した。それは，短期認知行動療法，セルフヘルプ (自助治療)，指導付きセルフヘルプである。

短期認知行動療法

　筆者は，オックスフォードの一般開業医である Deborah Waller と協同して，プライマリ・ケアでの使用を想定した認知行動療法の簡易・圧縮版を作

り出した。これは，週1回20分，8回の治療として行われる。これは，認知行動的治療の教育的・行動的部分のおもなものは含んでいるが，正式な認知的再構成を含んでいない。パイロット研究はプライマリ・ケアの場での連続11人の患者に行われた（Waller et al., 1996）。治療者，つまり4人の一般開業医と1人の開業看護婦が2つの導入トレーニングのワークショップに参加し，簡易治療マニュアルを渡された。治療の最後の再検討で，6名の患者は相当改善したことがわかった。その中の3名のみ，8回の治療セッション全てが必要だった。5名の患者は効果がなかったが，その内2名の患者は治療以外での大きな出来事のために治療に参加できなくなった。他の2名の患者では人格障害が併存していた。残り1人の肥満した患者は食の問題の克服より体重の減少に関心があった。

　これらの知見から，神経性大食症の患者の一群ではプライマリ・ケアの場で短期認知行動療法を使用することが役に立つ可能性がある。しかし，この治療は治療者主導のアプローチであるために，ある程度のトレーニングは必要であることは銘記しなければならない。

自助治療と指導付き自助治療

　この2つの認知行動療法は，認知行動的セルフ・ヘルプ本を使うことがその中心となる（Cooper, 1995 ; Fairburn, 1995）。これらの本は神経性大食症の認知行動的治療に基づいたセルフ・ヘルプのプログラムを含んでいる。このプログラムはそれだけで使うこと（「純粋なセルフ・ヘルプ」）もあれば，専門家でない治療者の指導とともに使うこと（「指導付きセルフ・ヘルプ」）もある。後者のアプローチは3〜4ヶ月にわたる6〜8回の20〜30分のセッションを含んでいる。明らかに，純粋なセルフ・ヘルプは容易に普及する可能性を持っている。しかし，我々の経験では，障害に悩んでいる人には自分自身で耐えてやり通すことが難しい人もあり，一般的には指導付きのセルフ・ヘルプの方が治療コンプライアンスは良い。普及という観点からは指導付きのセルフヘルプの方が，短期認知行動療法より好ましい。というのも，指導付きセルフ・ヘルプは，治療者によるのでなくプログラムによるものであり，それゆえ治療者の側に専門的技術がさほど必要ないからである。

　筆者と共同研究者のJacqueline Carterは，これら2つの認知行動的セルフ・ヘルプの相対的有効性と有用性を評価してきた。現在，我々はむちゃ食

い障害の治療に焦点を当てている。我々の知見では，短期間では両方のアプローチとも相当の変化を生み出せ，特に指導付きセルフ・ヘルプの方がいくぶん効果的なようである（Carter and Fairburn, 準備中）。しかし，むちゃ食いは慢性的経過をとりやすいので，確かな結論を出す前に，変化を維持できるかを検討する必要がある。オックスフォード大学における2度目の試験的検討では，完全な認知行動療法と違い，その行動療法的簡易版では高率に再発していた（Fairburn et al., 1993a）。そのことからも，治療的変化の維持を考えることが特に大切なことである。それゆえ，認知行動療法を簡易化してセルフ・ヘルプ形式で使いやすいようにすることは，短期間の効果しかなく全体としての有用性に乏しい治療を作り出す危険を冒すことになる。

認知行動療法が失敗する時

　神経性大食症の認知行動的治療は万能薬というにはほど遠い。研究的検討では（一般的には二次的または三次的な文献を用いるが），2分の1から3分の2の患者では相当持続し有益であるが，残りの患者では治療効果が一部にとどまったり，まったく効果がないこともある。この数字が日常臨床における反応率と比較してどうかは知られていない。2つの治療状況における反応率は，患者群の相違や，治療の厳密性の相違などの可能性があり，比較できないと思われる。日常臨床における治療反応率がいかなるものであれ，著者はそれをもっと高めることができると確信している。非常に多くのトレーニング・ワークショップを行ってきたが，治療が完全にうまく実施されることは明らかに稀である。最も多い問題は，治療者が治療マニュアルからそれてしまうことである。Wilson（1995, 1996b）は，もし治療者が経験に基づいた治療マニュアルにきちんと沿って行けば，より良い結果が得られるだろうと説得力のある主張を行っている。それは確かに神経性大食症の治療に良く当てはまるようである。

　にもかかわらず，神経性大食症の治療についてより良い方法を作り出してほしいというニードが疑うべくもなく存在する。それについての第一歩は非反応群は何か明確な特徴を持っているのかどうかを決めることである。これは2つの理由から重要である。まず第1に，そのような特徴を同定することで，このような患者がなぜ治療に反応しなかったのか，そして望むべくは彼

女たちへの治療をどのように改良すればよいのかについて，手がかりが得られる可能性があるということである。第2に，もしこのような反応しない患者を治療前のアセスメントの段階や治療の初期に同定することができれば，より効果的なアプローチへこのような患者を直接割り当てることができるかもしれない。もちろん，そのような治療が存在するか，または作り出せることを前提としているのだが。

　残念ながら，認知行動療法への（または他のどんな形の治療でも）治療反応性についての一致した予測因子は同定されていない（Wilson, 1996a）。関連する要因として，初診時での摂食障害の特徴の重症さ（Maddocks and Kaplan, 1991 ; Fahy and Russell, 1993 ; Olmsted et al., 1994），自己評価の低さ（Fairburn et al., 1987, 1993b），合併する人格障害——とくに境界型人格障害（Johnson et al., 1990 ; Herzog et al., 1991 ; Fahy and Russell, 1993 ; Fahy et al., 1993 ; Rossiter et al., 1993 ; Steiger et al., 1993 ; Fairburn et al., 1993b），低体重（Fahy and Russell, 1993 ; Fahy et al., 1993），低体重や無食欲症の既往（Lacey, 1983 ; Wilson et al., 1986 ; Davis et al., 1992）などが含まれる。病前の肥満（つまり小児期の肥満）や親の肥満は長期予後が不良であることの予測因子と関係している（Fairburn et al., 1995）。これらの知見はどのような治療が非反応者に有効であるかについての手がかりをほとんど与えてくれない。

　Wilson（1996a）は認知行動療法以外に選択される主要な治療についてのレビューを行った。抗うつ薬と対人関係精神療法（IPT）がそれに当たるのは明らかである。というのはともにそれぞれの分野で確立された治療であるからである。しかし，これらの治療が非反応の患者にも利益をもたらすという理由が見当たらない。他にとるべき選択肢として，力動的精神療法と家族療法が含まれる。繰り返しになるが，認知行動療法が失敗した場合にこれらの治療が成功すると考える理由はない。ひとつだけ，精神力動的治療つまり支持的表出的精神療法とのコントロール研究があるが，結果は力動的治療は認知行動療法に効果の面で劣っていた（Garner et al., 1993）。同様に，家族療法についてなされた研究もひとつだけあり，結果は落胆するものであった（Russell et al., 1987）。精神力動的精神療法は，併存する人格障害のある症例の治療に向いており，その場合は特に良い選択肢となると主張されることがある。認知行動療法への非反応者の中で重度の人格障害のある患者のみを

取り上げ過ぎていることは，おそらく間違いない。一方，精神力動的精神療法が認知行動療法より，これらの患者群において有効であることを示す証拠はない。

　筆者の見地からは，認知行動療法を異なる他の治療と置き換えるより，これら特定の患者群に適するように改変する方が得るものが多いと思われる。いくつかの可能性が示唆される。先に述べたように，ひとつは治療の焦点を，自己評価や対人間での機能のようなより一般的な問題へ向けて拡張するということである（Hollon and Beck, 1993; Vitousek and Orimoto, 1993）。しかし，Wilson（1996a）が指摘するように，神経性大食症であれ他の疾患であれ，「拡張した」認知行動療法がより焦点を絞ったアプローチより優れているという証拠はない。もうひとつの可能性としては，Linehan（1993）による，境界型人格障害の認知行動的治療の特徴を組み入れることである。第3の可能性としては，鍵となる手順をよりきちんと守れるように治療を強化するということである。臨床的な経験としてよくあることだが，認知行動療法への非反応者の多くは，鍵となる宿題（規則的な食事を摂る，避けている食物を食べるようにする）をうまくできなかったり，一部しかできなかったりする。何とかしてこれらの患者が治療手順をより守れるようにできれば，これらの患者の治療結果も向上するだろう。最後に，オックスフォード大学のマニュアルでは，避けている食物を食べることがうまくいかない患者に対しては，治療者の援助のもとでの曝露を使ってみてはどうかと書いてある（Fairburn et al., 1993）。この原理は Tuschen と Bents（Tuschen and Bents, 1996; Bents, 1995）の入院治療プログラムで，より発展させた形で用いられており，治療者は濃厚に患者と接し，曝露を継続的に行う。類似のプログラムはデイホスピタルの患者や外来患者ベースでも行うことができるだろう。これは，問題が生じる環境との接触——少なくとも部分的には——をして，そこにとどまることを患者にさせられるという利点があり，入院より費用がかからない。

　認知行動療法による治療において，非反応者は研究すべき重要な話題である。しかし，ほとんどの神経性大食症の患者は認知行動療法に反応するので，検討するのは容易ではない。

謝辞

筆者は Wellcome Trust からの援助（補助金番号 13123）に感謝する。Zafra Cooper からはこの章の最初のセクションについて有用なコメントを頂いた。Patricia Norman は治療結果研究のレビューの手助けをしてくれた。

第8章
うつ病

J. Mark G. Williams

　この章では心理学的理論がいかにうつ病の解明に役立ってきたか，またいかにして最善の治療を行うかについて要約する。私がうつ病に関心を持ち始めたのは，1976年から1979年にかけてオックスフォード大学のMichael Gelderの研究室において，学習された絶望感に関する研究（博士課程）をしていた頃からである。それ以後私は，もちろん全てを述べつくせるわけではないが，ニューキャッスルにおいてJan Scottとともに，またケンブリッジにおいてFraser Watts, John Teasdale, Andrew MacLeodとともにこの研究を発展させ，自殺に至るようなうつ病の認知的プロセスについて調べてきた。

問題の性質

　うつ病は，まだ研究されるべき余地を多く残した精神保健上の問題である。当然ながら，正常な気分状態でも，抑うつは日常よく経験されることである。軽度の抑うつ状態では，患者は否定的なテーマについて反すうする。患者は，憤りを感じイライラし，易怒的な状態で多くの時間を過ごし，自らを哀れみ，常に他人からの再保証してもらう必要がある。この再保証の要求は，身体的異常が何にも無いにもかかわらず，様々な身体的愁訴を訴えることとして表れることがよくある。軽症のうつ病患者は自ら，過去の不愉快なことや将来について悲観的にくよくよ考えていることに気づくものである。
　一方で，うつが進行するとさらに他の症状が出現する。その症状とは，さらなる情動的変化（きわめて強い悲哀感及び希望の無さ），認知的変化（低い自己評価，罪責感，記憶と注意力の低下），行動と動機づけの変化（焦燥

感あるいは制止，社会的活動及びレクリエーション活動への関心の低下），身体的変化（睡眠，摂食，性的な事柄，エネルギーの喪失）などである。うつ状態が，2週間をこえて，上記症状のうち5個以上を含むほど重度であれば，大うつ病であるとの診断が下される。大うつ病の生涯危険度は男性でおよそ12%，女性で20%とされる（Sturt et al., 1984）。常に，人口のおよそ5%が大うつ病の基準を満たしている。このようなうつ病エピソードは，25%は1ヶ月未満であり，50%の患者が3ヶ月以内に回復する。

　一方で慢性的な経過をたどる症例も多々ある。15～39%の症例では，発症から1年経ってもなおうつ状態にあり——すなわち大うつ病の診断基準を満たす（Berti Ceroni et al., 1984；Van Valkenburg et al., 1984）——2年経過しても22%の症例では依然としてうつ状態にある（Keller et al., 1984）。

　上記のようなうつ病に対して最も広く適用される治療法は，抗うつ薬による薬物療法である。薬物療法は比較的安価であり，家庭医も容易に処方できる（うつ病患者の大半を治療するのは家庭医である）。ところで，うつ病は再発することが多く，1回のエピソードから回復して2年以内に半数から4分の3の患者が，次のうつ病相を生じる（Angst, 1988）。現在，再発を防ぐおもな方法は，急性期の薬物治療を引き続き維持的に用いる方法である。抗うつ薬の維持的投与に関する複数の研究により，このアプローチの有効性は支持されており（Prien et al., 1974；Glen et al., 1984；Frank et al., 1990），現在の治療ガイドラインでは，回復後少なくとも5～6ヶ月間は，薬物治療の継続が必要であると強調されている（Prien et al., 1984）。また最近の研究では，再発を最小限に抑えるためには，寛解時に必要であった量を使用し続けることが必要であると示唆している（Kupfer et al., 1992）。

　薬物が再燃や再発を防ぐのに有効であるならば，なぜうつ病の心理学的モデルや心理療法を研究する必要があるのであろうか？　Murphyら（1984）は，その研究の最後にこの点（急性期治療で，抗うつ薬治療と心理的「認知」療法の間に，何ら差が生じないという点）について論じており，いくつかの理由から心理療法が必要であると指摘している。すなわち，

　　　第1に，全ての患者にとってうつ病治療に薬物療法が適しているとは心理学的には受け入れられているわけではない。一部の患者は，心理学的なアプローチをはるかに望むかもしれない。……第2に，三環系抗う

つ薬（TCAs）の副作用にほとんどあるいはまったく耐えられない患者もいる。薬物療法が拒否されるのは繰り返されている問題であることが，心理療法についても述べられている予後研究にて明らかにされている（Friedman, 1975 ; Rush et al., 1977 ; McLean and Hakstian, 1979 ; Bellack et al., 1981）。第3に，三環系抗うつ薬は，心伝導系に問題のある患者に危険である可能性がある。加えて三環系抗うつ薬の多量服薬は心毒性があるため，治療者等の目の行き届かない希死念慮を有するうつ病患者に用いるのは危険である。

　長い期間をかけて，数々のうつ病の心理学的モデル及び治療法が発展してきた。この章では，そのうち3つを取り上げて論じる。Lewinsohnの学習理論と社会技能アプローチ，Rehmのセルフコントロール理論のアプローチ，Beckの認知アプローチ，である。

学習理論と社会技能アプローチ

　うつ病に関する初期の行動学では，うつ病を「消去」（反応コスト，すなわち費やされた努力に比して充分な強化が得られないために行動範囲が狭められている）として推論している。強化効果の喪失に焦点を当てたもので，影響力があった理論である。この理論（Costello, 1972）によれば，強化因子は環境の中に十分にあり，患者はそれらを手にする機会があるにも関わらず，何らかの理由でそれらが強化因子としての能力を失っているというものである。

　恐らく，最も影響力のあった行動学的理論は，Peter Lewinsohn（Lewinsohn et al., 1970）の理論である。Lewinsohnによるとうつ病は反応に由来する正の強化の頻度が低いためだとされる。これは患者の反応行動（泣き出す，不快な気分など）の結果もたらされるというもので，うつ病における行動表出の減弱を充分に説明している。うつ病発症の初期段階では，症状は他者からの強化（「疾病利得現象」）によって維持されているかもしれないが，やがて親しい家族や友人は患者の行動に応えることを止めてしまうことが多い。彼らは互いにうつ病患者を避けようとし，その結果，さらに環境によってもたらされる報酬頻度が低下するのである。この理論による治療選択は，楽しい

出来事を計画することと社会技能トレーニングである。後者が理論的な面や治療予後研究において多くの注目を集めている。

ここでの議論でひとつ興味深いことは、うつ病患者が社会技能を本当に欠損しているかどうかということである。社会技能は多くの異なる方法で評価されるが、「分子」から「モル（分子の集合体）」という側面がある。つまり、観察者の評価は以下のようなものにわたる。行動の詳細（例えばアイコンタクト、うなずきなど）、肯定的・否定的な行動／反応、それら肯定的・否定的な行動／反応に対するセルフモニタリング、対人関係における適応についての構造化面接、対人関係状況の困難さについての自己評点などである。定義や評価手順が異なれば、異なる結果が生じる。Lewinsohnら（1970）とLibetとLewinsohn（1973）が見いだしたのは、うつ病患者はあまり話さず、会話を始めようとせず、一定の注意を集団に向けられず、他人にゆっくりと反応し、話す時に他人に「報酬を与える」ことが少なかった。一方でCoyne（1976）が見いだしたのは、うつ病患者が電話で20分会話をした時、その会話は会話をしている相手を著しく遠ざけるものであったが、社会行動の分子的評価では、ほとんど欠損が認められなかったということであり、この結論は後の研究でさらに確証されている（例えばHammen and Peters, 1978；Howes and Hokanson, 1979）。これらが示唆するのは、うつ病患者の会話内容（非常に曝露的で、また多くが自己非難的発言）で、それそのものが他者を遠ざける効果の一因となることである。

うつ病患者が対人関係を持とうと試みる時、他人が興味を失っているというような悪い気分を感じた。この論文（Williams, 1992）を概観して私は、うつ病患者のこのような試みがうまくいかないのは、基本的な社会技能が欠如しているからではなく、うつ病患者が話したい内容によるのではないだろうかと思った。不適切な曝露話は、社会的状況をさらに困難にしてしまうかもしれない。他の人はひとたび疎外的に扱われると、たいていの人は状況を元に戻すことよりも、社会技能を用いるに違いない。このようにうつ病患者は社会技能が未熟であるという訳ではないと思われる。むしろ彼らは自分が、たいていの人が許容できないと思われる社会的状況に身を置いていると思っていることが多い（なぜならばそのことを彼らは語っているのである）。そして、そのような状況から人が皆身を引くことは驚くべきことではない。このような場合、治療が扱うべき重要な領域は、社会技能ではなく、他者に対

する否定的，自己非難的，発言態度である。この他者や自己とのコミュニケーション内容に焦点を置くことは，うつ病の2つの理論である Rehm のセルフコントロール理論と Beck の認知理論の基礎となっている。

まず初めに，自己非難（もしくは自己報酬欠如）は，自己への態度の3つの問題のひとつ（その他2つは，セルフモニタリング，自己評価）であると思われる。次に自己について関心が低いというのは，外的ストレス因と長期の機能不全的な態度・図式の両者によって発生する3つの否定的認知（自己，世界，将来についてのゆがんだ見解）の一成分と思われる。この組み合わせの効果は，高頻度に否定的自動思考を引き起こし，その後，抑うつ気分を維持し増悪させる。まずセルフコントロール理論から見ていこう。

セルフコントロール理論

以下の実験を考えてみよう。被験者に課題を与える（例えば，意味をなさない3音節の文字列を事前に呈示し，そのうちのひとつを認識させる。ただし50〜60％の正解率で答えられるように調節しておく）。どれかを選んだら続いて，被験者にうまくいったかどうかを尋ね，主観的に考えて一般的と思われる正解率と比べて自分の正解率を評価してもらい，自分自身がどのくらいであったかに応じて，自分自身に報酬を与えるようにさせる。被験者はひとつずつ反応を評価し（0〜10のスケールを用いる），ランプをつけるボタンを押すことを報酬とした。被験者に彼らの正解率は伝えなかった。このような研究では，実際の正解率と被検者の正解率評価とは関連がほとんどなく，実際の正解率と彼らが自分自身に与える報酬の間にも関連がなかった。このような実験のひとつで，自己報酬の最大数は30であった。被験者は0から20の間で分布していた。そして，自らを低く評価し，かつ，自己報酬数が低かった人たちが，自分に多くの報酬を与え，高い正解率だったと自己評価する人たちに比べて，正解率が低いということはなかった。

セルフコントロールモデルはこのような観察から始まっており，このようなセルフモニタリングや自己評価，自己報酬のプロセスにゆがみの機会があると強調している。うつ病患者は，自分自身や自分をとりまく世界の否定的側面に選択的な注意を向ける。自己評価はゆがんだ基準によってゆがめられており，達成目標が高すぎて，表だっても潜在的にも報酬をめったに得るこ

とができない。このように外からのコントロールが欠如しているので，自分の行動を正常と評価する割合（self-regulation）は基本的に減少し，うつ病患者の行動範囲は狭まっていく。

　理論的に予測された通り，うつ病患者とうつ病でない患者が自分に対して報酬を与えたり，罰を与えたりする点で実に異なっているというRehm（1977）の理論と一致する結果が得られている（Rozensky et al., 1977 ; Lobitz and Post, 1979）。この理論によってまた自己強化，思考モニタリングや評価・活動モニタリングの技法と組み合わせたグループ療法的なアプローチを用いる複数の，効果のある治療法の研究が導かれた（例えばFuchs and Rehm, 1977 ; Rehm et al., 1979, 1987）。

うつ病の認知理論と治療

　Beckの感情障害についての認知理論は，3つの主要な要素からなる。第1の要素は，否定的な自動思考である。これは「突然に起こる」ために「自動的」であるといえ，何かの出来事によって惹起されたのではないようであり，また必ずしも「意図的な」考えの結果として起きるのではないように見える。そのような思考は「突然生じ」それ以上分析しない人たちにとっては真実として受け入れるという意味では「正しい」のである。このような思考は，患者の気分を混乱させ，それに続く思考やイメージを絶望へ向かうスパイラルに導くのである。

　2番目の要素は，うつ病患者の思考における体系化した論理的誤りである。次のようないくつかのカテゴリーに分類されている（もちろんこのカテゴリーは互いに独立ではない）。根拠の無い推論（例，「私の友達が電話に出ないのは，他の誰かと外で楽しんでいるからだろう」），過度の一般化（例，「私にばかりこんなことが起きる」），選択的な抽象化（例，「彼女が私に言っている良い話はまちがいで，そこには彼女が本当は抱いている私に対する批判が所々に表れている」），拡大解釈（例，「この会議に遅刻したら，皆は私が仕事についていけてないのだと考えるだろう」），矮小化（例，「上司がほめてくれたのは機嫌がよかったからだろう」），個人化，悪いことが起きた時に（「全部自分のせいだ」）と，そうではない証拠があるのにもかかわらず思うこと，（全か無か，黒か白の）二分法的思考（彼が私のもとを去ってしまっ

たら，私は死んだも同然だ）である。

認知モデルの第3の要素は「うつ病発症の図式（スキーマ）」の存在である。この図式に見られる全般的かつ長期にわたる外界についての態度または仮定には，彼らが自分の過去と現在の経験を一体化する方法が示されており，またそれは外界から入力される情報を分類するシステムであるとも示唆されている。Beck によると，ある図式は，外界からの侵襲的な刺激を選別，標識，そして評価するための構造である。個人の現実世界への適応という点からすると，身の周りの環境が分析され，多くの心理学的に相当する側面に分類される方法と考えられる。図式の内容をもとに，個人は自身を時間と空間の中で位置付け，経験したものごとを意味のある方法で分類し解釈することが可能である。この理論に基づけば，うつ病の図式は，何年もかけて作り出され——もちろん実証されたものではないが——ストレスの多い状況が組み合わされることで，いつでも活性化される状態にある。

この理論に従って Beck の認知行動療法（Beck et al., 1979）では，抑うつを持続させ将来の出来事に対して患者を脆弱にするような否定的思考・記憶・信念を取り扱うことを目的としている。認知的手法は，まず初めに，患者の思考や記憶を，解釈の真実性についてや議論の材料をさらに集めたりする実験（宿題）を行わせることで，単純な思考や記憶に再構成することを目標としている。

認知療法で用いられるおもな手法とそれら目的を表8.1に簡単に解説する。これらの手法の実例として，次のような症例について考えてみよう。患者は，先週起きた出来事に心を痛めたため治療に訪れた。患者は大学生であり，非常に抑うつでホームシックになっていた。先週の金曜日に寮の友人数人が，街の郊外で行われるパーティーに行かないか，と誘った。彼女は行きたくなかったが，友人らは気晴らしになるから行こうと，すすめた。パーティーへの道中，だんだん，非社交的になっていく気がした。彼女は，以前参加したパーティーで嫌な思いをしたことを思い出し，とても暗い気分になった。彼女はパーティーを楽しめないであろうと予感していた。会場には，よく知っている人が誰もいないかもしれない。彼女は，友達が良かれと思って誘ってくれたことを知っていたが，友人らは本当に彼女のことを理解していたわけではなかった。

パーティーに到着して，彼女は会場に入り，「他の人は皆パーティーを楽

表8.1 認知療法の6つの中心的技法

技　　法	目　　的
思考把握	患者に抑うつ的な考えが生じた時にそのことを気付かせる。
課題割り当て	患者がこれまで避けてきた活動を行うのを励ます（例えば，友人に会う，クラブや団体の会合に出席する）。
現実検討	否定的な思考や信念を確認することを手助けするような課題を設定する（例えば，誰も自分に話しかけてくれないという考えについて，友人に電話して確認する）。
認知リハーサル	患者が避けてきた活動の全ての段階について，それに伴う思考や感情とともに思い出させ，治療者にそれを報告させる。目標は考えられる「障壁」を見つけ，それに対して何が出来るか，また最終的な成功を想像させる。
代替となる手法	患者をまいらせるような場面を想像させ，次に対処策を考え出す。
根底にある恐怖や仮定についての検討	生涯を通じて機能不全的な図式化と仮定が産み出されてきた経緯を探り，それが現在，日々の思考にどのような影響を与えるか検討する。

しんでいる」とか「他の人は皆お互いのことを知っている」と感じた。彼女の気分ははさらに悪くなり，言い訳をして，わずか15分で会場を離れた。彼女は自室に戻り，死にたくなり，絶望感を感じた。生きていても，よくなることは何もないだろうと感じた。

　この症例を前にして，治療者には，治療の段階に応じて多くの選択肢がある。思考把握は，パーティーの夜に患者に生じた感情をたどることであり，治療者は患者に「その時どんな気分でした？」と問うことである。治療者は手始めに，情動反応は（多くの場合はほとんど意識に上らず）自動思考に追随することを説明し，そしてそのような自動思考についてより深く理解し，それらをはっきりとさせたり，書き出したり再度返答する練習をして，患者がそのような考えから逃れるのを手助けする。それにより，自動思考は「現実」というより「ただの思考」のように見えてくる。もちろん，そのような自動思考は，多くの点で実際に正しいのかもしれないが，治療者の仕事はどれが現実に相当していて，どれが単に自動的な否定的思考であるうつの活動によって産み出されたものかを決定することを，患者と協議することである。

　課題割り当て（Task Assignment）は，このような症例では，金曜の夜の出来事について議論することから始める。彼女は議論の中で，どんな社会的

出会いにおいてもまったくうまくいかず，あるいは，誰も本当は患者とかかわりたくないのだ，と発言するだろう。課題割り当てには，いくつかの予想される考えを扱う実験を作り出すことが含まれる。患者は，次のセッションまでの間にいずれかの考えを試すことができるだろうか？　治療者は，患者が何かを提案するのを励まし，さらにそれを実行したら何が起きるだろうかと予測するのを助ける——何がうまくいかないか，もしそうなった時あなたはどうするか。次回のセッションは，あらかじめ書き出した問題点リストの出来事が実際に起きたかどうか調べたり，あるいはそれまでわからなかった問題が新たに生じていないかを調べることに当てる。このようにして，治療の趣旨は常にいかなる困難にも挑戦する姿勢が患者側に生じて，穏やかな探求心と開放性を支援していくこととなる。

　近い将来に似たような状況に遭遇しそうなのであれば，治療者は認知リハーサルを行うことを提案してもよいだろう。これは，例えば友人との外出などの課題を実行しようとするとして，その詳細を予想するというようなイメージトレーニングである。各段階で，困難が予想されたら，それは後で議論することとして保留しておき，認知リハーサルの終了段階では，患者は課題を完遂して喜びと達成感を想像するようにさせる。リハーサルを通じて明らかにされた「困難」の各々について議論し，次にそれら個々の障壁を今度は課題割り当ての対象とする。例えば困難なことのひとつが，患者が出かける準備ができつつある時に，必要な物がないことに気づいたというのであれば，患者がその後数日間に行う課題のひとつは，患者にとって必要なものを買うようにというものになるであろう。これらの小さな課題のひとつひとつは重要でないように見えるかもしれないが，進歩への重要な1歩になるかもしれず，それゆえ軽視すべきではない。

　うつ病は，絶望感と，自己有効感の減弱を伴うことが多いので，対処法の幅を広げるのに代替療法を用いる。パーティー会場で多くの苦痛を体験した私たちの症例では，注意深い自己との対話実験が，絶望感の主題を顕わにするかもしれない。「私はこれを楽しめないだろう」「それについて私ができることは何も無い」「私を知る人が誰もいないのに，ここにいる意味はなんだろう？」認知療法ではこのような思考やイメージを単なるうつ病の症候にすぎないととらえるのではなく，うつを持続させる重要な要素であると考える。患者は，パーティーの夜がどのようなものになるかについて悲観的な予測を

立てて，その予測に反するような行動を取らないようにした．代替療法は，いくつかの代替となる行動を考え出して，それらを詳細にイメージし再現させる．一部の案には「逃走」が含まれるが，そのような明らかな不適応反応についても無視しないことは，重要なことである．その他，ユーモアのある行動案を促すことで創造的な解決案が示唆されることがある．さらに，選択可能な案についてひとつひとつ肯定的な面と否定的な面を論議することにより，どの案が現実的であるか検討するのに重要となることがある．

最後に，または治療が進んだ段階で，治療者は患者に，根底にある恐れ（たぶん拒絶されることへの恐怖）や仮定（もしかしたら「誰も私のことを好きではないに違いない」とか「私は幸せになれない」といった仮定）に反するような社会的状況において，患者が取る反応のパターンについて考えるよう促す．このような恐れや仮定が，患者の家庭，学校や大学での人間関係の経験の中で，いかにして生まれ，補強されてきたかの歴史についても議論する．各々の段階において，認知行動療法は，治療者が患者を脆弱にしたものや，一番最近のうつを生じさせたもの，そしてうつを持続させていること，また患者の人生において肯定的で保護してくれたことをいっしょに公式化していくことである．

認知療法の効果の評価

Beck の認知療法はいくつかのよく統制された予後研究により評価されている．他で広範囲の総説がいくつかなされているので（Williams, 1992；Hollon and Beck, 1995），ここでは議論しない．これらの総説からいくつかの結論が導き出される．まず，様々なうつ病患者——少なくとも北アメリカ，オーストラリア，ヨーロッパなどの研究での実に広範囲の社会階級における症状性・無症状性——を対象とした研究から，認知行動療法（CBT）は効果的であることがわかっている．次に薬物と CBT の組み合わせは，CBT 単独よりも（有意ではないけれど）時に有効であり，CBT 単独と薬物単独とはたいていの場合において同等の効果を有するが，今のところ薬物単独が CBT より優れているとは認められていない．外来患者に限れば，CBT 単独治療を受けた外来患者群における平均改善率は 66％ であった（Rush et al., 1977；McLean and Hakstian, 1979；Blackburn et al., 1981；Murphy et al., 1984；Beck et al., 1985 ; Elkin et al., 1989)。これは三環系抗うつ薬（TCAs）単独で治療された外来患者群における平均改善率 63%（例えば，Beck らを除くと，Elkin らの TCAs＋臨床治療群）や，TCAs と CBT を組み合わせて治療された外来患者群における 72%（Blackburn et al., 1981 ; Murphy et al., 1984 ; Beck et al., 1985）と比較された。

しかしながら，Beck ら（1985）によると，認知療法はうつ病治療に効果的な唯一の精神療法ではなく：

> 認知療法と行動療法の技法を組み合わせるやり方（例えば，Rehm のセルフコントロールや McLean の behavioural-cognitive marital skills training）を認知療法や新たに洗練された対人関係精神療法（interpersonal psychotherapy : IPT）とともに用いることは，うつ病における最も効果的な精神療法であるように思われる。……しかし，Bellack ら（1981）の別の報告によると……（ここでは社会技能訓練について言及している）……標準的な三環系抗うつ薬と比較して構造化された心理療法的な介入が比較的効果があるというさらなる証拠が見いだされている。

このように，少なくとも 5 種類の精神療法が 1980 年半ばまで効果的と考えられてきており，Beck ら（1985, p. 147）が結論づけたことには，「どのような様式の精神療法も，特定の症状に適応されるほど重要であるとは，証明されていない」ということであった。

NIMH におけるうつ病治療共同研究プログラム

Elkin ら（1989）は，多施設研究で，それ以前に Beck が述べていた結論を立証できる結果を得た。私はここでそれらの結果のいくつかを詳解しようと思う。なぜなら，これが多くの議論や推論の元となっているからである。3 施設における 250 人の患者を無作為に，Beck 式（Beckian）認知療法，対人関係精神療法（Klerman et al., 1984），三環系抗うつ薬と臨床的管理（clinical management : CM），そして偽薬と臨床的管理に振り分けた。研究に参加した患者は，単極性で，精神病症状のない，外来患者（研究的診断基準（RDC）は大うつ病性障害）で，Hamilton うつ病スケールで 14 点以上のものであっ

た。用いられた三環系抗うつ薬はイミプラミンであった（平均185mg/日で，95%の患者が150mg/日以上を服用した）。慎重にガイドラインが設定され，それはCBTやIPT療法だけでなく，CMにも適用された。経験豊かな精神科医がこのやり方で20〜30分の面接を毎週行った（初回面接は45〜60分行った）。CMにおけるガイドラインは，薬物療法とその副作用について話し合うことに加えて，必要ならば患者の臨床状態の評価，支持の提供，保証，直接的なアドバイスを行うことが明記された。全ての治療法は16週間をめどとしており，16〜20週の範囲で行われた。治療を終了した患者の平均治療数は，16.2週であった。各々の精神療法は50分間であった。

　全ての治療法は有意な効果を示していたが，重症で障害の重い患者（global assessment scale score＜50）では治療と施設の間に相互作用が認められた。それは，IPTは1施設において非常に有効で，CBTは別な施設で有効で，TCA＋CMは全ての施設で一致して効果的だった。4つの治療法の予後で類似していることは，12の主要な統計学的分析において，わずか4つだけが統計的な有意差を示していなかったという事実である。これらのうち2つは治療を終了した患者における分析であった（N＝155を分析したが，162人が治療を終了しており，7人の被検者からデータを得られなかった）。有意な結果は，Hopkins Symptom Checklist 90とGlobal Assessment Scale（GAS）において，三環系が偽薬よりも優れていたということである。その他の比較は有意でなかった。他に2つ有意差が認められたが，治療開始後すぐに中断した患者も含む治療参加患者全員（N＝239）の分析において認められ，それはHamiltonとGlobal Assessment Scaleにおいてであった。しかしながら，Post-hocテストでは，GASだけが群間の相違を示しておいた。つまり，やはりTCA＋CM群と偽薬＋CM群において認められた。BeckのCBTにおける（終了者の）最終評価得点を見ると（本書p.205参照），分析にほとんど差を認めていないことがわかる。全ての治療法（偽薬＋CMも含めて）において，予後は大変に似通っている（表8.2）。

　Elkinら（1989, p.977）は自ら以下のように結論づけている。「この研究の主要な分析において，精神療法がイミプラミン＋CMよりも有意に劣る（または優れる）という効果を持つ事実はない。」そしてIPTとCBTの比較に触れ（p.979）：「うつ病症状の評価と全体的な有効性から見ると，いずれの精神療法が優れて効果的だという事実を見いだせない。（……主要分析に

表8.2 治療終了時の寛解患者の割合

	IPT	TCA＋CM	CBT	偽薬＋CM
終了した対象（N＝155）	55%	57%	51%	29%
対象全体（N＝239）（脱落例を含む）	43%	42%	36%	21%

(Elkin ら, 1989 より転載)

おいて，存在するかもしれないどんな large effect の違いを検出するのに充分な解析力はあったけれども）。」

　偽薬＋CM と比較して，IPT の特異的な効果についての証拠は限られており，CBT の特異的な効果的については証拠がなかったが，筆者たちはこれらの結果から，明らかではないにしろ，偽薬＋CM よりもイミプラミン＋CM が，わずかに優れているというさらに驚くべき結論を述べている。12 の主要分析のうち 4 つだけが有意差を示したことは，薬理効果のある三環系抗うつ薬と薬理効果がない偽薬とを直接比較したものを含んでいるために非常に難解な結果となっている。実際，専門家の間で，この薬物治療が明らかに失敗したことは多くの議論が当初から行われている（例えば，Klein は編集者への手紙で，異なる統計学的分析が用いられていると示唆し，その返信も Archives of General Psychiatry, 47, 1990, p. 682〜688, に掲載されている）。

　以前の予後研究よる Beck うつ病評価尺度（Beck Depression Inventory : BDI, Beck et al., 1961）における得点変化率の比較では，3 つの効果的だった治療法が改善率において先行研究と大まかに類似していた（CBT，62%；IPT，70%；TCA＋CM, 76%；偽薬＋CM, 61%；ここで TCA＋CM がいずれの TCA 単独の先行研究よりも良い改善率を示していた。それは恐らく「臨床的管理（CM）」を慎重に記述し，指揮したためである）。印象的だったのは，偽薬＋CM 群が先行研究で効果的とされた治療法と同等の効力を示したことである。Elkin らはまた，何らかの理由で，偽薬が標準的な知見で用いられるよりも今回の方が効果があったというのは，やはり，臨床的管理によるものであろう。これら異なる治療法が同等の予後をもたらすという結果が普遍的ならば（例えば Murphy et al., 1984），予想外だが，偽薬治療は効果的でなければならない。これは Hamilton スコアが 20 点以下の患者において最も驚くべきことであり，TCAs による治療も精神療法も，全て，偽薬＋CM 以上の有効性を持ちえないことになる（しかしながら，偽薬はもっ

と重症の亜群にはさほど有効でないことは注目に値する)。この結果は,重症度の低いうつ病患者においては薬物療法の支持者も精神療法の支持者もともに脅かす可能性がある。

　それ故に,偽薬+CM治療の治療的特性とは何かについて理解するためにさらなる研究が必要である。明らかに何かが起こっている。これらの疑問についてさらに研究するには精神療法における「競走馬」モデルから脱することが必要である。競走馬モデルでは,予後研究は,それぞれの理論や弟子たちという多くの競争相手による最終ラインへの競走として見なされる。確かに,これら効果的な治療法全てにおいて,各々効果を発揮する方法を調査しなければならない。NIMH研究における偽薬+CM条件が効果的であったことを考えると,単に患者の楽観が増しているためではないかと思えてくる。もしくは錠剤や助言によって,回避してきたことを試していくための度胸がついたのであろうか。対人関係精神療法の前提となる理論は,臨床的管理により,患者が苦悩を乗り越え,役割が変化するきっかけとなり,対人間における争いごとを解決し,対人関係の欠陥を補うことがいくらかでも起こることを意味している。認知療法が仮定している理論の前提は,患者が,否定的思考から距離を置き,自己制御感や喜びを得るための方向性を得て,そのことによって自分自身に対する機能不全的な状態に彼らが取り組めることで回復するというものである。

　対人関係,認知,行動的な変化が起こることは,全て大いにありえそうなことである。さほど重症でない患者群においては,これらの変化はもっと容易に起こるのかもしれない。さらに重症な患者においては,このことはそれほどはっきりしていない。これらの患者では,治療と施設の間における相互作用は一致していた。一施設において,認知療法は非常に有効であって,イミプラミンと同等の結果を示した。別の施設では,IPTが同様に効果的であった。そのためNIMH研究からは重症うつ病患者ほど抗うつ薬治療に反応しやすいと結論することはできない。他の研究(例えばHollon et al., 1992)によるとこのような反応の相違は認められないとされている。この問題にはさらなる研究の余地が多く残されている。

再発・再燃の予防

初期治療に反応した後に再燃する患者群の割合は，その患者の重症度，フォローアップ期間，再燃の定義により様々である（表8.3参照）。「再燃」とは，患者が急性期症状に対する治療には効果的に反応したということを意味している。このような効果的な治療の定義は研究ごとに様々であるが，たいていうつ病尺度における点数がある程度低下したことから判断され，それはHamiltonうつ病スケール（推奨カットオフポイントは6点か7点）やBeck Depression Inventory（BDI）（カットオフは15点以下〈部分寛解〉や9点以下〈完全寛解〉）などが用いられている。したがって再燃とは，これらのスケールにおいてカットオフ以上に患者の得点が上昇するか（例えば，2週間以上にわたり連続してBDIスコアが16点以上，Evans et al., 1992a），治療中断していた患者がうつ病治療のために再来することであるとされる。これらの再燃とその定義を概観したければ，BelsherとCostello（1988）を参照されたい。

Klermanら（1974）は，神経症性うつ病の外来患者における36%が，4～6週間のアミトリプチリン100～200mg/日の初期治療に反応し，（もし治療を追加しなければ）その後8ヶ月以内に再燃したと報告している。英

表8.3 抗うつ薬による急性期治療や維持療法により回復した後に再燃した患者の割合

研 究	治 療	初期治療反応後の追跡期間（月）と再燃（%）				
		6	8	12	18	24
Klermanら (1974)	TCA[a]（急性期）		36			
	TCA（＋維持療法）		12			
Mindhamら (1973)	TCA[b]（急性期）	50				
	TCA（＋維持療法）	22				
Prienら (1974)	TCA[c]（急性期）					92
	TCA＋リチウム（＋維持療法）					48
Glenら (1984)	TCA[d]（急性期）	56		67		78
	TCA＋リチウム（＋維持療法）	34		45		59

[a] 4～6週の三環系抗うつ薬
[b] 3～10週のイミプラミン／アミトリプチリン
[c] イミプラミン
[d] アミトリプチリン

国多施設医学研究会議（UK Medical Research Council Multicentre Trial）(Mindham et al., 1973)では，さらに重症な外来うつ病患者では，もし継続治療がなされなければ，初期治療に反応した患者の50%が治療終了後6ヶ月以内に5再燃したと報告している。米国精神保健研究所（US National Institute of Mental Health Study）(Prien et al., 1974)は，さらに重症なうつ病患者について調査し，初期治療に反応した偽薬維持療法群の92%が2年以内に再燃することを見いだした。このような結果は，その後行われたアミトリプチリンやリチウムの維持療法についてMRC研究でも繰り返して認められた（Glen et al., 1984）。初期治療に良好に反応した6ヶ月後には，継続治療されなかった患者の56%が再燃し，12ヶ月後には67%，24ヶ月後には78%に上昇していた。

表8.3に示した一連の研究のいずれもが抗うつ薬やリチウムの維持量がどのくらい再燃の可能性を減少させるのかを検討している。具体的な値は治療されたうつ病の重症度により異なるが，およその再発率は（少なくとも）薬物的維持療法により半減することがわかった（8ヶ月後に36%から12%，Klerman et al., 1984；6ヶ月後に50%から22%，Mindham et al., 1973；24ヶ月後に92%から48%，Prien et al., 1974）。MRC研究（Glen et al., 1984）では，しかしながら，より悲観的な評価が示されている。彼らは6ヶ月後の再発率は56%から34%に減少させられるとしながらも，12ヶ月後には45%，24ヶ月後には59%の患者が維持的な薬物療法を受けていながら再燃したと報告した。急性期治療期に反応した患者を良好な状態に維持することは，メンタルヘルスにおける取り扱うべき主要な問題である。再発・再燃の予防として維持的薬物療法だけを信用することは，薬物の長期使用という観点からよくない。これは患者が継続して服薬するかどうかにかかっており，また過量服薬の危険性をはらんでおり，心疾患のある患者には危険であることもあり，長期間にわたって不快な副作用に悩まされるかもしれない。認知療法が役に立てるであろうか？

これまで4つの予後研究があり（表8.4参照），それらは初期治療において三環系抗うつ薬治療を認知療法と比較し，初期治療を受けて反応した患者について，その後12, 24ヶ月後の予後を調査したものである（Evans et al., 1992a；Blackburn et al., 1986；Simons et al., 1986；Shea et al., 1992；Elkin et al., 1989のNIMH研究は18ヶ月の追跡調査した）。これら各々の研究によっ

表8.4 抗うつ薬，認知療法，両者の組み合わせによる急性期治療により回復後，再燃した患者の割合

研究	治療	初期治療により回復した患者における追跡期間(月)と再燃(%)			
		6	12	18	24
Simons ら (1986)	TCA[a]		66		
	CBT		20		
	TCA＋CBT		43		
Blackburn ら (1986)	TCA[b]				78
	CBT				23
	CBT＋TCA				21
Shea ら (1992)	TCA[c]＋CM	11	28	50	
	CBT	9	9	36	
Evans ら (1992)	TCA[c]				50
	TCA（＋12ヶ月の維持療法）				27
	CBT				20
	TCA＋CBT				15

[a] ノルトリプチリン
[b] アミトリプチリン，クロミプラミン
[c] イミプラミン

て，表8.3に示したように，三環系抗うつ薬に反応した患者は，薬物療法による維持療法を受けていない群と同様に再燃する可能性があった（Evansらは24ヶ月で50%；Simonsらは12ヶ月で66%；Blackburnらは24ヶ月で78%；Sheaらは12ヶ月で28%と18ヶ月で50%であった）。

しかしながら，これらの研究からまた，急性期治療中に三環系抗うつ薬治療に認知療法が併せて行われた場合，患者の再発率は，低下することが以下のように示された。Evansらによると，24ヶ月後に50%から15%に低下していた（認知療法単独では20%）。一方，維持的な薬物療法をその後12ヶ月間行った時の再発率は27%であった。Simonsらは12ヶ月後の比較で66%から43%（認知療法単独では20%），Blackburnらは24ヶ月で78%から21%（認知療法単独では23%），Sheaらは12ヶ月でTCA＋CMでは28%（認知療法単独での再発率は9%）であるとした。18ヶ月後において，TCA＋CMでは50%の再発率が認められたのに対して，CBT単独では36%の再発率であった。

Sheaら（1992）は他の研究に比べてさらに厳格な回復の基準を用いたこ

とに注意しなければならない。彼らは，患者が回復したと判断するためには，症状緩和が8週間続かなくてはならないとした。この定義に従って完全に治療回復したとされるのはわずか48%（N=78，従来の報告のわずか3分の1）であった。このようにこの研究で回復したとされる患者は他の研究で回復したとされる患者よりも真の意味で回復したと言えると思われる。再燃は，フォローアップ期間中に最低2週間続いて大うつ病の診断基準を満たすものとされた。もし，再燃をこの基準を満たすか，最低3週間続くうつ病治療と定義するならば，CBT患者の14%が12ヶ月のうちに再燃しているのに対してTCAでは50%（IPTは43%）であり，18ヶ月ではCBT群の41%が再燃，TCA群で61%，IPT群で57%であった。最初の12ヶ月のフォローアップ期間で回復した患者において，CBT群のわずか5%が治療をさらに継続することを望んだが，IPT群では38%（$\chi^2=7.43$，$P<0.007$）であり，TCA群では39%（$\chi^2=7.3$，$P<0.007$）であった。18ヶ月以上の治療継続を望む率の比較は，CBT，IPT，TCA群において各々，14%，43%，44%であった（CBTとの比較で各々$P<0.03$）。18ヶ月以上のCBT治療によりフォローアップを受け回復した患者は，平均4.2週さらに継続して治療を受けた。イミプラミン治療を受け回復した患者は，さらに平均20.3週の治療を受けた（$P<0.017$）[注1]。

これらの研究は，そのうち3つの報告で（Evans et al., Simons et al., Shea et al.），急性期治療での三環系抗うつ薬治療と認知療法，また2種類の治療の組み合わせにおいて再発率に違いを生じないことを認めなかったにも関わらず，再発率は異なるという証拠をいくつか見いだしているのは興味深いことである。これら結果を信頼すれば，慢性的なうつ病再発の治療法における重要な提言を示していると思われる。

CBTによって再発が予防されることを論じるときに，HollonとBeck（1995）が重要な警告を提言している。認知療法に反応し（それによって研究のフォ

注1　これらのデータは，Sheaら（1992）から引用し，分析結果は，筆者（1992）のpsychological treatment of depressionから引用した。研究者には発表前の論文を使用することを許可していただき，Tracie SheaとIrene Elkinには，追跡研究についての表記に間違いがないか，この章の草稿の段階で，さらに確認していただいた。しかしながら，論文が最終的にArchives of General Psychiatry誌に発表されたときには，データに違いが生じなくとも，統計分析によって群間の再発率における有意差は消失することもある。

ローアップにつながった）患者は，何らかの点で三環系に反応した患者とは異なる可能性がある．別な言い方をするならば，「判別のふるい」効果があるかもしれない．CBT に反応した患者は何らかの理由で再発する可能性が低いかもしれず，再発率においてこれらの患者と三環系に反応した患者の違いは，この対象群のもともと異なる因子によるもので，治療の効果ではないかもしれない．しかし，このふるい効果の可能性を検証する研究はなにもなく，推論の域を出ない．

　結論として，認知療法はうつ病に対する構造化された精神科治療としては経験的に妥当なものであり先駆的な治療法である．三環系抗うつ薬治療に効果が劣るという研究はなく，4人の研究者が再発予防においてより効果的と報告している．現段階では，うつ病治療において最も有意義な効果を期待できる治療法のひとつである．

変化のメカニズム

　ここまでの議論では，認知行動療法は，数ある構造化された心理療法の中で，うつ病急性期の治療に有効であると証明されたひとつに過ぎないことを指摘した．このために，各種の構造化された心理療法によりもたらされたうつ病患者の変化は，非特異的である，または，各種心理療法がもたらす治療効果は共通の核心的特徴を持っているからであると考える研究者もいる．例えば，Goldfried (1980) はほとんどの治療法においてはその治療戦略に次のものが含まれていると言っている．(1) 患者に新しい矯正体験を与える (2) 患者に直接フィードバックを提供する (3) 患者に治療が助けになるという期待を持たせる (4) 治療的関係を形成する (5) 患者に現実を繰り返しテストする機会を与える．うつ病により特異的な焦点を当てて，Zeiss ら (1979) はうつ病治療で効果的な治療法に共通する要素を抽出した．まず第1に，彼らは患者が自身の行動を制御でき，それゆえにうつを制御できるのだと確信させる基本的構造を形成する念入りに良く計画された論理を見いだした．2番目に，患者が自分の人生の問題を解決するためにより有効だと感じるような技術のトレーニングを実施した．3番目に，このような治療法は，患者に治療の場以外でも技術を自由に活用できることに力点を置き，患者が1人でもその技術を十分に用いられるような構造とした．最後に，そのよう

な治療法は，患者の気分の改善が治療者のおかげではなく，患者自身の技術が上達したためだと感じられるように励ますことを挙げている。

これらの要因はいずれもある意味，治療法が異なっても自分の有用性（self-efficacy）や問題解決能力をより高めるものである。しかし彼らは，そのような成果をもたらすメカニズムについては述べていない。このことは，自身の有用性・技術・問題解決能力を高められない，と感じる患者をかかえる治療者の助けにはならないことを示している。すなわち，このような説明は，「最終的な共通の道すじ」を示しているもので，治療内容の詳細に欠けている。これらは，精神療法によって最終的にどのように変化が得られるかということの正しい説明であるかもしれないが，仮にそうであるとしても，最終的な効果をもたらすのに常に同じ変化のメカニズムが関わっているということを必ずしも示唆していない（Hollon et al., 1987）。多くの様々な個々の要素から最終的に共通の道すじを通って，同じ結果がもたらされるということは十分ありそうなことである。

認知療法に関心を持つ研究者にとって大事なことは，変化をもたらす認知メカニズムをできる限り最初から最後までの流れについて説明できるものを考え出すことである。そのことが済んでから初めて，これらのメカニズムをいかにして評価するのが最も適しているかを議論するのができるようになる。

ここで，以前記述した考え（Williams, 1992）——気分と認知は2つの側面でうつと関係がある——を再検討してみたい。まず時に，気分と認知は，悪循環を断ち切るような反対の情報が無い場合や，普段なら悪循環を断ち切るような情報でも，あまりにも抽象的であったり，あまり詳細でなかったり，想像できないものである場合には悪循環を断ち切ることができず，らせん状に落ちて行ってしまうのである。第2に，気分と認知は，具体的な代わりとなりうる基準があるわけではないので，気分そのものが自分を語る真実の基準として用いられている（Schwarz and Clore, 1983参照）。彼が示唆しているのは，たとえその気分が過去に引き起こされたものであっても，現在感じている気分と一致するならば，真実として受け入れられるであろうとするものである。

認知療法に引き続き，患者は抑うつ気分を経験することもあるが，患者は以下の経過をたどることが多い。(1) 気分が否定的な思考やイメージを活性化するのを防ぐことを学ぶ。(2) 現在の考えの妥当性について考える情報源

として，その気分を取り扱わない（MacLeod, 1989）。2つの変化に共通なのは，気分とは別の情報を，特異的で想像可能であり具体的であるといった，役に立つような形で思い出す能力である。このことがなされなければ，患者の治療への反応は鈍く，再燃の可能性が高くなるであろう。我々自身の研究だが，そのような情報源としての自伝的記憶の役割について調べた。以下に，うつの患者は特定の情報を思い出すのが困難であるという見解に焦点を当て，その考えの詳細を述べる。人が記憶を欠落すると，いくつかの重要な結果が引き起こされる。例えば，過去の記憶の再解釈に障害が生じるとか，気分と思考，行動で可能性のある結びつきをあいまいにしてしまったり，患者が現在の問題に対処するのに別の方法を考え出すのを妨げてしまう，などである。

うつ病と自伝的記憶の特異性

うつ病患者の自伝的記憶は，単に偏りが認められるというのではなく，彼らの人生に起こった否定的な出来事に比べて肯定的な出来事を思い出しづらいということがある。加えてうつ状態にある人は彼らの記憶を過度に一般化する傾向があるということを我々は報告した（レビュー参照，Williams, 1996）。典型的な例としては，患者に彼らの記憶についての手がかりとなる単語や語句を提示してみることである。それらは肯定的（例えば，幸せ，安全）であったり，否定的（例えば，怒り，悲しみ）であったりする。はじめに個々の単語の後に患者に単語から想起される出来事について考えてみるよう説明する。特定の出来事，特定の場所，特定の時間に起こった事柄を想像することを要求していることを強調する。患者に治療者が要求していることを理解するまでいくつかの練習用の語句を提示する。多数の研究から，うつ病患者はこのような手がかりから思い出すのは，特定の出来事（例えば，この間の火曜日に散歩に出かけた）ではなく，出来事を要約して一般的な描写であることが多いことがわかっている。

この現象は認知療法においてうつ病患者に起こる事柄に似ている。治療者が患者に過去のことについて尋ねると，患者は「以前は一緒の時はいつもそのように楽しく過ごしていた」とか「私がすることはいつもうまくいかない」などと答える。もし治療者がそのような一般的な発言の対象になる出来事を特定しようと尋ねてみると，患者はその特定の出来事を思い出すのに大変な努力を要することがある。このことは，（人があまり語りたくないような）

否定的出来事だけでなく，肯定的な出来事についても当てはまる。

我々はこれらの現象を記憶に関する理論を用いて説明してきた。その理論で仮定されているのは，記憶は階層構造をしており，一般的な記憶情報である「上層」は，それよりも特異的で詳細な情報である「下層」に対する見出しの役割を果たすことがあるということである。このようにこれら上層は記憶の符号化や想起の中間段階として働いている。ある出来事について想起しようとすると，まず「上層」の一般的な描写が生じる。この描写がそれより「下層」の記憶の「データベース」から適切な候補となる記憶を検索するのに用いられる。例えば，「幸せ」という手がかりとなる単語への反応では，「どのような人，活動，場所によって幸せになるか」というこの言葉の持つ潜在的な質問に基づいて中間的な描写を思い浮かべる。この「上層」描写は，「庭いじり」「ガールフレンド」「友人と飲むこと」などであろう。うつ病患者はこの中間段階で行き詰まってしまい，特定の出来事を想起させるような一般的な描写を利用できないでいると思われる。我々は，「記憶の内鍵」という言葉を用いて，この現象を記述し，TeasdaleとBarnard（1993，4章参照）で議論したうつ病患者の抑うつの内鍵についてわかりやすく述べた。記憶の内鍵は，中間描写が自己参照を含めた記憶検索に用いられている部分であると考えられ，特定の出来事に対する記憶ではなく，他の一般的な自己描写を生じさせるように思われる（Williams, 1996）。TeasdaleとBarnardの説と結びついて示唆されることのひとつに，うつ病の再燃を予防することに必要（4章）とされる，非うつ病的な心理的位置は，特定の記憶を想起する能力によって特徴付けられると思われる。その源泉やメカニズムがなんであろうとそのような記憶の内鍵がその他の心理機能に与える効果はどのようなものなのかという疑問が生じる。ここで，古い記憶の再構築，試行・情動・行動の連携に関する認知，問題解決，うつ病の持続に及ぼす記憶の内鍵の効果を考えなければならない。

過度に一般化された記憶の効果

出来事を一般化して符号化したり引き出したりすることは過去についての再解釈や再図式化を妨げてしまうと私は考えている。例えば，誰かが道を歩いていて患者のことを無視したら，患者は「上層」記述において「人々は私のことを気にかけたりしない」や「私のことを嫌っている」などとして符号

化してしまう。実際何が起こったのかという詳細な「下層」を想起しない限り，その出来事に関して異なる結論や異なる解釈へと結びつくような他の情報として想起されたりする。

　第2に，一般化して想起するスタイルは，患者が日記をつけようとするときに最もよく見られ，日記をつけるのが行き詰まってしまうのである。なぜなら日々の生活面を記録する能力は，認知療法の基礎であり，感情と精神内容との特定の関連を観察しないので，特定の出来事を符号化したり，想起することが困難となり，日記をつけられなくなるのである。

　第3に，過度に一般化して想起することは，問題解決へも影響する。問題解決は，いくつかのステップよりなる（D'Zurilla and Goldfried, 1971；Goldfried and Goldfried, 1975）。第1は，問題への一般的なオリエンテーションである。人は，問題が存在すると認め，できるだけ正確に何が問題かはっきりと表現できなければならない。次の段階は，可能なだけ多くの解決方法を考え，そしてそれぞれの方法を実行することによる利点と欠点を評価する。最良の結果を導くと思われる方法が選ばれ，実行され，その効果が評価される。うつ病患者ではそのように問題を解決するのが困難であるにほぼ間違いない。例えば，うつ病患者はうつ病でない人のようにいくつもの解決方法を考えつくことができず，彼らが考えつく方法はうつ病でない人が考えつく方法よりも（第三者が判断した場合）効果的でない傾向がある（Marx et al., 1992）。

　うつ病患者は現在直面する問題を効果的に解決するためのデータベースとして「上層」記憶を使用してしまうために，問題解決が妨げられるのである。特定の情報が欠如しているため，このデータベースは非常に制限されている。Evans ら（1992b）はこの仮説を検証するために，自殺企図者のグループにおける自伝的記憶の一般化の程度と，手段—結果問題解決課題（Means-Ends Problem-Solving task：MEPS）（Platt and Spivack, 1975）に対して考えついた解決策の効果度の2つを測定した。我々は，それらが非常によく相関していることを見いだした。特に記憶に困難を感じていた人は，低い効果しか得られない問題解決しか考えられなかった。

　最後に，過度に一般化して想起することは，治療の進展を遅らせる。うつ病の回復と再発の予測に関する研究により，（入院時の評価で）肯定的な記憶を想起する際の過度な一般化は7ヶ月後のうつ病の重症度を予測するとい

うことが示されている（Brittlebank et al., 1993）。同様に DeRubeis と Feeley (1990) は，治療者がより「具体的な」戦略を使用すれば，治療初期にうつ症状はさらに減少することを見いだした。これらの知見は全て，自分自身の出来事を想起する方法が，気分と問題解決能力を決める上で非常に重要であるという考えと一致している。

　そのような記憶の問題が，うつの遷延化のみでなく再燃と再発の可能性についても予測因子として関連しているかどうか研究してみることは興味深いことである。現在のところ再燃予測に関する結果については，いくつかの異なる解釈が示唆されている。3つの研究（Eaves and Rush, 1984 ; Simons et al., 1986 ; Hollon et al., 1990）がなされているが，それらの研究においては（まだある程度の気分障害が残っている）患者の退院時に，機能不全的な態度や性質を評定している。どの研究においても，機能不全的な態度や性質は，再燃の予測に大いに関連するものであった。結論として，我々がここで測っているものは，機能不全的な思考を大きく変化させてしまうわずかな気分の障害の力である。もしも機能不全的な思考が，患者が抑うつ状態でない時に評価されていたら，再燃を予測することはできない。認知のいくつかの要素を変えることでその効果を発揮する認知行動療法の特異的な効果について最もうまく証明したのは，Evans と Hollon のグループである。Hollon ら（1990）は CBT は，抗うつ剤による治療よりも，機能不全的な特性に大きな変化をもたらしたと報告した。さらに，発症モデルでは，CBT が再燃予防にどの程度効果を発揮するかは，急性期治療中のその特性の変化に最も直接的な関連があることを示している。

　CBT の予防効果は，患者が問題となる否定的思考から「離れること」を学ぶことによるものであり，そしてそのことによりさらなる気分の悪化を防ぐものであると思われる（Beck et al., 1979 ; Williams, 1992 ; p. 264-265 ; Fennell, 1989）。CBT の予防効果に関する詳細な情報処理分析（Teasdale et al., 1994）において，我々は，そのような考えを離すことによって，再燃へと結びつくようなうつの反すう思考サイクルを中断することを患者が学ぶことができることを示した。そのようなサイクルと，抑うつ気分の増悪や遷延化が関連していることがわかっている（Nolen-Hoeksema, 1991）。現在我々は，自伝的記憶に見られる特徴が，そのようなサイクルを避ける能力に影響するかどうかを研究中である。

結語

　認知療法は，出来事をよりうつ的に解釈してしまうことにとらわれて生じる誤りや偏りを修復する。これは，患者に症状を自己管理することができる方法を提供することによってなされたり，また，不確実性の状況で判断に間違いを起こしてしまう手法について自覚させることによってなされたりする。認知療法によってうつ病を再発する脆弱性が低下することを示唆する論文が数多く発表されてきている。それは，気分障害の小さな変化が大きな認知変化を引き起こすことを防ぐことによりなされていると思われる。これらは，否定的思考，無力感，機能不全的態度，間違った特性，通常起こりうる（特にうつの既往がある人に生じる）偏った情報処理などを防ぐことである。すでに機能不全的な思考と否定的な自己描写の程度がうつ病の再燃と再発を予測することがわかっている。それは認知療法の重要な側面が，気分障害と自己に関連する否定的なものが作り上げたものとの関連を断ち，否定的な思考や仮定，恐れの真実の尺度としての気分の役割を弱めることであるという仮説への，小さな1歩だが，重要な1歩である。最後に，これからも，重要な認知過程（我々が突き詰めたような自伝的記憶の側面など）を研究することは重要であり，そのことで，このような変化をもたらす認知療法の治療効果の基盤となっている情報処理過程を説明できるようになる。

謝辞

　この章は筆者の1992年の著作(The psychological treatment of depression)の上に改良を加えて論じた。多くの貴重な討論をさせていただいたDavid Clark, John Teasdale と Zindel Segal に感謝する。

第9章
心 気 症

Paul M. Salkovskis and Christopher Bass

　健康に関する深刻な不安（心気症）についての理解と治療への認知行動的アプローチに関する研究は，その起源をいくつかの領域，殊に強迫的問題（6章参照）とパニック（4章参照）に関する研究に求めることができる。Michael Gelder は身体的障害と健康不安の理解と治療に直接貢献するとともに，その発展を促した。彼は精神医学のみならず，一般臨床においてもこの問題が重要であると気付き，認知行動療法的アプローチが，この問題にどれほど有効に応用できるかを最初に理解した1人であった。

定義

　心気症（hypochondriasis）の基本的な特徴は，深刻な病気を持っているとの信念または恐怖に心が奪われることである。それは心理的反応の大きさを説明するに足るような病理所見に欠け，そして「医学的に問題ないとの保証があるにも関わらず」生じるものである。そのような不安は，深刻な病気の証拠であると誤って解釈された身体的な徴候と感覚の認知に関係している。心気症は健康に焦点を当てた不安の連続体の極限を現している，との考えが出されている（Salkovskis, 1989；Warwick and Salkovskis, 1989b）。健康不安は身体疾患を含む精神科の対象以外においても生じる。
　健康不安に苦しんでいる患者は，あらゆる領域の医療から得られる資源を無駄にしてしまう（Katon et al., 1984；Kellner, 1985；Mayou, 1976；Warwick and Salkovskis, 1989）。長年にわたり，心気症は常に他の疾患，特にうつ病に，二次的に生じると信じられてきた（Kenyon, 1965）。より最近の研究では，一次的な心気症が一般的だと示唆されている。この区別は心気症状を呈

している患者の評価と管理に関して大きな意味を持つため重要である。

心気症の罹病期間と経過に関しては良くわかっていない。DSM-IV では心気症の定義に少なくても6ヶ月の期間を必要としているが（APA 1994），慢性的障害と，より短期間に起こる型の関係に関してはほとんどわかっていない。心気症が短期間で済む予後の良い患者の一群は確かにあるように思える。

有病率

一般人口における心気症の罹患率は不明である。ほとんどの方法は連続的尺度に基づくため，心気症症例とそうでない症例との区別は，程度の問題としてなされる。Kellner（1985）の推測では，心気症は異なる地域集団により3%から13%の範囲であり，合理的な心配から持続的な無能力に陥らせてしまうような恐怖にまで至る病気への心配は正常人の10〜20%に生ずる。Barskyら（1990a）は6ヶ月にわたるDSM-III-R（APA 1987）に当てはまる心気症は，外来患者の4.2%から6.3%だと報告している。

我々は心気症を，一過性にも比較的長く続くものにもなりうる現象であると見なしており，Tyrerら（1990）は，心気症患者の一部は，精神障害よりも人格障害を持っていると論じている。彼らは標準化された研究手段を用いて，感情障害患者群の8.6%がこの種の人格障害を持っていることを発見した。このような異なるタイプの心気症のリスクファクターを確定するためには，明らかに，より長期のデータが必要とされている。

合併症

上述のように，心気的症状は（二次的心気症として）うつ病に一般的であるが，同時に，心気症においてはうつ症状と著しいやる気の喪失が一般的である。パニックと強迫的問題の合併率が高いとの新たな証拠も挙がりつつある（Noyes et al., 1986 ; Salkovskis et al., 1990 ; Salkovskis and Clark, 1993）。Barskyら（1990b）は「一過性の心気症」患者とDSM-III-Rの基準に合う（症状が最低6ヶ月続く）心気症患者とを比較したところ，「一過性」の患者群の方が精神障害は少なく，身体疾患の罹患率が高かった。また，「一過性」群と非心気症対照群とを比較すると，「一過性」群の方が精神障害，人格障

害が多く，身体感覚に対する気付きが亢進しており，身体疾患をより多く持っていた。

治療の進歩

　心気症に対しては，過去多くの精神治療学的戦略が用いられてきたが，多くは治療不可能な慢性的状態であると見なされてきた。治療は試みられても意識下の動機，すなわち一時的もしくは二次的に利益を得，病気のままでいることの希求という心気症の一般的な理論に基づいていた（Kellner, 1986）。しかしながら，現代的な治療手法を用いた最近の非対照的研究では，かつて信じられていたよりもずっと良い結果が示されてきている（Kellner, 1983；Pilowsky, 1968；Salkovskis and Warwick, 1986；Warwick and Marks, 1988）。
　最近15年間の心気症治療の中で繰り返されるテーマは，1つは再保証を与えることであり，もう1つは回避を避けること（曝露を用いて確信を変える戦略）である。この一見相矛盾する戦略が，どちらも心気症の治療において提唱されてきた。保証を与えることによる戦略は，Gillespie（1928）とKellner（1982）を含む多くの著者によって論じられてきた。一方，曝露戦略（特に保証による不安の軽減が一時的であった患者に適用された場合）は，近年強迫性障害の治療から派生して発展した（Salkovskis and Warwick, 1986；Warwick and Marks, 1988）。
　Kellner（1992）は，この問題を扱った論文の中で，純粋な，もしくは症状が主として疾病恐怖である患者（病気になるのではないかと恐れて悩んでいる人々）にとって，曝露が最も有効な治療のようだと認めた。病気という確信を持つ人々（病気であると信じている人々）においては，彼は，症状の再認識，説明，教育，そして認知技法を含む「説得」手法を提唱した。しかしながら，続けてKellnerは，「治療戦略には患者が新しい病気になったという恐怖を抱いた時には，身体検査と保証を繰り返すことが含まれる」と言った。これはDSM-III-Rの診断基準を満たす患者にとって良い戦略であることは，まずありそうにない。というのも，このような患者は定義で，「医学的保証にも関わらず恐怖もしくは確信が存続し，社会的もしくは職業的障害を来している」からである。
　Warwick（1992）は，Kellnerが使った保証は，患者にとって第1に新し

い情報であり，一般的な医学的保証よりもより詳細で，より良く説明された可能性を示唆した。この議論は，"保証"についての注意深い定義が必要であることを明示している。概述したように，保証は様々な方法で提供されうる。そのうちいくらかは役に立つ。他はかえって不安を増すことがある。健康不安は保証されたことが原因で維持されることすらありうる。

　Salkovskis と Warwick が曝露と回避反応の要素を取り入れて治療に成功した2つの症例報告（1986）は，保証を求めることと強迫的儀式行動の間には機能的類似性があることを示している（Rachman et al., 1976 参照）。

　エイズを恐れる別な患者群（Miller et al., 1985）では，7例で認知行動療法が大きな成功を示している。パニックや強迫性障害に対する認知行動的アプローチに対するこの研究や，より最近の仕事からは，適切な理論的基礎があれば心気症に対して認知行動療法が有用かもしれないことが示唆される。強迫的反復と病気へのとらわれの基本的な違いのいくつかは，Rachman（1974）によって明らかにされており，この考察の多くは心気症に適応できる。心気症は，無意味だという認識を欠いた強迫的思考としばしば似た形をとる。

健康不安と心気症の理論

　心気症についての多くの精神力動学的な概念を支持する経験的証拠は何もなく，ただ歴史的興味があるのみである（Kellner, 1985）。精神分析的概念よりも密接に関連しており影響力があるのは，過程としての「身体化」の概念である。ある人は，苦痛を個人的に，社会的に認められた方法で表すことができないこと，そのために身体的症状として表出されることが示唆されてきた。

　身体化の過程で通常包含されるメカニズムは，精神分析の核となる水力学モデル（hydraulic model）に似ている。しかしながら，その基礎に内在的な心理学的病的過程が背後にある，という考えは研究の成果からは支持されない。すなわち，身体化を示す患者は精神的苦痛を実際に報告するのである。(Simon and von Korff, 1991)。最も大事なことは，この「水力学的」見方が，患者が「実際に」苦しんでいる症状に対する反応への臨床的，研究的注意をそらし，推測はされるが探知されていない，「深い」レベルでの苦痛に注意

を当ててしまうことにある。これは認知的見方——そこでは症状に対する解釈や誤った解釈が苦痛と不安の「体験」の中心であるとみなされ，選択的関心，精神身体的覚醒，そして信念に駆られる行動変化などのような過程が，苦痛の「維持」に決定的であると見なされている——とは明確な対照をなしている。

身体的感覚の誤った解釈が重要であると仮定されているのは，認知理論が発展したからばかりでなく，心気症の定義の一部を成しているからでもある。今や心気症患者では，正常の身体的感覚に対する「知覚」と「誤った」解釈の傾向の両者が，正常な人と異なっていることが実験的に証明されている (Salkovskis and Clark, 1993 ; Salkovskis, 1990)。さらに認知的要素のいくつかが，多くの深刻な心気症患者で，確認と保証を求める行動を突出したものとさせる。

理解と治療への認知行動学的アプローチ

健康不安と心気症の認知的仮説は，身体徴候や症状が実際よりも危険なものに知覚されて，何か特別な病気の可能性が実際よりも，高く，また，より深刻であると信じてしまうという中心的理解に基づいている (Salkovskis, 1989b ; Salkovskis and Warwick, 1986 ; Warwick and Salkovskis, 1989)。同時に患者は，自身を病気を避けることができないと考えがちであり，経過にも対処することができない（すなわち，知覚した徴候に対する効果的な対処の方法を何も持たない）ように感じてしまう。一般に知覚した脅威と不安の経験との関係を認知的に単純化して解析すると，次のようになる。

$$\text{不安} = \frac{\text{病気ではないかとの知覚} \times \genfrac{}{}{0pt}{}{\text{知覚した代償，不安}}{\text{病気の重み}}}{\text{病気に対処するため} + \genfrac{}{}{0pt}{}{\text{どのような要素が助けにな}}{\text{るかという知覚（救済因子）}}}$$

これらの認知的要素が崩壊するとこの式からわかるように，病気であることの恐ろしさを強く知覚すると，病気のようだという知覚が相対的に低くても健康に対して非常に不安になりうるということである（例えば，ガンだと

信じている人は，痛みによって無力となり，障害者であり，肉体的に不快で，愛する人から拒絶され見捨てられて，全体に人間性が失われたように感じるだろう）。さらに，この種の思考様式は，病気だろうというはっきりした知覚とあいまって，非常に極端なレベルの不安をもたらすようだ。治療的介入や定式化には，4つの要素すべてを考慮する必要がある。

　健康不安が深刻な問題に「発展」することに関して，病気についての知識と（自分自身もしくは他人の）過去の経験が，症状，病気や健康な行動についての特殊的な仮説につながることが提起されている。それらは様々な情報源，特に以前の経験，患者の社会的集団内での出来事やマスメディアから学習される。患者や家族における身体的病気の過去の経験や，不充分な医学的対処の過去の経験は重要だろう（Bianchi, 1971 参照）。さらなる要因は，メディアによって得られる情報である。「エイズ恐怖」で，その話題に関しての大規模な公共キャンペーンの後で症例が殺到したことは，その著しい例である（Miller et al., 1985, 1988）。

　「あらゆる症状には特定可能な身体的原因があるはずだから，身体の変化は通常深刻な病気のサインである」とか「何か変調があった時には少しでも早く病院に行かなければ手遅れになってしまう」というのが潜在的に問題となるような仮説の例である。他の信念は，特に個人的な弱さや特別な病気に関係している。例えば，「心臓病の家族がいる」「子供の頃から肺が弱かった」など。そのような信念は不安を引き起こす持続的な源泉で，脆弱性を持つ個人においては決定的な出来事によって活性化されてしまう。

　また，そのような仮定は，患者が病気を持っているという考えを裏付けるように見える情報に選択的に注意を向けてしまい，健康であることを示す証拠は選択的に無視したり，割引いて考えてしまうよう誘導しうる。それゆえ，一度決定的な出来事が，身体症状や徴候を深刻な病気を示すものだという誤った解釈を生じさせると，特定の仮定は，患者を確信的偏りに導いてしまう。決定的な出来事を構成し，眠っている仮定を活性化させる状況としては，馴染みのない身体の感覚や，同じ年頃の友人の病気を詳しく聞いてしまうことや，病気についての新しい情報などが含まれる。不安から生じた覚醒度の上昇の結果として，さらなる身体の感覚に気づいてしまう。健康について特に不安を感じるようになった患者には，そのような状況は，自身の身体の感覚や徴候の破滅的な解釈を表すような考えに結びついてしまう。逆に破滅的な

解釈は，次には2つの不安のパターンのうちのひとつへと導いてしまいうる。もし，感覚や徴候が（自律神経系の覚醒の結果として）不安の結果として増すものでなければ，もしくは，患者が恐れる破滅がすぐに起こるものと見なすのでなければ，反応は図9.1に記したように，認知，行動，生理，感情が関係した，健康に関する心気症的不安になるだろう（例：胃の痛みはまだ発見されていないガンのせいだろう）。一方，誤って解釈された症状が不安が起こした自律神経の覚醒の一部で，症状がすぐに破滅となるような徴候だと解釈すると（例えば，この動悸は私が今まさに心臓発作に襲われていることを意味する），さらなる症状がすぐに増してくるだろう。このような過程が続けば，より起こりやすい反応はパニック発作だろう（Clark, 1988；Salkovskis, 1988）。症状のタイプや恐れる病気の時間的経過が違うのだが，パニックと心気症の観念化は似ており，2つの表現はしばしば重なり合う（Noyes et al., 1986 参照）。

健康不安を維持する要素

一度健康に対する不安が発展してしまうと，その不安の維持には別のメカニズムが関与するかもしれない。

1. 健康に関することと症状自体に関する不安は，結果として身体的覚醒を起こすようだ。すると，患者は，増加した自律神経症状を身体的病気をさらに裏付ける証拠だと誤解釈してしまう。

2. 正常な身体的変化の知覚（例：食後の胃の膨張）や，それまで気付いていなかった体の特徴（例：しみだらけの顔色）のように，病気に関連した情報に対する選択的注意が重要なことがよくある。心配するあまり健康に注意を集中すると，病気に関する概念がすでにある場合，微かな身体の変化も意識に上ってしまい，既に存在している確信的偏りと，病気に関する心配に一致する情報認知に関する偏りを引き起こしてしまう。

3. 身体的病気を避けたり，チェックしたり，完全に除外したりする行動

(例：身体疲労や病気にふれることを避ける，医学書を読む，頻回の診察を受ける，身体をチェックし検査を受ける）は増大する症状と，それに対するとらわれを増加させることにより（後者は強迫的問題で見られるのと同じ形式である；本書6章参照）不安を持続させる。しかしながら，パニック障害患者に見られるようなより即時的な誤解釈とは異なり，心気症的に誤って解釈している患者では知覚した健康への脅威に対して医学的に解決して安心したいという部分がある。

不安の結果として生ずる行動は，不安を様々な方法で増強しうる。例えば，その行動は健康に関する不安に注意を集中させ続け，それゆえその不安を結果的に作り出し，破滅的な解釈の幅を広げ，恐れている結末を否定するものを避けてしまう。(Salkovskis, 1991, 1996 ; Salkovskis et al., 1995)。

このようなメカニズムで，図9.1に示されるように健康への固執が維持され，心気症的症状を悪化させてしまう。認知的行動的メカニズムによって増強された認知上の脆弱性に基礎を置いて考えてみると，このようなプロセスは一過性に健康のリスクに関する新しい情報を得ようとする人には誰にでも見られる（例：勉強中の病気の症状を知覚してしまう医学生，新しい医学的危険に関する報道への大衆の反応，診断のための検査を受けている，もしくは待っている患者）。選択的注意と点検行動は，強迫性障害における中和と同じように不安を長期間持続させるのに役立ってしまう（Salkovskis and Warwick, 1986)。

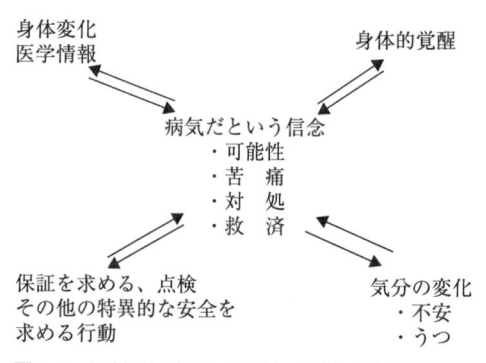

図9.1 深刻な健康不安の維持に関わる仮説的要素

認知行動療法

概観

　当然，心気症の治療には患者の抱える問題の心理的基礎に関して，この認知行動学的モデルへの理解を共有できるようになる必要がある。治療開始時には，このような患者は深刻なあるいは生命を脅かす病気にかかっているであろうと信じているため，このことは決定的に重要である。もし患者がこの信念を非常に強く持っているとしたら，心理学的（もしくは精神医学的）治療に取り組むことは考えにくい。心臓病やガンなのだと信じている心気的患者が心理学的手段で治療に取り組むのをいやがるのは驚くべきことではない。それよりも患者は，問題を適切な医学（内科）的手段で解決しようとする。したがって，治療の初期の段階では，患者が経験している困難に対しては別な説明があるかもしれないということを，理解することを助けることが必要である。患者には，個々の問題についての認知モデルが提示される。それは，彼らの問題に，まったく違った恐れの少ない説明を与えることである。それはつまり，自分はガンなのではなく，ガンなのかもしれないと心配して，信じているのだというものである。治療を効果的なものにするためには，リスクを減らそうとする実りのない試みよりも，そのような心配を減らすことに治療的戦略を当てるべきである，ということに患者が同意することが重要である。

　治療のこの段階（契約）では，患者の抱える問題についてなされる2つの説明は，相互に排除するというより，お互い並行するものとして考える。患者には，自分の体験についての2つの異なる見方の，どちらが合っているかを考えるように促す。治療者と患者がその2つの見方に達すれば，治療は2つの見方の相対的なメリットの評価へと進む。それぞれに沿う証拠，沿わない証拠が詳しく再調査され，議論される。

　しばしば議論は，その時患者の手に入らない，さらなる情報を求めなければならない点に到達する。そこに行動的な実験が入り込む。情報収集の練習があり，それは患者が自分の抱えている信念についての結論に達する助けとなる。例えば，患者は，胸痛が運動の前後に悪くなる傾向があると気付いているかもしれない。議論の間，それが運動の前なのか，最中なのか，後なの

か定かではない。これを確かめるために，治療者と患者は胸痛の程度を繰り返し判定しながら，病院の周りを爽快な散歩に出かけることになる。患者と治療者によって作成された認知行動学的定式，患者の経験がその定式にいかに当てはまるかという議論と，モデルをより明らかにするための行動的実験を用いた新しい情報に富んだ体験の間には，持続的な相互作用が存在する。認知と行動的要素は織り交ぜられるが，指導原則は常に，患者にそれまでこだわっていた信念に比べて，役に立ち恐れの少ない信念を考え採用できるようにするものである。

　健康不安の治療中，以前に不安と不快感を引き起こさせた要因は起こり続けるかもしれない。しかしながら，治療には身体の変化についての解釈を，この種の不安障害に苦しんでいないほとんどの人がしている解釈のレベルにまで修正する効果がある。身体の感覚や変化の数を減らすような直接的な試みがなされるわけではなく，患者は減少させようとするが，それを駆り立てている信念の段階で訂正される。しかしながら，幸運にも認知療法のいい副作用は，そのような症状が本当に減ることである。「正常な」人は，常に症状をコントロールしようとしたりしないことに注目すべきである。症状をコントロールするのに失敗しても，深刻な否定的結果は起きないので，コントロールは直接には役に立たないのである。

　治療の目的は，身体的病気を除外するより，むしろ患者に彼らの問題がどのように影響しているのかを同定することを助けることにある。このプロセスには治療者が初期に，患者の経験する症状は本当に存在し，治療の目的はその症状への満足のいく説明を与えることにあると認識することが必要である。このゴールを達成するためには，治療のセッションは決して闘いのようになってはならない。質問と協調が鍵となる技法なのである。患者の信念は，説得力があると彼らが見なしている証拠に常に基づいていることを治療者が忘れなければ，このゴールへの到達は大変単純化される。良い認知行動療法家は，信念に挑戦するプロセスを，患者が病気の証拠だと信じている所見を発見し，それに基づいて患者と共同して取り組むことから始める。最後には，定義に従えば，心気症患者は彼らの健康に関係する情報を誤って解釈する傾向にあるので，治療セッションの間に，言われたこととそれが彼らにとってどんな意味があったかを要約するよう求めることで，治療者は患者が言われたことを理解しているかをチェックすることは重要である。

心理的治療の評価

評価の導入と促進

　患者のかかえる問題の評価と治療の目的を紹介することは，自分の問題は完全に身体的なものであるので（したがって身体的な治療が必要なのに），心理的な治療に間違って紹介されてきたと信じている患者では特に重要となる。これらの信念は最初の面接を特に困難なものとさせうる。患者が，身体的に状態が悪く，評価と治療は心理的というよりむしろ医学的なものであるべきだと，治療者を納得させようとする意図だけで，患者が治療者にかかることに同意した時は特にそうである。治療者の最初の仕事のひとつは，患者の紹介に対する態度を，患者が，紹介された意味に関して抱いている考えに特に注目して，発見することである。例えば，ある患者が以下のように尋ねられたとしよう。「あなたの主治医があなたに対して心理学的な意見を求めて紹介しようと話した時，あなたはどのように反応しましたか？」それから「現在はそれについてどのように感じますか？」。反応は非常に高い頻度でこうなるだろう；「先生は，問題は気のせいだと考えています。さもなければ，彼は私のことを狂っているのだと考えているのです」もし患者がこのタイプの悩みを持っているのなら，さらに評価を進める前に，これらの恐れを鎮めることが大切である。患者の協力を引き出す有用な方法はこう説明することである。

　　私は，明らかに心理的というわけではないが，心理的な要素が含まれるであろう様々な問題を持つ人々を，手助けする仕事をしています。例えば，非常に重い片頭痛や，胃潰瘍，高血圧を患っている人，健康について困っている人などを助けるように依頼されることがよくあります。これらの問題のそれぞれについて実際に身体的な問題が含まれていることがしばしばですが，心理的な治療は問題に関わっているストレスを減らし，問題そのものから起こる余計なストレスを和らげ，人々が問題を抱えることに適応するのに役立つかもしれません。実際，初めにどんなことが原因であったにせよ，自分の問題について少ししか悩んでいない人を見つけるのは非常に難しいことです。

さらに有用な方策としては患者にこう話すことである。

　今の段階ではあなたの問題について，私はわずかなことがわかっているだけです。私にとってこの面接の目的は，あなたの問題とそれらがどのようにあなたに影響してきたかをもっと見つけ出すことです。心理的な援助はあなたにとって適当なものであるかもしれないし，そうでないかもしれない。今の段階ではそれを決める必要はありません。私がさせていただきたいことは，いっしょにあなたの問題を話し合うことであり，それから私たちで取り組めるかもしれないことがあるかどうか調べてみましょう。そして，私が行うような治療法があなたに有用かどうか話し合えるでしょう。

　時には，この種の話し合いには15〜20分を要するかもしれない。治療者の目的は，協力して問題を評価するように患者と十分な契約を交わすことであり，治療に患者を参加させるとこはその後の目標となる（以下参照）。しかし，これは，現段階では，必要なことでも望ましいことでもない。治療者が患者の問題について明確に心理学的に定式化できるまで，治療者は治療を申し出るべきではない。上記のような技法にもかかわらず，身体的な症状以外のことについて話し合うことに抵抗を示すごく一部の患者がいる。これらの患者では，評価についての契約は，治療を開始するために使用される方針にそって行われるべきである。

総合評価

　評価のための面接では，その問題に付随する生理的徴候と，彼らの身体的な状態についての患者の信念について重点を置く。問題に先立った，または伴った出来事，考え，想像，感情，あるいは行動のどのようなものにも注意が払われる。例えば，頭痛が主訴となる患者では，問題（頭痛）を悪くしたり良くしたりすることに気づいているかどうか尋ねられる。1週間のうちの特定の日なのか，1ヶ月の内のどのような時期か，あるいは1年の内の時期によっての何らかのパターンに気がついているだろうか？　症状が最も悪い時，起こりうる最悪のことは何だと患者は考えているだろうか？　特別な場合において，この恐れている可能性を特別にぞっとしたり，恐怖に満ちたも

のとする何かがあるのだろうか？

　非常に不安を感じている患者は，彼らに起こってしまうであろう最終的な事態について考えることにとらわれてしまうことがよくあるが，それを引き出すのは非常に困難かもしれない。この困難さは，患者が自分の恐れについてくよくよと考えないように，積極的に努めている時に特に明らかとなる。このタイプの認知的回避では，災難の考えを押さえ込むことを試みることによって，時には経験した症状について，死に物狂いで保証を求めることを通して行われるが，恐ろしい考えや想像が，何度も繰り返され不快にも躍進してしまう危険がある。その結果，こうした認知的回避の影響で"最悪の事態"に対する漠然とした恐れへのとらわれは，逆説的に増強していく。この例として，心配になった時には非常に緊張する，ということに気がついている1人の患者がいた。彼女の主治医は彼女に心配しないようにと，そして緊張で身体が硬くなってしまっても息をすることはできると話した。彼女はこのことこそが彼女に起ころうとしていることだという意味なのだとこれを解釈し，それが重篤な消耗性疾患の徴候であると信じ，身体のこわばりを医学的に解決することを求めた。代わりとなる，より有用な質問の仕方は，このように尋ねることである。「ご自分の問題の原因は何だと考えていますか？」「それはどのように働いてご自分の症状を生じさせるのだと考えますか？」

　治療者は問題に関係した視覚的なイメージを尋ねるべきである。例えば，足の痛みを訴える患者は，足が痛むことに気がつく度に，足が切り取られた視覚的イメージを同定することができた。このイメージは不安と痛みの感覚の双方の増加に関連していた。知覚されている病気の損害を評価することは，通常，「もし彼らが恐れていた通りに病気が進んだら何が起こるか」について患者が抱いている信念を治療者が探っていくことを含む。例えば，治療者はこう言うかもしれない。すなわち「あなたが非常にガンを恐れているのは明らかです。この恐れについてもっと知るために，自分が本当にガンになってしまったのだと感じられて仕様がなかった最近のことを思い出せますか？ガンについて不安になっているその特別な時に，どのようにそれが大きくなっていきましたか？　その時，ガンを患ったことについてあなたにとって何が特に恐ろしく思えますか？　あなたとあなたの愛する人にとって，それはどのようになりそうですか？」

　さらにどのように探るかは，明らかに患者からのそれぞれの答えによる。

患者が知覚している病気の結果は，患者を特に混乱させるものであり，彼らはしばしば，しぶしぶながらも，自分たちの不安を非常に詳細にわたり描写してくれる。評価と治療を通じて共感が非常に重要である。特にこの段階ではそうである。情報と情緒的な影響の双方を頻回にまとめることは，この問題に注目するに当たり，患者を勇気付けることに役立ち，また育ちつつある公式を強化し，反応を正常化する効果を持つ。例えば，治療者はこのように言うことでまとめられるだろう。

　ですから，あなたが腕の下にあるこれらの塊について，それほどまでに動転するのも実際驚くべきことではないのです。あなたは，それらが，あなたがガンになったことを意味すると考えるだけでなく，ガンがあなたをゆっくりと痛みを伴って死に至らせ，人間性を失わせ，最終的にあなたが死んでしまう前後に，家族がぞっとするような苦しみを受けるであろうと信じています。小さな娘さんの人生が完全に壊されてしまうと信じています。これらのことは本当に恐怖に満ちた考えです。こうした信念を持っている誰か他の人なら，どのように反応すると考えますか？　あなたと同じように振る舞うと考えますか？

　深刻な病気にかかっているのだと彼らに確信させている，そして健康と病気に関して誇張され機能不全に陥っている信念を評価すべきである。例えば，「身体的な徴候は，常に身体に何か不具合があるというサインである」，「絶対的な確かさで，病気でないことを知ることが可能である」。中には自分の問題について心配していなければ病気になってしまうと信じている患者もいる。このことは少なくとも2つの方法で働く。ひとつ目として，心配しないことが「魅力的な人生」であるように見え，このことは（それを避ける）強迫的な形式につながる。代わりに，心配することで，潜在的に危険な徴候が起こるかどうか確実に警戒し続けられると患者は感じているのかもしれない。それゆえ，心配しなければそのような徴候を見逃す結果になる。

　もうひとつのよくある問題は，健康に関する専門家は，深刻な結果をもたらすかもしれない診断上の失敗をしがちである，と信じる患者で起こる。そうした信念は，個人的な経験の結果として，あるいはメディアで出版されている例が原因として起こりうる。これらの信念を評価することは初期の評価

として重要な一部である．それらは，後に治療において，認知的な技法を用いて挑むことができる．ある信念は，それ自体は問題とならないかもしれないが，他の関連した信念と組み合わさって問題となりうる．例えば，「私の主治医が重い病気を本当に除外する唯一の方法は，私を医学的な検査にかけることだ」という考えと「もし私の主治医が私を検査にかけたならば，それは私に何か非常に悪いところがあると彼が確信しているということを意味するのだ」という考えの両方があることに患者が強く同意するのは，一般的に見られる．明らかに，もし両方の考えを持つならば，彼らのかかっている内科医は身動きが取れなくなる．もし患者が検査にかけられれば，検査にかけられなかった時と同様に特別に否定的に解釈されてしまう．場合によって将来適切な医学的紹介をするというにもかかわらず，患者が健康不安に対する持続的な変化を保証することを望むなら，この問題は治療過程の中で扱われる必要がある．

　患者の症状あるいは不安の結果としての行動を詳細に評価する．それらの中には実際に患者が何をしたか（例えば家に帰る，横になる，薬を飲む）だけでなく，あまりはっきりしない他の行動（自分の身体に注目する，破壊，他者に保証を求める，医学的な本を読む）も当然含まれる．彼らが自分でしたり考えたりすることは何でも質問される．患者にはこう尋ねる：「問題があなたを悩ませ始めた時，問題のために，しがちになったことはありますか？」「問題が存在する時，しようとしたことがありますか？」「明日その問題が落ち着いたとしたら，あなたの行動はどのように変化するでしょう？」医学的，または非医学的な情報源からの保証を特に評価すべきである．

　症状や不安，関連する考えに先立って行われる回避行動についての質問も，評価の内に含むべきである．例えば，患者はある特定の行動を習慣的に避けているのだとしばしば伝えてくるが，それに関連した考えを同定することは出来ない．治療者はこう質問できるだろう：「その行動を避けることができなかったとしたら，……その時起こりうる最悪の出来事とは何だったでしょう？」疼痛，心気症，過敏性大腸炎，頭痛を伴った患者は，しばしばこのタイプの予期行動を取ろうとし，したがって否定的な考えはほとんど報告されない．恐怖症で観察されるのと同じような回避の機能は，同じような方法で評価する．例えば，「その問題で，あなたがすることを妨げられることがありますか？」「もし，それらのことをしたり，あるいはしなかったりした

ら，起こりうる最悪のこととは何でしょう？」。

　問題についての全体的な説明が一旦得られれば，最近の出来事に対するより詳細な描写を引き出す。これは，患者がはっきりと思い出した最近の出来事から話を発展させると，最も上手くいく。「あなたの痛みがあまりにひどくて歩くのをやめた1番近い日は火曜日でした。悪くなりだした最初の徴候は何でしたか？」そして描写が進行するにしたがって有用な質問は，「傷みがひどくなったことに気がついた時，あなたの心によぎったものは何ですか？」「次に何が起こりましたか？」「その時，起こりうる最悪の出来事は何だと考えましたか？」「それが起こるのを止めようとして何かしようと試しましたか？」「それから何をしようとしましたか？」

セルフモニタリング

　初回の評価面接の後，すぐに十分な定式化が可能となることはほとんど無い。更なる評価のためにはセルフモニタリング（治療の有効性をはかるための基準点としても有用である）と自記式アンケートを完成させる時期を含ませるべきである。自己観察が始まれば，関連した適切なパラメータ（例えば焦点となる問題，出来事に関する考え，全体的な感情及び行動）について記録を続けることを求める。治療者が強調すべきことは，この段階で患者はそれらの間のつながりを確立しようとするよりも，問題に関連した考えや行動を描写すべきだということである。

　通常，治療者が入手できる医学的，精神医学的な情報を再検討した後で，少なくとももう1回の評価面接が有用である。また，介入の時期にも自己観察の情報が集められ話し合うための時間があってもよい。患者の病歴中，患者が経験する苦痛の程度を増強するような状況を考慮すべきである。例えば，ある傑出した競技走者はひどく足を傷め二度と正しく歩けなくなったという状況に陥った後に，続いて，慢性疼痛と肥満が増悪した。彼は痛みに気がついた時，いつも「もし二度と走れなくなったとしたら人生は生きる価値が無い。他の何物も価値がないのだ。」と考えた。

　内科医と他の専門家（例えば現在患者のケアに関わっている一般開業医）は，彼らの意見をつき合わせて心理学または精神医学的治療者の関与が必要であることを示すべきである。治療を課された医療の限界を明確化し，患者がそれに同意することが重要である。治療には薬物の減量，運動のプログラ

ムなどもしばしば含まれ，これらは関与している内科医と共同して行われるべきである。2回目の面接では，自己観察の結果が調べられ，患者が治療に参加する過程が始まる。自己観察は個人的なものにも標準的なものにもなり得る。セルフモニタリングは，一般に日々の日記に基づく。この中には，最初の評価で重要かもしれないと示唆された変数が含まれる。基準となる測定（例えば頭痛の強さ）は絶えず行われるが，日記に記録された他の詳細な事項（例えば脳腫瘍についての考え，ストレスの強い出来事，対処行動）は治療の進行により変化するだろうし，公式も洗練される。その後の治療で，治療で学んだ対処技術の適応と効果も記録される。例えば，

　慢性疼痛の患者で，彼が身体的な活動を制限しており，朝の内の大半をベッドで過ごしていたことが評価によって指摘された。活動についての日記で明らかになったのは，午後と夕方は，大抵同じ所でソファに横になって過ごしていたことであった。時計が定時を打つたびにその時の（自己について記録する為のサインとして）考えと気分を含めるように拡大した日記では，将来への望みの無さを中心とした憂うつな考えが明らかになった。このことから身体的な不活発さと同じ程度に，心の不活発の役割について，そして医学的な状態に関わらず状況を改善出来るような方法について，話し合うことになった。彼に「わかりました，さしあたって痛みは決して良くならないとしましょう。それに対して対処を始めるにあたり，あなたはどうしたいですか？」と尋ねた。

　薬物の使用は自己観察に含まれるべきである。そしてそれはこだわりを助長し，しばしば副作用の原因となるような，病的な行動と見なすことができる。例えば，

　軽度の喘息を持つある患者が，毎日不安発作を何度か起こしており，絶えず何らかにいらいらしている状態にあった。彼女は自分の息ができない感じ，全体的な不安，不安発作及び吸入器の使用について観察するように求められた。この不安のエピソードは，彼女が3回以上吸入器を使った後に，5倍多かったことが，これらの記録から明らかになった。十分な治療プログラムに先立って，吸入器の使用を制限することで，不安は劇的に減

少することになった。

介入

治療契約

　通常，契約は評価の後に行う。もし患者が治療契約をしたならば，治療者は，患者の症状，思考，信念，行動の役割について強調しつつ，患者が何を言ったかを要約し，これらの言葉を概念化して呈示する。この概念化を受容できるかどうかを患者と話し合う。

　この段階を越えて治療が進む前に，治療者と患者は治療の目標について同意せねばならない。多くの患者は喜んで精神的な評価に参加するが，治療者と目標を異にしている。治療者は，患者の問題を治療するための心理学的定式に到達しようと試みている。一方で患者は，身体疾患を除外しようとする，あるいは，真実として受け入れた問題に医学的根拠があるのだという信念を持とうとするもくろみの中で，治療者を潜在的な同盟者とみなすかもしれない。例えば，彼らは「自分は"狂っている"わけではない」ということを治療者に証明しようとするか，あるいは治療者を専門家としての，保証の新たな源と見なそうとするだろう。治療に対する異なる期待とそれをどのように進めて行くかに対し，一致させられなければ，治療は効果的にはなりそうもない。しかしながら，彼らはそうと信じているが診断されていない身体疾患，あるいは診断されてきたものより重篤で障害をもたらすような疾患に対する治療を患者が求めている時は，治療者は患者の不安が"ただの不安"であると患者が"受け入れる"ことを患者に期待すべきではない。

　この袋小路は，治療者が患者の信念を拒否するでもなく，重きを与えるでもない注意深い話合いによって解決される。治療者はまず，患者は身体的な症状を経験しており，これらの症状は深刻な身体的疾患によって生じていると信じていることを十分に受容することを示す。治療者は，人々は一般的に，自分が病気であると確信させる証拠と思えるような詳細な観察に基づいて，そのように信じるのだと説明することができる。しかしながら，彼らが行った観察に別の説明がつく可能性もある。その後の更なる評価と治療には，その証拠と可能となる別の説明についての検証も含まれるし，別の説明を試してみるために計画された特別な課題を使うことも含まれる。患者は，この新

しい方法で問題を扱うにあたり，身体的な検査は治療の一部とはならず，再保証や症状の長々とした話し合いも有用ではないだろうとはっきりと伝えられる。これらが何故反生産的なのかが，可能であれば患者の過去の体験を参照して議論する。

　問題に対し，この新しい方法を受け入れることについて患者が決定する前に，問題に取り組む2つの別の方法（新しいものと古いもの）の有用性が考慮されるべきである。どれほど長い間彼らはもっぱら医学的な手段を用いて自分の問題を解決し，症状を取り除こうとしてきたのだろう？　かつて彼らは治療者によって示された代わりとなる心理的な方法を正しく試そうとしてきたのだろうか？　その後彼ら自身が4ヶ月にわたりこの新しい方法で治療者との作業に関わるということを提案し，日付を明示する。もし彼らが治療者と同意した全てのことを行ないえてもなお，治療期限までにまったく何も改善しないなら，元来の方法に戻るのが合理的であろうし，治療者は喜んでより身体的な視点から問題を再考するだろう。こうして患者は自分たちの問題の見方を放棄するのではなく，限られた時間内で別の見方を考え，試すように求められるのである。無視されて来た身体的な病気があるのかもしれないと信じている患者にとって，これは魅力的な提案である。以下の描写は57歳の女性との2回目の面接でのこのアプローチの例である。

治療者：ではあなたは医師が取り上げなかった重い身体的な問題があるのだと信じているのですね？
患者　：はい，そうです。
治療者：その考えは非常にあなたを動揺させるものであって，色々な方法であなたを不幸にしています。その考えが，あなたのすることに影響を及ぼすおもな方法として，あなたがあなた自身であることを邪魔したり，テニスのようなあなたの楽しめることをすることを止めてしまうことがあります。また，それはあまり食事を摂れないようにさせ，物を食べることをよりいっそう困難にさせるかもしれない。そうですか？
患者　：はい。時々は自分自身でいられるのですが，耐えられない時はダメです。
治療者：わかりました。一般的に，人がおびえる時には普通それにおびえる

理由があります．あなたの場合，健康について恐れるのは，痛み，体重減少，食欲不振と嚥下困難，お腹の問題のせいですね．これらの全てがあなたは病気であるとあなたに示すのですね．ことにそれらは毎日起こるのであるし．自分が病気だと思わせる他の証拠は何かありますか？

患者　：はい，それは塊ではなく，喉のぞっとするような感じで，それがここに来ると痛むのです．医師が私を調べましたが，X線写真を撮ってから余計に悪くなっただけでした．以前はそんなことなかったのに．その後，食事が摂れなくなるようなことはありませんでした．また，私の小用も問題です．非常に恐ろしくて，私はうまく対処することが出来ません．こうしたことがおもなことで，それらのために，自分は母と同じになってしまうのでは，と考えます．

治療者：そうですか．だからこれら全てによってあなたは最悪だと考えるのですね．あなたは自分が癌になったのだと思っている，あなたのお母さんのように．

患者　：はい．

治療者：同様に，あなたに不安があると考えさせる理由もいくつかありますね．例えば，私たちのこの前の治療の終わり頃にあなたが言ったのは，寝ている間に死ぬことへの不安があって，眠らないよう頑張ってしまうのだ，ということでした．それであなたの睡眠の問題は，悩んでいるということによって説明がつくのではないですか？

患者　：はい，そう思います．

治療者：では，あなたは痛みと食欲，小用，腹部の問題を抱えてもいます．これらのためにあなたは自分が病気なのだと考えているのですね．これらについてひとつ心配なのは，以前にも同じ問題があったという理由で医師が真剣に扱ってくれないだろうことです．

患者　：身体的に私にはひどく悪いところがあるのかどうか，どうしたら彼らにわかるのでしょう？　以前とは違うのです．それを今見過ごすことが出来ないんです．

治療者：医師は症状を聞いたものの，あなたの以前の問題に注意を払いすぎていることを心配しているのですね．（診断が行われた方法について簡単に話し合う）彼が考えたのは，あなたが健康についての恐怖

症の一種にかかっているのではないか，そして症状は不安から来ているのだろうということでしょう。（不安の症状について話し合い，これらを経験したかどうか同定することを患者に求め，不安の痛みと食欲への効果を述べる……）この種の考えに対しあなたはどう思いますか？

患者　：私の症状が改善しだしたら，自分はきっと大丈夫だと言えます。
治療者：よろしいでしょう。あなたに提案があります。あなたの心配は自分に何か身体的に悪い所があるのではないかということであり，私たちが話し合ってきたようなことがなぜあなたにそう思わせるのかが私にはわかりました。私たちはまた，あなたはある種の疾病恐怖なのだと私に思わせている事柄についても検討しました。そうです，2つの可能性があり，私たちはどちらも考慮する必要があるのです。2つある可能性のうちのひとつとはあなたが信じ私が疑うもので，あなたにはどこか身体的に悪い所があるというものです。もうひとつの可能性とは私が信じあなたが疑うもので，あなたは非常に不安になっていて，狼狽させるような考え方をしているということです。これらの考えはあなたの不安にもっと目を向けるようなことをさせ，身体に症状を作り出し，食行動を変えてしまうのです。このようにまとめてよいでしょうか？
患者　：はい，その通りです。
治療者：最近，あたかも自分が病気であるかのように振る舞い，そのように問題を扱おうとしたのは何回くらいでしたか？
患者　：かかり付けの一般医に行くような？　はい，彼は私を何度も調べました。
治療者：それは症状を少なくするのに役に立ちましたか？
患者　：いいえ，なぜなら……検査を受けましたが何も見つからなかったから。では私はどうしたら良いのでしょう？
治療者：あたかもそれが身体の問題であるかのように扱うことで，よしとしようとしているように聞こえます。私がこれまで示してきたように，不安はあなたの問題の大きな部分を占めるのかもしれません。今までに何度不安が問題であるというように扱おうとしてきましたか？そうしようとしてみたことはありますか？

患者　：ええと……（長い沈黙）そうしたことがあるとは言えません。
治療者：不安としてそれを扱ったことがないと。
患者　：ないですね。
治療者：身体の問題としてそれを扱おうとしてきたのですね。3ヶ月の間だけ契約をするのはどうでしょうか；その3ヶ月間，それを不安の問題であるとして扱うのです。もし，あなたが自分の不安を扱うために，私たちが一緒に取り組んでいくすべてのことをなしえてもなお，3ヶ月の終わりに問題が改善していなければ，もう一度身体的な視点からそれを見ていくことにしましょう。
患者　：わかりました。
治療者：そうするのが賢明なやり方のようです；あなたがこれを行ってうまくいけば問題はなくなってしまうし，もし役に立たなければそれもまたよいことです。あなたは反対を向いて「ああ，不安は減ったけれど問題はまだ残っている，もう一度調べる必要がありますね」と言うことが出来るのですから。それでよろしいでしょうか？
患者　：わかりました。どこから始めましょうか？

　その後，要約と強化が引き続き行われる。面接は録音されるべきである；患者は後に聞き，重要な点を要約することができる。

問題の性質と結果について信念を変化させること

　健康についての不安には，身体感覚，身体的な変化あるいは医学的なやりとりについて，実際にそうであるよりもより危険なものとして解釈してしまうことが含まれる。一般的に，患者は医学的な状況（実際に，あるいは想像上）のこれからの進展は，実際よりも，より脅威を与えるものとして捕らえるだろう。実際には不安に基礎のある問題に対しては，患者が症状の意味を評価する方法を変えることが治療に含まれる。信念を変えるのにまず必要なのは，否定的な考えとその基盤となる証拠を同定することである。引き続いて行う介入の中心は，特定の症状とその症状が誘発した不安の双方の原因に関して，患者に別の説明を考えられるようにすることである。

　患者が恐れている他の結果には，痛み，動けなくなること，家族の重荷になること，尊厳が損なわれること，痛みを伴う死をもたらすような病気の悪

化の過程が含まれる。否定的な思いこみを減じ，公式を強化するために，まさにどれほど病気が悪いのか（そしてなりうるか）に対する信念に挑戦する。

前述のような否定的な信念，自己観察，行動実験の基盤について話し合うことは，身体的な症状や恐れへの反応としての不安や抑うつを含む広い範囲の反応に当てはめることが出来る。評価によって治療者と患者は，信念の変化にどれほど成功したかがわかる。信念に対する二重の評価がしばしば有用となる。例えば，「"自殺したくなるほど症状が強くなるだろう"との考えを0から100の尺度で評価してほしいのです。0は"まったくそう思わない"，そして100は"それが真実だと確信している"ということです。まさに今，あなたはどのくらい真実だと信じていますか？」そして，「症状が特にひどくなった時，その評価はどうなるでしょう？」しばしば，症状の存在は信念の尺度に重大な差異を生み出す。したがって，否定的な考えを同定し，挑戦していくには信念が最も強い状況に対してしていくべきである。なぜなら，この不当性を証明することが患者の行動に最も大きな衝撃を与えるからである。行動実験は，患者の症状の性質や基盤についての信念を変える非常に有力な方法である。行動実験の目的は，症状は彼らが信じる原因以外の要素によって影響されうるのだ，ということを患者に示すことだ。

例えば，嚥下困難は咽頭癌の徴候だと信じている患者に，繰り返し飲みこんでみて，結果としての効果を描写するように求めた。彼女は，次第に飲みこみが困難になることに気づき，何回も嚥下すると治療者も同様の経験をするのだということを発見し驚いた。この観察で重要なのは，彼女が何度も嚥下することで，頻回に自分の喉を調べようとしていた，という点である。特に患者が時々パニック発作を経験する時にはそうなのだが，パニックの時に用いられる行動実験は有用である（Clark and Salkovskis，印刷中）。

時折，誤った解釈に対する患者の敏感さそのものが，しばしば治療の際に良い効果をもたらす。各面接の終わりに，彼あるいは彼女が学んだおもな事柄をまとめるように求める。患者が「私が明らかでない重篤な疾患にかかっていると言いましたね」と言うようなことがありうる。これを直接否定するよりは，治療者はこのように言って答えるのである。「私はどんな点についても，その種の事は何も言うつもりが無かったことは確実です。しかしながら，私がそう言ったとあなたが理解するような何かがあったことは明らかです。次の面接の前にあなたにしていただきたいことは，今日の面接のテープ

を復習して、私がこのことを話したとあなたが信じる場所を見つけることです。この部分をもう一度非常に注意深く聞き、メモをとってテープを戻してください。そうすれば次の回で、私たちは何が起こり、そこから何を学ぶことができるかわかります。」常に患者は、話し合われたことを自分が間違って理解し、間違って解釈していたと、戻ってきて言う。誤解の性質を明らかにし、治療者は「それをどう考えるか」と尋ねる。その後、この種の誤解がその人の場合よくあることかどうか、そして過去の医療相談などに影響を与えてきたかどうかに、話し合いの焦点が当てられる。目的は、患者にこの種の誤解を上手く処理させるようにすることである。

行動の変化

身体的な問題に関連する行動の大半は、予防的な機能を持つと患者が考えており、したがって潜在する信念に注意を払わない限り、変えるのは比較的困難である。

問題に直接関係した行動

病的な行動が明らかな時、治療戦略の目的は、不安、とらわれ、そして生理的な困難を維持するに当たっての行動の役割を引き出し、証明することである。それらを発見していくには、質問が役に立つだろう。行動を変えることで症状に影響を与えるということを示すというような、直接の証明は特に説得力がある。患者と治療者は、実験を以下のようにデザインする。(1) 行動することで深刻な障害から「自分を安全に保つ」という患者の信念を試す。(2) 患者が症状を軽くすると信じている行動が、本当にそうであるかどうか検証する。例えば、

> ある患者が首と腋窩に痛みと瘤があると気づいたために、進行性のホジキン病になったと信じていた。この恐れの結果として、彼女は頻繁にこの領域を手で触り、刺激した。結果として痛みが悪化し、表層の炎症と腫脹が生じた。彼女と治療者は面接の間に5分間ずつ3回、同じように首を刺激する実験を行った。痛みと炎症が増悪したことは、症状を作り出すのに彼女の行動がかかわっていることを彼女に確信させるのに充分だった。

多くの例で回避行動は，症状の否定的な解釈と矛盾する情報に触れるのを妨げるので，患者の病気に対するとらわれを維持させてしまう。

「血液がより滞りなく流れるように」させようと意識的に注意を払う努力をして，脳卒中にならないようにしてきて，もしそれをやめれば脳卒中になってしまうと，ある患者が信じていた（信念は 95/100 と評価された）。彼は明らかにこれを止めることに気乗りしていなかったので，治療者は面接の間に意志の力で脳卒中を起こしてみるように示唆した。この示唆に驚き，いくつかの話し合いの後，それは不可能だと彼は言った。彼は，このことを，脳卒中を防ぐための努力に一般化することができた（信念の評価は 10/100 まで低下していた）。彼はその後，面接以外の場でもコントロールする努力を避けることができ，結果として彼の信念は 0/100 まで低下し，脳卒中になることを悩むのをやめた。

疼痛に関係した行動と信念を変える技法を適応した症例が，Philips（1988）により詳細に描写されている。

保証

健康に不安を持っている患者では，強迫的確認と同じ効果を持つ様々な行動が起こりうる（本書 6 章参照）。これらの再保証を求める行動は，患者の心配に注意を向けさせ，短期間は不安を減じるものの，長期には問題へのこだわりと，その他の側面を増強させてしまう（Salkovskis and Warwick, 1986 ; Warwick and Salkovskis, 1985）。そのような行動には，身体的な検査と診察，そして可能性のある疾患を除外しようとして行う詳細な症状についての話し合いが含まれる。医療的な援助を求めるが不安を持たない患者のほとんどは，病気が除外されたという保証を正しく受け，良い反応を示すが，自分の健康に不安を示す患者は異なった反応をする。"より強い"保証が繰り返されては，すぐに患者が選択的に注意を向け再保証そのものを誤って解釈するという反生産的なものとなる。例えば，ある患者がこのように言われた，「これらの頭痛は明らかに緊張から来るものです。もしそれらが続くようなら，気持ちを静めるために頭の X 線写真を撮りましょう」。このことを患者は，彼が脳腫瘍であるだろうと医師が信じているサインだと解釈した。医学

的な検査や言葉による説得のいずれかを通して，繰り返し彼らが病気でないということを検証しようとする試みは，不安を増強しやすいのである．患者の問題の維持において，再保証を求めることが果たしている役割は，彼らがはっきりと理解できる方法で説明しなければならない．例えば，進行癌にかかっていたときの用心にと，何度も症状についての話し合いを求める患者が，何故治療者が症状についての話し合いをしようとしないのかと尋ねてきた．治療者は面接が非生産的な論争になることに気が付いた．

治療者：本当にこれが必要だとお考えですか？
患者　：ええと，そうすれば気分が良くなるでしょう．
治療者：わかりました．助けになるようなら，私はあなたと症状を検討すべきでしょう．そして，それを本当に正しく行うべきだと思います．今，時間はありますし，問題が正しく扱われている限り，私はあなたとよろこんで時間を使いますが．今年の終わりまでに私は何回あなたへの保証を続けなければならないのでしょう？
患者　：今年の終わりまでに？
治療者：はい．今回本当に役に立つのでない限り，あなたが以前何度もしてきたのと同じように，この類のことをするのは効果のないことに思えます．今年の残りの分は3時間で十分ですか？
患者　：しかし……今年の残りずっとは続かないでしょうけど．
治療者：なるほど．どのくらい続くのでしょう？
患者　：おそらくは今日の残りの時間．それからまた多分心配になってしまうでしょう．
治療者：だからどれほどあなたが再保証を十分に受けても，長続きしない？
患者　：駄目ですね．時々自分で何かを手に入れれば入れるほど欲しくなります．
治療者：あなたが言うのは，私がどれほど多くの再保証をあなたにしても，また心配になってしまうので長くは続かず，いっそう不安にさせることすらあるということですね．私たちはすでに健康への不安を，あなたのおもな問題のひとつとしてすでに同定しましたが，再保証が効果的な治療であると考えますか？　あるいは別の案を探しましょうか？

患者の問題のおもな特徴が再保証を求めることである場合は，再保証の効果を具体的に明らかにする行動的な試みを考え出すことが有用である (Salkovskis and Warwick, 1986)。この実験は「最終的な検査」なしに，治療を始めることをしぶる患者では，（治療の）契約をさせるための方策としても機能しうる。例えば，心理的な治療が始まる前に最後に行った身体的検査が話し合われ，それが，患者の身体的な健康には不必要だが，精神的な評価には有用かもしれないとはっきり理解されるようにする。健康に対する不安についての自己評価，病気に関連する特殊な考えに対する信念，そして再保証への欲求を，全ての行動実験の前後に定期的に 0〜100 の尺度で評価させる。もし不安が永続的に軽快したなら，これはいずれにせよ有用である。より一般的ではあるが，もし不安がほんのわずかな間だけ減じるのだとしたら，保証が不安を続けさせる方式について話し合う基盤に，このことを用いる。このように実際に示すことが，患者を治療に参加させ，協力的な関係を確立させる。それによって，再保証を求めることをコントロールするための根本的な理解が明らかになり，患者が行動の変化に伴う初期の不安に耐える助けとなる。同様の戦略は，恐ろしい病気にかかっているわけではないのだと，十分に確信させた手続きを正確に特定するよう患者に尋ねることである。治療者は，その後，興味を持った懐疑主義者の役割を演じ，このように尋ねる。「そうですね，しかしそれは本当にそれで確信できるでしょうか？ 医者がどのように検査を使うか正確に認識していますか，どうして確信できますか？」などである。これは，通りを歩いている時に，頭の上に衛星が降って来ないと確信するのが絶対に不可能であるのと同様に，病気が存在しないと確かめるのは絶対に不可能であると明らかにすることである。この話し合いは不安，とらわれ，病気の信念が持続することにおける再保証の重要性に関係する。

　患者に巻き込まれた家族や他の人々は，そのような話し合いに同席し，再保証の要求をどのように扱うかを見るべきである。ロールプレイを用いることもできる。その中で患者は関係者に再保証を求め，親族はあらかじめ同意された言葉を用いて（非言語的な批判をすることなく）答える。例えば，ある親族はこう返答する。「私たちが診療所で同意したように，もし私があなたに再保証を与えてもあなたの助けにならない。今後一切答えないようにす

るつもりだ」。その後親類は,離れるか関係のない事柄について話す。しかし患者が特にストレスを受けた時の間に合わせとして以外には,このタイプの戦略は患者の同意があって役に立つのである。

予後研究のレビュー

心気症は,1世紀以上にもわたり,明らかな症候群として同定されてきたにも関わらず,対照研究からは,これまでいかなる種類の治療法も有効である証拠が得られなかった。20年以上前から多くの症例報告,一例実験,複数症例が報告されており,いくつかの例では治療が有効であるかもしれないと示している。SalkovskisとWarwick(1986)は,生命を脅かすような病気にかかっていると誤って信じていた2名の患者の治療を報告した。両方のケースにおいて基礎が確立され,その間に医療的な保証が不安を作り出すという証拠が,日記をつけることで集められた。この情報は,行動実験から得られたものとして患者に提示され(本書p.227～228参照),再保証を求めることと,それに関連する確認の行動が,どのような役割をとり得るかが示された。この情報は患者に示され,患者の問題についての認知的な説明はこれと一致していた。一旦治療に参加すれば,患者には,実質的で継続的な改善が見られた。疾病恐怖と病気について強く確信している患者を含むより多数の症例で,WarwickとMarks(1988)は曝露,反応妨害,信念の変化に基礎を置いた治療戦略を用い,良い効果を得た。ごく最近では,同様の認知行動療法が,グループ療法の流れの中で用いられ,コントロール研究ではないが,総合病院の患者を用いた研究で効果的であったことが明らかとなった(Stern and Fernandez, 1991)。

この章で述べてきたような,認知療法の2つのコントロール研究が現在行われている。まずWarwickら(印刷中)は,認知行動療法の16回の面接を,同等の期間の待機リスト対照者を用いて比較した。24の尺度の内23で治療群は待機リスト群に比べ明らかな改善を見た。待機リスト群では,平均的な評価者の評価で5%の改善があったのと対照的に,認知行動療法を行った群では76%であった。治療効果は3ヶ月目の追跡調査でほとんどが維持されていた。2番目の研究では,認知行動療法と注意深く工夫された一連のストレス対処法パッケージ,そして,待機リスト対照者との間で,比較され

た。執筆時点ではこの試行の十分な結果は得られていないが，学会発表のために分析した予備データ（少数の患者の治療が完了しておらず，したがって分析には含まれなかった）では，どちらの積極的な治療を行っても，明らかに待機リスト状況より成績が良かった（Salkovskis, 1995）。この結果は，予想されないものではなかった。なぜなら，行動的ストレス対処法では，彼らの症状についての代わりとなる詳細な説明（例えばストレス）と，この代わりとなる説明に基づいた包括的な対処技法のパッケージが彼らに与えられる。最終的な分析によって，短期あるいは長期にわたる，2つの治療法の相対的な効果と，予測される再発における認知的変数の役割を決定することが可能になるだろう。

新しい指針

現在，重篤な心気症への認知行動療法の効果は，コントロール研究により確立されてきており，将来の発展は少なくとも2つの関連する領域に存する。ひとつ目は，特に行動的なストレス対処療法の効果の観点から，治療の中の有効な要素を同定しなければならない。この方向の発展は，介入をより短く，より効果的にすることに繋がるだろう。2番目に，医療的な検査やスクリーニングへの反応としての不安の理解及び治療へと，この研究が広がる可能性があると思われる。この種の発展は，ある母集団に基づいたスクリーニングが，次第により広く用いられ適応されてくるにつれ重要になると思われる。多要素によって決定される一般的疾患への新しい遺伝子的なスクリーニング技術の発展に伴い，このことは特に重要になるだろう。人々へのスクリーニングとして用いられた時，生命を脅かすような疾患にかかるリスクがある，ということにまったく気づかないかもしれない人々に対し，幾分危険性が増加していることが知らされるかもしれない。一部の人々は，そのような情報に対して，非常に否定的な心理的反応を経験するということが経験的に知られている。認知行動仮説に由来する尺度は，そのようなスクリーニングに対する否定的な心理的反応を，予測することを可能にするだろう。このような状況に前もって介入するのは，必ずしも心理的な援助の形をとらない遺伝的なカウンセリングに限られてきた。認知行動モデルを用いて，検査に対する心理的な反応を理解し予測することで，否定的な反応を避けるために，特異

的な，そして一定の方向の検査前カウンセリングが可能となり，検査後の心理的な苦悩を緩和することで，健康不安と抑うつへの認知的療法が可能となる。

　健康不安に含まれる心理的過程を明らかにするためは，非常に多くの研究が行われる必要がある。このことがなされるまでは，この領域での問題及び症候群の範囲を適切に分類，定義するのは成功しない。過去にはその効果への証拠もなく，薬物療法を用いることに重きが置かれすぎた。認知行動治療技法は有望であり，評価が待たれる。

文　献

第1章　認知行動療法の進歩

Ayllon, T. (1963). Intensive treatment of psychotic behaviour by stimulus satiation and food reinforcement. *Behaviour Research and Therapy*, 1, 47–58.
Ayllon, T. and Azrin, N. (1968). *The token economy*. Wiley, New York.
Barlow, D. H. (1988). *Anxiety and its disorders*. Guilford Press, New York.
Barnard, P. J. and Teasdale, J. D. (1991). Interacting cognitive subsystems: A systematic approach to cognitive–affective interaction and change. *Cognition and Emotion*, 5, 1–39.
Beck, A. T. (1967). *Depression*. Harper & Row, New York.
Beck, A. T. (1976). *Cognitive therapy and the emotional disorders*. International Universities Press, New York.
Beck, A. (1993). *Cognitive therapy of depression: A personal reflection*. Scottish Cultural Press, Aberdeen.
Beck, A., Rush, A., Shaw, B., and Emery, G. (1979). *Cognitive therapy of depression*. Guilford Press, New York.
Booth, R. and Rachman, S. (1992). The reduction of claustrophobia. *Behaviour Research and Therapy*, 30, 207–22.
Clark, D. M. (1986). A cognitive approach to panic. *Behaviour Research and Therapy*, 24, 461–70.
Clark, D. M., Salkovskis, P. M., Hackmann, A., Middleton, H., Anastasiades, P., and Gelder, M. (1994). A comparison of cognitive therapy, applied relaxation and imiprimine in the treatment of panic disorder. *British Journal of Psychiatry*, 164, 759–69.
Cooper, P. and Steere, J. (1995). A comparison of two psychological treatments for bulimia nervosa: Implications for models of maintenance. *Behaviour Research and Therapy*, 33, 875–86.
Ehlers, A. (in prep.). *A cognitive analysis of post-traumatic stress disorder*.
Elkin, I. (1994). The NIMH Treatment of Depression Collaborative Research Program: Where we began and where we are. In A. E. Bergin and S. L. Garfield (ed.), *Handbook of psychotherapy and behavior change*. Wiley, Toronto.
Elkin, I. and Shea, M. T. (1989). National Institute of Mental Health Treatment of Depression Collaborative Research Program: General effectiveness of treatments. *Archives of General Psychiatry*, 46, 971–82.
Ellis, A. (1958). Rational psychotherapy. *Journal of General Psychology*, 59, 35–49.
Ellis, A. (1962). *Reason and emotion in psychotherapy*. Lyle Stuart, New York.
Eysenck, H. J. (1952). The effects of psychotherapy: An evaluation. *Journal of Consulting Psychology*, 16, 319–24.
Eysenck, H. J. (ed.). (1960). *Behavior therapy and the neuroses*. Pergamon, Oxford.
Eysenck, M. W. (1982). *Attention and arousal, cognition and performance*. Springer, New York.
Gantt, W. H. (1944). Experimental basis for neurotic behaviour. *Psychosomatic Medicine*, 3, 82.
Grunbaum, A. (1984). *The foundations of psychoanalysis*. Berkeley, University of California Press.
Hull, C. L. (1943). *Principles of behaviour*. Appleton, Century, Crofts, New York.
Jaspers, K. (1963). *General psychopathology*, (trans. J. Honig and M. W. Hamilton). University of Chicago Press.

Jones, M. C. (1924). Elimination of children's fears. *Journal of Experimental Psychology*, 7, 382–97.
Kendall, P., Maaga, D., Ellis, A., Bernard, M., de Giuseppe, R., and Kassinove, H. (1995). Rational-emotive therapy in the 1990's and beyond. *Clinical Psychology Review*, 15, 169–86.
Krasner, L. (1958). Studies of the conditioning of verbal behaviour. *Psychological Bulletin*, 55, 148–70.
Lang, P. J. (1968). Appraisal of systematic desensitization techniques with children and adults. 2. Process and mechanisms of change, theoretical analysis and implications for treatment and clinical reseach. In C. M. Franks (ed.), *Assessment and status of the behavior therapies and associated developments*. McGraw-Hill, New York.
Lang, P. J. and Lazovik, A. D. (1963). The experimental desensitization of a phobia. *Journal of Abnormal and Social Psychology*, 66, 519–25.
Liddell, H. (1944). Conditioned reflex method and experimental neurosis. In *Personality and the behaviour disorders*, (ed. J. McV. Hunt). Ronald Press, New York.
Lindsley, O. R. (1956). Operant conditioning methods applied to research in chronic schizophrenia. *Psychiatry Research Reports*, 5, 118–39.
Lovaas, O. I. (1961). Interaction between verbal and non-verbal behaviour. *Child Development*, 32, 329–36.
Mackintosh, N. J. (1983). *Conditioning and associative learning*. Oxford University Press, New York.
Margraf, J. (1995). *Cognitive behavioural treatment of panic disorder: Three year follow-up*. Paper presented at the World Congress of Behavioural and Cognitive Therapies, Copenhagen.
Margraf, J. and Schneider, S. (1991). *Outcome and active ingredients of cognitive-behavioural treatments for panic disorder*. Paper presented at the AABT Conference, New York.
Masserman, J. H. (1943). *Behaviour and neuroses*. Chicago University Press.
Mowrer, O. H. (1960). *Learning theory and behavior*. Wiley, New York.
Ost, L. G. (1989). One session treatment for specific phobias. *Behaviour Research and Therapy*, 27, 1–8.
Popper, K. R. (1959). *The logic of scientific discovery*. Harper & Row, New York.
Rachman, S. (1977). The conditioning theory of fear-acquisition: A critical examination. *Behaviour Research and Therapy*, 15, 375–81.
Rachman, S. (1978). *Fear and courage*. Freeman, San Francisco.
Rachman, S. (1980). Emotional processing. *Behaviour Research and Therapy*, 18, 51–60.
Rachman, S. (1990). *Fear and courage* (2nd edn). Freeman, San Francisco.
Rachman, S. (1991). Neo-conditioning and the classical theory of fear acquisition. *Clinical Psychology Review*, 11, 155–73.
Rachman, S. and Cuk, M. (1992). Fearful distortions. *Behaviour Research and Therapy*, 30, 583–9.
Rachman, S. and Maser, J. D. (ed.). (1988). *Panic: Psychological perspectives*. Erlbaum, Hillsdale, NJ.
Rachman, S. and Philips, C. (1975). *Psychology and medicine*. Temple Smith, London.
Rachman, S. and Whittal, M. (1989). Fast, slow and sudden reductions in fear. *Behaviour Research and Therapy*, 27, 613–20.
Rescorla, R. A. (1988). Pavlovian conditioning. *American Psychologist*, 43, 151–60.
Salkovskis, P. M. (1985). Obsessional compulsive problems: A cognitive behavioral

analysis. *Behaviour Research and Therapy*, 25, 571–83.
Salkovskis, P. M. and Clark, D. M. (1993). Panic disorder and hypochondriasis. *Advances in Behaviour Research and Therapy*, 15, 23–48.
Salkovskis, P. M. and Warwick, H. M. C. (1986). Morbid preoccupations, health anxiety and reassurance: A cognitive-behavioural approach to hypochondriasis. *Behaviour Research and Therapy*, 24, 597–602.
Seligman, M. E. P. (1988). Competing theories of panic. In *Panic: Psychological Perspectives*, (ed. S. Rachman and J. D. Maser), Erlbaum, Hillsdale, NJ.
Shea, M. T. and Elkin, I. (1992). Course of depressive symptoms over follow-up: Findings from the National Institute of Mental Health Treatment of Depression Collaborative Program. *Archives of General Psychiatry*, 49, 782–87.
Skinner, B. F. (1959). *Cumulative record*. Appleton Century, New York.
Teasdale, J. D. (1993). Emotion and two kinds of meaning. *Behaviour Research and Therapy*, 31, 339–54.
Teasdale, J. D. and Barnard, P. J. (1993). *Affect, cognition and change*. Erlbaum and Associates, Hove.
Warwick, H. D. and Salkovskis, P. M. (1990). Hypochondriasis. *Behaviour Research and Therapy*, 28, 105–18.
Watson, J. B. and Rayner, P. (1920). Conditioned emotional reactions. *Journal of Experimental Psychology*, 3, 1–14.
Williams, J. M. G., Watts, F. N., Macleod, C., and Mathews, A. (1988). *Cognitive Psychology and Emotional Disorders*. Wiley, Toronto.
Wolpe, J. (1958). *Psychotherapy by reciprocal inhibition*. Stanford University Press.
Wolpe, J. and Rowan, V. C. (1988). Panic disorder: A product of classical conditoning. *Behaviour Research and Therapy*, 27, 583–5.
Wolpert, L. (1992). *The unnatural nature of science*. Harvard University Press, Cambridge, MA.

第2章 認知行動療法の科学的基盤

Barlow, D. H., Craske, M. G., Cerny, J. A., *et al.* (1989). Behavioural treatment of panic disorder. *Behaviour Research and Therapy*, 20, 261–82.
Baum, A., Cohen, L., and Hall, M. (1993). Control and intrusive memories as possible determinants of chronic stress. *Psychosomatic Medicine*, 55, 274–86.
Beck, A. T. (1964a). Thinking and depression. I. Idiosyncratic content and cognitive distortions. *Archives of General Psychiatry*, 9, 324–33.
Beck, A. T. (1964b). Thinking and depression. II. Theory and therapy. *Archives of General Psychiatry*, 10, 561–71.
Beck, A. T. (1976). *Cognitive therapy and the emotional disorders*. International Universities Press, New York.
Beck, A. T., Laude, R., and Bohnert, M. (1974). Ideational components of anxiety neurosis. *Archives of General Psychiatry*, 31, 319–325.
Beck, A. T., Freeman, A. *et al.* (1990). *Cognitive therapy of personality disorders*. Guilford Press, New York.
Borkovec, T. D. and Hu, S. (1990). The effect of worry on cardiovascular response to phobic imagery. *Behaviour Research and Therapy*, 28, 69–73.
Borkovec, T. D. and Inz, J. (1990). The nature of worry in generalized anxiety disorder: a predominance of thought activity. *Behaviour Research and Therapy*, 28, 153–8.
Bower, G. H. (1981). Mood and memory. *American Psychologist*, 36, 129–48.

Breger, L. and McGaugh, J. L. (1965). Critique and reformulation of "learning theory approaches" to psychotherapy and neurosis. *Psychological Bulletin*, 63, 338–58.
Butler, G., Wells, A., and Dewick, H. (1995). Differential effects of worry and imager after exposure to a stressful stimulus. *Behavioural and Cognitive Psychotherapy*, 23, 45–56.
Carver, C. S. and Blaney, P. M. (1977). Perceived arousal, focus of attention and avoidance behaviour. *Journal of Abnormal Psychology*, 86, 154–162.
Charney, D. S., Heninger, G. R., and Breier, A. (1984). Noradrenergic function in panic anxiety. *Archives of General Psychiatry*, 41, 751–783.
Clark, D. M. (1983). On the induction of depressed mood in the laboratory: evaluation and comparison of the velten and musical procedures. *Advanced Behaviour Research and Therapy*, 5, 27–49.
Clark, D. M. (1989). Anxiety states: panic and generalized anxiety. In *Cognitive behaviour therapy for psychiatric problems* (ed. K. Hawton, P. M. Salkovskis, J. Kirk, and D. M. Clark), pp. 97–128 Oxford University Press.
Clark, D. M. and Teasdale, J. D. (1982). Diurnal variation in clinical depression and accessibility of memories of positive and negative experiences. *Journal of Abnormal Psychology*, 91, 87–95.
Clark, D. M. and Yuen, P. K. (in prep.). Social anxiety and an attentional bias away from negative faces.
Clark, D.M., Ball, S., and Pape, D. (1991). An experimental investigation of thought suppression. *Behaviour Research and Therapy*, 29, 253–7.
Clark, D. M. Winton, E., and Thynn, L. (1993). A further experimental investigation of thought suppression. *Behaviour Research and Therapy*, 31, 207–10.
Clark, D. M., Salkovskis, P. M., Ost, L.-G., Westling, B., Koehler, K. and Gelder, M. G. (submitted). Assessing misinterpretation of bodily sensations in panic disorder: the body sensations interpretations questionnaire.
Clark D. M., Salkovskis, P. M., Martin, H., Koehler, K., and Gelder, M. G. (in prep. *a*). Psychological priming in panic disorder.
Clark, D. M., Salkovskis, P. M., Middleton, H., Anastasiades, P., Hackmann, A. and Gelder, M. G. (in prep. *b*). Cognitive mediation of lactate induced panic.
Coyne, J. C. and Gotlib, I. H. (1983). The role of cognition in depression: a critical appraisal. *Psychological Bulletin*, 94, 472–505.
Deutscher, S. and Cimbolic, P. (1990). Cognitive processes and their relationship to endogenous and reactive components of depression. *Journal of Nervous and Mental Disease*, 178, 351–9.
Ehlers, A. and Breuer, P. (1992). Increased cardiac awareness in panic disorder. *Journal of Abnormal Psychology*, 101, 371–82.
Ehlers, A. and Breuer, P. (1995). Selective attention to physical threat in subjects with panic attacks and simple phobias. *Journal of Anxiety Disorders*, 9, 11–31.
Ehlers, A. and Steil, R. (1995). Maintenance of intrusive memories in post-traumatic stress disorder: A cognitive approach. *Behavioural and Cognitive Psychotherapy*, 23, 217–49.
Ehlers, A., Margraf, J., Roth, W. T., Taylor, C. B. and Birbaumer, N. (1988). Anxiety produced by false heart rate feedback in patients with panic disorder. *Behaviour Research and Therapy*, 26, 1–11.
Fennell, M. J. V., Teasdale, J. D., Jones, S., and Damle., A. (1987). Distraction in neurotic and endogenous depression: An investigation of negative thinking in major depressive disorder. *Psychological Medicine*, 17, 441–52.
Foa, E. B., Steketee, G., and Rothbaum, B. O. (1989). Behavioural/cognitive

conceptualizations of post-traumatic stress disorder. *Behaviour Therapy*, 20, 155–76.
Foa, E. B., Zinbarg, R., and Rothbaum, B. O. (1992). Uncontrollability and unpredictability in post-traumatic stress disorder: An animal model. *Psychological Bulletin*, 112, 218–38.
Freud, S. (1895). Über die Berechtigung, von der Neurasthenie einen bestimmten Symptomcomplex als "Angstneurose" abzutrennen. *Neurologische Zentralblatt*, 14, 50–66.
Gordon, P. K. (1985). Allocation of attention in obsessional disorder. *British Journal of Psychiatry*, 47, 517–23.
Gorman, J. M., Askanazi, J., Liebowitz, M. R., Fyer, A. J., Stein, J., Kinney, J. M., and Klein, D. F. (1984). Response to hyperventilation in a group of patients with panic disorder. *American Journal of Psychiatry*, 141, 857–61.
Grayson, J. B., Foa, E. B., and Steketee, G. S. (1986). Exposure *in vivo* of obsessive-compulsives under distracting and attention-focusing conditions: Replication and extension. *Behaviour Research and Therapy*, 24, 475–79.
Hibbert, G. A. (1984). Ideational components of anxiety: their origin and content. *British Journal of Psychiatry*, 144, 618–24.
Hollon, S. D. and Kendall, P. C. (1980). Cognitive self-statements in depression: Development of an automatic thoughts questionnaire. *Cognitive Therapy and Research*, 4, 383–95.
Ingram, R. E. and Smith, T. W. (1984). Depression and internal versus external focus of attention. *Cognitive Therapy and Research*, 8, 139–52.
Johannson, J. and Ost, L. G. (1982). Perception of autonomic reactions and actual heart rate in phobic patients. *Journal of Behavioural Assessment*, 4, 133–43.
Lavy, E. and van den Hout, M. (1990). Thought suppression induced intrusions. *Behavioural Psychotherapy*, 18, 251–8.
Last, C. G. and O'Brien, G. T. (1985). The relationship between cognition and anxiety. *Behaviour Modification*, 9, 235–41.
Lefebvre, M. F. (1981). Cognitive distortion and cognitive errors in depressed psychiatric and low back pain patients. *Journal of Consulting and Clinical Psychology*, 49, 517–25.
Liebowitz, M. R., Fyer, A. J., Gorman, J. M., Dillon, D., Davies, S., Stein, J. M., et al. (1985). Specificity of lactate infusions in social phobia versus panic disorders. *American Journal of Psychiatry*, 142, 947–50.
Lloyd, G. G. and Lishman, W. A. (1975). Effects of depression on the speed of recall of pleasant and unpleasant experiences. *Psychological Medicine*, 5, 173–80.
Mandler, G., Mandler, J. M., and Uviller, E. T. (1958). Autonomic feedback: The perception of autonomic activity. *Journal of Abnormal and Social Psychology*, 56, 367–373.
Marks, M. P., Basoglu, M., Alkubaisy, T., Sengun, S., and Marks, I. M. (1991). Are anxiety symptoms and catastrophic cognitions directly related? *Journal of Anxiety Disorders*, 5, 247-254.
Nelson, T.O. and Narens, L. (1990). Metamemory: A theoretical framework and some new findings. In *The psychology of learning and memory*, (ed. G Bower). Academic Press, New York.
Ottaviani, R. and Beck, A. T. (1987). Cognitive aspects of panic disorders. *Journal of Anxiety Disorders*, 1, 15–28.
Pennebaker, J.W. (1989). Confession, inhibition and disease. *Advances in Experimental Social Psychology*, 22, 211–44.

Rapee, R., Mattick, R., and Murrell, E. (1986). Cognitive mediation in the affective component of spontaneous panic attacks. *Journal of Behaviour Therapy and Experimental Psychiatry*, 17, 245–53.

Salkovskis, P. M. (1991). The importance of behaviour in the maintenance of anxiety and panic: a cognitive account. *Behavioural Psychotherapy*, 19, 6–19.

Salkovskis, P. M., Clark, D. M., and Gelder, M. G. (1996). Cognitive-behaviour links in the persistence of panic. *Behaviour Research and Therapy*, 34, 453–458.

Salkovskis, P. M., Westbrook, D., Davis, J., et al. (in press). Effects of neutralizing on intrusive thoughts: an experiment on the aetiology of obsessive–compulsive disorder. *Behaviour Research and Therapy*.

Sanderson, W. C., Rapee, R. M., and Barlow, D. H. (1989). The influence of an illusion of control on panic attacks induced via inhalation of 5.5 per cent carbon dioxide enriched air. *Archives of General Psychiatry*, 46, 157–62.

Sartory, G., Rachman, S., and Grey, S. J. (1982). Return of fear: The role of rehearsal. *Behaviour Research and Therapy*, 20, 123–34.

Scheier, M. F. and Carver, C. S. (1977). *Scripts, plans, goals and understanding*. Erlbaum, Hillsdale, NJ.

Smith, T.W. and Greenberg, J. (1981). Depression and self-focused attention. *Motivation and Emotion*, 5, 323–33.

Stopa, L. and Clark, D. M. (1993). Cognitive processes in social phobia. *Behaviour Research and Therapy*, 31, 255–67.

Teasdale, J. D. and Fennell, M. J. V. (1982). Immediate effects of cognitive therapy interventions. *Cognitive Therapy and Research*, 6, 343–52.

Teasdale, J. D. and Fogarty, S. J. (1979). Differential effects of induced mood on retrieval of pleasant and unpleasant events from episodic memory. *Journal of Abnormal Psychology*, 88, 248–57.

Teasdale, J. D., Taylor, R., and Fogarty, S. J. (1980). Effects of induced elation-depression on the accessibility of memories of happy and unhappy experiences. *Behaviour Research and Therapy*, 18, 339–46.

van den Hout, M. A., van der Molen, G. M., Griez, E., and Lousberg, H. (1987). Specificity of interoceptive fear to panic disorders. *Journal of Psychopathology and Behavioural Assessment*, 9, 99–106.

van der Molen, G. M., van den Hout, M. A., Vroemen, J., Lousberg, H., and Griez, E. (1985). Cognitive determinants of lactate induced anxiety. *Behaviour Research and Therapy*, 24, 677–80.

Wells, A. (1985). Relationship between private self-consciousness and anxiety scores in threatening situations. *Psychological Reports*, 57, 1063–66.

Wells, A. and Matthews, G. (1994). *Attention and emotion*. Erlbaum, Hove, UK.

Wells, A. and Morrison, A. P. (1994). Qualitative dimensions of normal worry and normal obsessions: a comparative study. *Behaviour Research and Therapy*, 32, 867–70.

Wells, A., Clark, D. M., Salkovskis, P., Ludgate, J., Hackman, A., and Gelder, M. G. (1995). Social phobia: The role of in-situation safety behaviours in maintaining anxiety and negative beliefs. *Behaviour Therapy*, 26, 153–61.

Winton, E., Clark, D. M., and Ehlers, A. (Submitted). Cognitive factors in persistent versus transient post-PTSD following sexual or physical assault.

Wolpe, J. and Lazarus, A. (1966). *Behaviour therapy techniques: A guide to the treatment of neurosis*. Pergamon, Oxford.

Wood, J. V., Salzberg, A., and Goldsamt, L. A. (1990). Does affect induced self-focussed attention? *Journal of Personality and Social Psychology*, 58, 899–908.

Woods, S. W., Charney, D. S., Goodman, W. K., and Heninger, G. R. (1988). Carbon dioxide-induced anxiety. *Archives of General Psychiatry*, 45, 43–52.

第3章 情動障害における情報処理の偏り

Asmundson, G. J. G., Sandler, L. S., Wilson, K. G., and Walker, J. R. (1992). Selective attention toward physical threat in patients with panic disorder. *Journal of Anxiety Disorders*, 6, 295–303.

Bargh, J. A. (1989). Conditional automaticity: varieties of automatic influence in social perception and cognition. In *Unintended thought*, (ed. J. S. Uleman, J. A. Bargh) pp. 3–51. Guilford Press, New York.

Bargh, J. A. and Tota, M. E. (1988). Context-dependent automatic processing in depression: Accessibility of negative constructs with regard to self but not others. *Journal of Personality and Social Psychology*, 54, 925–39.

Beck, A. and Clark, D. A. (1988). Anxiety and Depression: An information-processing perspective, *Anxiety Research*, 1, 23–36.

Bower, G. H. (1981). Mood and memory. *American Psychologist*, 36, 129–48.

Bower, G. H. (1992). How might emotions affect learning. In *Handbook of emotion and memory*, (ed. S. A. Christianson) pp. 3–31. Erlbaum: Hillsdale, NJ.

Bradley, B. P. and Mathews, A. M. (1983). Negative self-schemata in clinical depression. *British Journal of Clinical Psychology*, 22, 173–81.

Bradley, B. P., Mogg, K., Millar, N., and White, J. (1995). Selective processing of negative information; effects of clinical anxiety, concurrent depression, and awareness. *Journal of Abnormal Psychology*, 104, 532–36.

Broadbent, D. E. and Broadbent, M. (1988). Anxiety and attentional bias: State and trait. *Cognition and Emotion*, 2, 165–83.

Burke, M. and Mathews, A. M. (1992). Autobiographical memory and clinical anxiety. *Cognition and Emotion*, 6, 23–35.

Clark, D. M. and Teasdale, J. D. (1985). Constraints on the effects or mood on memory. *Journal of Personality and Social Psychology*, 48, 1595–608.

Clark, D. M. and Wells, A. (1995). A cognitive model of social phobia. In *Social phobia: diagnosis, assessment and treatment* (ed. R. G. Heimberg, M. Liebowitz, D. Hope, and F. Schneier), pp. 69–93. Guilford Press, New York.

Clark, D. M., Teasdale, J. D., Broadbent, D. E., and Martin, M. (1983). Effect of mood on lexical decision. *Bulletin of Psychonomic Science*, 21, 175–8.

Clark, D. M., Salkovskis, P. M., Gelder, M., Koehler, C., Martin, M., Anastasiades, P., *et al.* (1988). Tests of a cognitive theory of panic. In *Panic and phobias*, (ed. I. Hand and H-U. Wittchen), pp. 149–58. Springer, Berlin.

Davis, P. (1987). Repression and the inaccessibility of affective memories. *Journal of Personality and Social Psychology*, 53, 585–93.

Denny, E. B. and Hunt, R. R. (1992). Affective valence and memory in depression: Dissociation of recall and fragment completion. *Journal of Abnormal Psychology*, 101, 575–80.

Ehlers, A. and Breuer, P. (1992). Increased cardiac awareness in panic disorder. *Journal of Abnormal Psychology*, 101, 371–82.

Eysenck, M. W., Mogg, K., May, J., Richards, A., and Mathews, A. (1991). Bias in interpretation of ambiguous sentences related to threat in anxiety. *Journal of Abnormal*

Psychology, 100, 144–50.
Hirsch, C. and Mathews, A. Inferences when reading about uncertain emotional events. Submitted for publication.
Johnson, M. K. and Multhaup, K. S. (1992). Emotion and MEM. In *Handbook of emotion and memory* (ed. S. A. Christianson), pp. 33–60. Erlbaum, Hillsdale, NJ.
MacLeod, C. (1995). *Training selective attention: a cognitive-experimental technique for reducing anxiety vulnerability?* Paper presented at the World Congress of Behavioural and Cognitive Therapies, Copenhagen.
MacLeod, C. and Hagan, R. (1992). Individual differences in the selective processing of threatening information, and emotional responses to a stressful life event. *Behaviour Research and Therapy*, 30, 151–61.
MacLeod, C. and Mathews, A. (1988). Anxiety and the allocation of attention to threat. *Quarterly Journal of Experimental Psychology: Human Experimental Psychology*, 38, 659–70.
MacLeod, C. and Mathews, A. (1991). Biased cognitive operations in anxiety: accessibility of information or assignment of processing priorities. *Behaviour Research and Therapy*, 29, 599–610.
MacLeod, C. and McLaughlin, K. (1995). Implicit and explicit memory bias in anxiety: a conceptual replication. *Behaviour Research and Therapy*, 33, 1–14.
MacLeod, C., Mathews, A., and Tata, P. (1986). Attentional bias in emotional disorders. *Journal of Abnormal Psychology*, 95, 15–20.
MacLeod, C., Tata, P., and Mathews, A. (1987). Perception of valenced information in depression. *British Journal of Clinical Psychology*, 26, 67–68.
Martin, M., Williams, R. M. and Clark, D. M. (1991). Does anxiety lead to selective processing of threat-related information? *Behaviour Research and Therapy*, 29, 147–60.
Mathews, A. and Klug, F. (1993). Emotionality and interference with colour-naming in anxiety. *Behaviour Research and Therapy*, 31, 57–62.
Mathews, A. and MacLeod, C. (1986). Discrimination of threat cues without awareness in anxiety states. *Journal of Abnormal Psychology*, 95, 131–8.
Mathews, A. and MacLeod, C. (1994). Cognitive approaches to emotion and emotional disorders. *Annual Review of Psychology*, 45, 25–50.
Mathews, A., May, J., Mogg, K., and Eysenck, M. (1990). Attentional bias in anxiety: Selective search or defective filtering? *Journal of Abnormal Psychology*, 99, 166–73.
Mathews, A., Mogg, K., Kentish, J., and Eysenck, M. (1995). Effect of psychological treatment cognitive bias in generalized anxiety disorder. *Behaviour Research and Therapy*, 33, 293–303.
McNally, R., Foa, F., and Donnell, C. (1989). Memory bias for anxiety information in patients with panic disorder. *Cognition and Emotion*, 3, 27–44.
Mogg, K. and Mathews, A. (1990). Is there a mood-congruent recall bias in anxiety? *Behaviour Research and Therapy*, 28, 91–92.
Mogg, K., Mathews, A. M., and Weinman, J. (1987). Memory bias in clinical anxiety. *Journal of Abnormal Psychology*, 96, 94–98.
Mogg, K., Mathews, A. M., and Weinman, J. (1989). Selective processing of threat cues in anxiety states: A replication. *Behaviour Research and Therapy*, 27, 317–23.
Mogg, K., Mathews, A., Eysenck, M., and May, J. (1991). Biased cognitive operations in anxiety: Artefact, processing priorities or attentional search? *Behaviour Research and Therapy*, 5, 459–67.

Mogg, K., Mathews, A., and Eysenck, M. (1992). Attentional bias to threat in clinical anxiety states. *Cognition and Emotion*, **6**, 149–59.
Mogg, K., Bradley, B., Williams, R., and Mathews, A. (1993). Subliminal processing of emotional information in anxiety and depression. *Journal of Abnormal Psychology*, **102**, 304–311.
Nolen-Hoeksema, S. (1991). Responses to depression and their effects on the duration of depressive episodes. *Journal of Abnormal Psychology*, **100**, 569–82.
Nolen-Hoeksema, S. and Morrow, J. (1991). A prospective study of depression and posttraumatic stress symptoms after a natural disaster: The 1989 Loma Prieta earthquake. *Journal of Personality and Social Psychology*, **61**, 115–21.
Oatley, K. and Johnson-Laird, P. (1987). Towards a cognitive theory of emotions. *Cognition and Emotion*, **1**, 29–50.
Ormel, J. and Wohlfarth, T. (1991). How neuroticism, long-term difficulties, and life situation change influence psychological distress: A longitudinal model. *Journal of Personality and Social Psychology*, **5**, 744–55.
Powell, M. and Hemsley, D. R. (1984). Depression: a breakdown of perceptual defence? *British Journal of Psychiatry*, **145**, 358–62.
Riemann, B. C. and NcNally, R. J. (1995). Cognitive processing of personally relevant information. *Cognition and Emotion*, **9**, 325–40.
Teasdale, J. D. (1983). Negative thinking in depression: cause, effect, or reciprocal relationship? *Advances in Behaviour Research and Therapy*, **5**, 3–25.
Teasdale, J. D. (1988). Cognitive vulnerability to persistent depression. *Cognition and Emotion* **2**, 247–74.
Teasdale, J. D. and Barnard, P. J. (1993). *Affect, cognition and change.* Erlbaum, Hove, UK.
Teasdale, J. D. and Russell, M. L. (1983). Differential effects of induced mood on the recall of positive, negative and neutral words. *British Journal of Clinical Psychology*, **22**, 163–71.
Teasdale, J. D., Taylor, M. J., Cooper, Z., Hayhurst, H., and Paykel, E. S. (1995). Depressive thinking: shifts in construct accessibility or in schematic mental models? *Journal of Abnormal Psychology*, **104**, 500–8.
von Hippel, W., Hawkins, C., and Narayan, S. (1994). Personality and perceptual expertise: individual differences in perceptual identification. *Psychological Science*, **5**, 401–406.
Watkins, P., Mathews, A. M., Williamson, D. A., and Fuller, R. (1992). Mood congruent memory in depression: Emotional priming or elaboration? *Journal of Abnormal Psychology*, **101**, 581–86.
Watkins, P. C., Vache, K., Verney, S. P., Muller, S., and Mathews, A. (1996). Unconsicous mood-conguent memory bias in depression. *Journal of Abnormal Psychology*, **105**, 34–41.
Watson, D., Clark, L. A., and Tellegen, A. (1988). Development and validation of brief measures of positive and negative affect: The PANAS scales. *Journal of Personality and Social Psychology*, **54**, 1063–70.
Williams, J. H. G. (1992). Autobiographical memory and emotional disorders. In *Handbook of emotion and memory* (ed. S. A. Christianson), pp. 451–77. Erlbaum, Hillsdale, NJ.
Williams, J. M. G., Mathews, A., and MacLeod, C. (in press). The emotional Stroop task and psychopathology. *Psychological Bulletin*.

第4章 パニック障害と社会恐怖
APA (American Psychiatric Association) (1980). *Diagnostic and Statistical Manual of Mental Disorders*, (3rd edn). APA, Washington DC.

APA (American Psychiatric Association) (1987). *Diagnostic and Statistical Manual of Mental Disorders*, (3rd edn, revised). APA, Washington, DC.

APA (American Psychiatric Association) (1994). *Diagnostic and Statistical Manual of Mental Disorders*, (4th edn). APA, Washington, DC.

Arntz, A. and Van den Hout, M. (1996). Psychological treatments of panic disorder without agoraphobia: cognitive therapy versus applied relaxation. *Behaviour Research and Therapy*, 34, 113–21.

Arntz, A., Rauner, M., and Van den Hout, M. A. (1995). "If I feel anxious, there must be danger": ex-consequentia reasoning in inferring danger in anxiety disorders. *Behaviour Research and Therapy*, 33, 917–25.

Barlow, D. H., Vermilyea, J., Blanchard, E. B., Vermilyea, B. B., Di Nardo, P. A., and Cerny, J. A. (1985). The phenomenon of panic. *Journal of Abnormal Psychology*, 94, 320–328.

Barlow, D. H., Craske, M. G., Cerny, J. A., and Klosko, J. S. (1989). Behavioural treatment of panic disorder. *Behavior Therapy*, 20, 261–82.

Beck, A. T., Sokol, L., Clark, D. A., Berchick, B., and Wright, F. (1992). Focused cognitive therapy for panic disorder: a crossover design and one year follow-up. *American Journal of Psychiatry*, 147, 778–83.

Beunderman, R., Van Dis, H., Koster, R. W., Boel, E., Tiemessen, C., and Schipper, J. (1988). Differentiation in prodromal and acute symptoms of patients with cardiac and non-cardiac chest pain. In *Advances in theory and practice in behaviour therapy* (ed. P. M. G. Emmelkamp, W. T. A. M. Everaerd, F. Kraaimaat, and M. J. M. van Son). Swets & Zeitlinger, Amsterdam.

Black, D. W., Wesner, R., Bowers, W., and Gabel, J. (1993). A comparison of fluvoxamine, cognitive therapy, and placebo in the treatment of panic disorder. *Archives of General Psychiatry*, 50, 44–50.

Brown, T. A. and Cash, T. F. (1990). The phenomenon of non-clinical panic: parameters of panic, fear, and avoidance. *Journal of Anxiety Disorders*, 4, 15–29.

Bruch, B. A., Gorsky, J. M., Collins, T. M., and Berger, P. A. (1989). Shyness and sociability reexamined: a multicomponent analysis. *Journal of Personality and Social Psychology*, 57, 904–15.

Butler, G. and Mathews, A. (1983). Cognitive processes in anxiety. *Advances in Behaviour Research and Therapy*, 5, 51–62.

Butler, G., Cullington, A., Munby, M., Amies, P. L., and Gelder, M. G. (1984). Exposure and anxiety management in the treatment of social phobia. *Journal of Consulting and Clinical Psychology*, 59, 167–75.

Chambless, D. L., Caputo, G. C., Bright, P., and Gallagher, R. (1984). Assessment of fear of fear in agoraphobics; the Body Sensations Questionnaire and the Agoraphobia Cognitions Questionnaire. *Journal of Consulting and Clinical Psychology*, 52, 1090–7.

Clark, D. M. (1986). A cognitive approach to panic disorder. *Behaviour Research and Therapy*, 24, 461–70.

Clark, D. M. (1988). A cognitive model of panic. In *Panic; psychological perspectives* (ed. S. J. Rachman and J. Maser). Erlbaum, Hillsdale, NJ.

Clark, D. M. (1989). Anxiety states: panic and generalized anxiety. In *Cognitive therapy for psychiatric problems: A practical guide* (ed. K. Hawton, P. M. Salkovskis, J. Kirk, and D. M. Clark), pp. 52–96. Oxford University Press.

Clark, D. M. and Wells, A. (1995a). A cognitive model of social phobia. In *Social phobia: diagnosis, assessment and treatment* (ed. R. Heimberg, M. Liebowitz, D. A. Hope and

F. R. Schneier). Guilford Press, New York.
Clark, D. M. and Wells, A. (1995b). *Treatment implications of a cognitive model of social phobia*. Paper presented at the World Congress of Behavioural and Cognitive Therapies, Copenhagen, Denmark.
Clark, D. M., et al. (1988). Tests of a cognitive theory of panic. In *Panic and phobias*, Vol. 2 (ed. I. Hand and U. Wittchen). Springer-Verlag, Berlin.
Clark, D. M., Salkovskis, P. M., Hackmann, A., Middleton, H., Anastasiades, P., and Gelder, M. G. (1994). A comparison of cognitive therapy, applied relaxation and imipramine in the treatment of panic disorder. *British Journal of Psychiatry*, **164**, 759–69.
Clark, D. M., Salkovskis, P. M., Hackmann, A., Wells, A., and Gelder, M. G. (1995). *A comparison of standard and brief cognitive therapy for panic disorder*. Paper presented at the World Congress of Behavioural and Cognitive Therapies, Copenhagen, Denmark.
Clark, D. M., Salkovskis, P. M., Ost, L. G., Westling, B. E., Koehler, C., Jeavons, A., and Gelder, M. G. (submitted). Misinterpretation of body sensations in panic disorder.
Clark, D. M., Mansell, W., Chen, Y. P., and Ehlers, A. (in preparation). *Social anxiety and attention for faces*.
Clark, D. M., Salkovskis, P. M., Middleton, H., Anastasiades, P., Hackmann, A., and Gelder, M. G. (in preparation). *Cognitive mediation of lactate induced panic*.
Craske, M. G., Maidenberg, E., and Brystritsky, A. (1995). Brief cognitive-behavioural versus nondirective therapy for panic disorder. *Journal of Behavior Therapy and Experimental Psychiatry*, **26**, 113–20.
Cross-National Collaborative Panic Study (1992). Drug treatment of panic disorder: comparative efficacy of alprazolam, imipramine and placebo. *British Journal of Psychiatry*, **160**, 191–202.
Daly, J. A., Vangelisti, A. L., and Lawrence, S. G. (1989). Self-focused attention and public speaking anxiety. *Personality and Individual Differences*, **10**, 903–13.
Ehlers, A. (1993). Interoception and panic disorder. *Advances in Behaviour Research and Therapy*, **15**, 3–21.
Ehlers, A. (1995). A one year prospective study of panic attacks: clinical cause and factors associated with maintenance. *Journal of Abnormal Psychology*, **104**, 164–72.
Ehlers, A. and Breuer, P. (1992). Increased cardiac awareness in panic disorder. *Journal of Abnormal Psychology*, **101**, 371–82.
Ehlers, A., Margraf, J., Roth, W. T., Taylor, C. B., and Birbaumer, N. (1988). Anxiety induced by false heart rate feedback in patients with panic disorder. *Behaviour Research and Therapy*, **26**, 1–11.
Foa, E. B., Steketee, G., Graspar, J. B., Turner, R. M., and Latimer, R. L. (1984). Deliberate exposure and blocking of obsessive–compulsive rituals: immediate and long-term effects. *Behavior Therapy*, **15**, 450–72.
Harvey, J. M., Richards, J. C., Dziadosz, T., and Swindell, A. (1993). Misinterpretation of ambiguous stimuli in panic disorder. *Cognitive Therapy and Research*, **17**, 235–48.
Heimberg, R. G., Dodge, C. S., Hope, D. A., Kennedy, C. R., and Zollo, L. J. (1990). Cognitive behavioural group treatment for social phobia: Comparison with a credible placebo control. *Cognitive Therapy and Research*, **14**, 1–23.
Hope, D. A., Heimberg, R. G., and Klein, J. F. (1990). Social anxiety and the recall of interpersonal information. *Journal of Cognitive Psychotherapy*, **4**, 185–95.
Kimble, C. E. and Zehr, H. D. (1982). Self-consciousness, information load, self-presentation, and memory in a social situation. *Journal of Social Psychology*, **118**,

39–46.
Klein, D. F. (1964). Delineation of two-drug responsive anxiety syndromes. *Psychopharmacologia*, 5, 397–408.
Klein, D. F. (1967). Importance of psychiatric diagnosis in prediction of clinical drug effects. *Archives of General Psychiatry*, 16, 118–26.
Klosko, J. S., Barlow, D. H., Tassinari, R., and Cerny, J. A. (1990). A comparison of alprazolam, and behaviour therapy in the treatment of panic disorder. *Journal of Consulting and Clinical Psychology*, 58, 77–84.
Mansell, W. and Clark, D. M. (submitted). How do I appear to others? Biased processing of the observable self in social anxiety.
Margraf, J. and Ehlers, A. (1988). Panic attacks in nonclinical subjects. In *Panic and phobias* (ed. I. Hand and H. U. Wittchen), pp. 103–16. Springer, Berlin.
Margraf, J. and Schneider, S. (1991). *Outcome and active ingredients of cognitive-behavioural treatments for panic disorder*. Paper presented at the Annual Conference of Association for Advancement of Behaviour Therapy, New York.
Margraf, J., Ehlers, A., and Roth, W. T. (1986). Biological models of panic disorder and agoraphobia: a review. *Behaviour Research and Therapy*, 24, 553–67.
Marks, I. M. and Gelder, M. G. (1966). Different ages of onset in varieties of phobia. *American Journal of Psychiatry*, 123, 218–21.
Marks, I. M. (1987). *Fears, phobias and rituals*. Oxford University Press.
Mathews, A., Gelder, M. G., and Johnston, D. W. (1981). *Agoraphobia: nature and treatment*. Tavistock, London.
Mattick, R. P. and Peters, L. (1988). Treatment of severe social phobia: effects of guided exposure with and without cognitive restructuring. *Journal of Consulting and Clinical Psychology*, 56, 251–60.
Mattick, R. P., Peters, L., and Clarke, J. C. (1989). Exposure and cognitive restructuring for social phobia: a controlled study. *Behavior Therapy*, 20, 3–23.
McEwan, K. L. and Devins, G. M. (1983). Is increased arousal in social anxiety noticed by others? *Journal of Abnormal Psychology*, 92, 417–21.
McNally, R. J. and Foa, E. B. (1987). Cognition and agoraphobia: bias in the interpretation of threat. *Cognitive Therapy and Research*, 11, 567–81.
Meyer, V., Levy, R., and Schurer, A. (1974). The behavioural treatment of obsessive–compulsive disorder. In *Obsessional states* (ed. H. R. Beech). Methuen, London.
Michelson, L., Marchione, K., and Mavissakalian, M. (1985). Cognitive and behavioural treatments of agoraphobia: clinical, behavioural and psychophysiological outcome. *Journal of Consulting and Clinical Psychology*, 53, 913–26.
Norton, G. R., Dorward, J., and Cox, B. J. (1986). Factors associated with panic attacks in nonclinical subjects. *Behavior Therapy*, 17, 239–52.
Öst, L. G. and Westling, B. (1995). Applied relaxation vs. cognitive therapy in the treatment of panic disorder. *Behaviour Research and Therapy*, 33, 145–58.
Rachman, S. J. and Wilson, G. T. (1980). *The effects of psychological treatment*. Pergamon, Oxford.
Rachman, S. J., Cobb, J., Grey, S., MacDonald, R., Mawson, D., Sartory, G., and Stern, R. (1979). The behavioural treatment of obsessive–compulsive disorders with and without clomipramine. *Behaviour Research and Therapy*, 17, 462–78.
Rapee, R. M. and Lim, L. (1992). Discrepancy between self- and observer ratings of performance in social phobics. *Journal of Abnormal Psychology*, 101, 728–31.
Rapee, R., Mattick, R., and Murrell, E. (1986). Cognitive mediation in the affective

component of spontaneous panic attacks. *Journal of Behaviour Therapy and Experimental Psychiatry*, 17, 245–53.
Salkovskis, P. M. (1988). Phenomenology, assessment and the cognitive model of panic. In *Panic: psychological perspectives* (ed. S. J. Rachman and J. Masser). Erlbaum, Hillsdale, NJ.
Salkovskis, P. M. (1991). The importance of behaviour in the maintenance of anxiety and panic: a cognitive account. *Behavioural Psychotherapy*, 19, 6–19.
Salkovskis, P. M. (1995). *Cognitive approaches to health anxiety and obsessional problems: some unique features and how this affects treatment*. Paper presented at the World Congress of Behavioural and Cognitive Therapies, Copenhagen, Denmark.
Salkovskis, P. M. and Clark, D. M. (1991). Cognitive therapy for panic disorder. *Journal of Cognitive Psychotherapy*, 5, 215–26.
Salkovskis, P. M., Clark, D. M., and Gelder, M. G. (1996). Cognition-behaviour links in the persistence of panic. *Behaviour Research and Therapy*, 34, 453–8.
Sanderson, W. C., Rapee, R. M., and Barlow, D. H. (1989). The influence of an illusion of control of panic attacks induced via inhalation of 5.5% carbon dioxide-enriched air. *Archives of General Psychiatry*, 46, 157–62.
Shear, M. K., Pilkonis, P. A., Cloitre, M., and Leon, A. C. (1994). Cognitive behavioural treatment compared with non-prescriptive treatment of panic disorder. *Archives of General Psychiatry*, 51, 395–401.
Stopa, L. and Clark, D. M. (1993). Cognitive processes in social phobia. *Behaviour Research and Therapy*, 31, 255–67.
Watson, D. and Friend, R. (1969). Measurement of social-evaluative anxiety. *Journal of Consulting and Clinical Psychology*, 33, 448–57.
Wells, A., Clark, D. M., Salkovskis, P. M., Ludgate, J., Hackmann, A., and Gelder, M. G. (1995). Social phobia: The role of in-situation safety behaviours in maintaining anxiety and negative beliefs. *Behaviour Therapy*, 26, 153–61.
Wilson, K. G., Sandler, L. S., Asmundson, G. J. G., Derrick, K., Larsen, B. A., and Ediger, J. M. (1991). Effects of instructional sets on self-reports of panic attacks. *Journal of Anxiety Disorders*, 5, 43–63.
Winton, E., Clark, D. M., and Edelman, R. J. (1995). Social anxiety, fear of negative evaluation and the detection of negative emotion in others. *Behaviour Research and Therapy*, 33, 193–6.
Wittchen, H. A. and Essau, C. A. (1991). The epidemiology of panic attacks, panic disorder and agoraphobia. In *Panic disorder and agoraphobia* (ed. J. R. Walker, G. R. Norton, and C. A. Ross). Brooks/Cole, Pacific Grove, CA.

第5章 全般性不安障害

APA (American Psychiatric Association) (1980). *Diagnostic and Statistical Manual of Mental Disorders* (3rd edn). APA, Washington, DC.
APA (American Psychiatric Association). *Diagnostic and Statistical Manual of Mental Disorders* (3rd edn, revised). APA, Washington, DC.
APA (American Psychiatric Association) (1994). *Diagnostic and Statistical Manual of Mental Disorders* (4th edn). APA, Washington, DC.
Anderson, D. J., Noyes, R., and Crowe, R. R. (1984). A comparison of panic disorder and generalised anxiety disorder. *American Journal of Psychiatry*, 14, 572–5.
Barlow, D. H. (1988). *Anxiety and its disorders: The nature and treatment of anxiety and panic*. Guilford Press, New York.
Barlow, D. H. (1995). *The development of worry control treatment for generalized anxiety*

disorder. Paper presented at the World Congress of Behavioural and Cognitive Therapy, Copenhagen.
Barlow, D. H., Cohen, A. S., Waddell, M. T., Vermilyea, B. B., Klosko, J. S., Blanchard, E. B., and Di Nardo, P. A. (1984). Panic and generalized anxiety disorders: nature and treatment. *Behavior Therapy*, 15, 431–9.
Barrios, B. A. and Shigetomi, C. C. (1979). Coping-skills training for the management of anxiety: a critical review. *Behavior Therapy*, 10, 491–522.
Beck, A. T. (1967). *Depression: Causes and treatment*. University of Pennsylvania Press, Philadelphia, PA.
Beck, A. T. (1976). *Cognitive therapy and the emotional disorders*. International Universities Press, New York.
Beck, A. T., Rush, A. J., Shaw, B. F., and Emery, G. (1979). *Cognitive therapy of depression*. Guilford Press, New York.
Beck, A. T., Emery, G. and Greenberg, R. (1985). *Anxiety disorders and phobias: A cognitive perspective*. Basic Books, New York.
Beck, A. T., Brown, G., Steer, R. A., Eidelson, J. I. and Riskind, J. M. (1987). Differentiating anxiety and depression: A test of the cognitive content specificity hypothesis. *Journal of Abnormal Psychology*, 96, 179–83.
Borkovec, T. D. and Costello, E. (1993). Efficacy of applied relaxation and cognitive-behavioral therapy in the treatment of generalized anxiety disorder. *Journal of Consulting and Clinical Psychology*, 61, 611–19.
Borkovec, T. D. and Hu, S. (1990). The effect of worry on cardiovascular response to phobic imagery. *Behaviour Research and Therapy*, 28, 69–73.
Borkovec, T. D. and Inz, J. (1990). The nature of worry in generalised anxiety disorder: A predominance of thought activity. *Behaviour Research and Therapy*, 28, 153–8.
Borkovec, T. D. and Mathews, A. M. (1988). Treatment of nonphobic anxiety: a comparison of nondirective, cognitive, and coping desensitization therapy. *Journal of Consulting and Clinical Psychology*, 56, 877–84.
Borkovec, T. D. and Roemer, L. (1995). Perceived functions of worry among generalized anxiety disorder subjects: distraction from more emotionally distressing topics? *Behaviour Therapy and Experimental Psychiatry*, 26, 25–30.
Borkovec, T. D., Wilkinson, L., Folensbee, R., and Lerman, C. (1983*a*). Stimulus control applications to the treatment of worry. *Behaviour Research and Therapy*, 21, 247–51.
Borkovec, T. D., Robinson, E., Pruzinski, T., and De Pree, J. A. (1983*b*). Preliminary exploration of worry: Some characteristics and processes. *Behaviour Research and Therapy*, 21, 9–16.
Borkovec, T. D., Mathews, A. M., Chambers, A., Ebrahimi S., Lytle, R, and Nelson, R. (1987). The effects of relaxation training with cognitive therapy or nondirective therapy and the role of relaxation-induced anxiety in the treatment of generalized anxiety. *Journal of Consulting and Clinical Psychology*, 55, 883–8.
Borkovec, T. D., Shadick, R. N. and Hopkins, M. (1991). The nature of normal and pathological worry. In *Chronic anxiety: Generalised anxiety disorder and mixed anxiety-depression* (ed. R. M. Rapee and D. H. Barlow). Guilford Press, New York.
Butler, G. (1990). *Anxiety and subjective risk*. Unpublished D.Phil. thesis. Open University, UK.
Butler, G. (1993). Predicting outcome after treatment for GAD. *Behaviour Research and Therapy*, 31, 211–13.
Butler, G. (1994). Treatment of worry in generalised anxiety disorder. In *Worrying: Perspectives on theory, assessment and treatment* (ed. G. Davey and F. Tallis), pp. 209–28.

Wiley, Chichester, UK.
Butler, G. and Booth, R. (1991) Developing psychological treatments for generalized anxiety disorder. In *Chronic anxiety and generalized anxiety disorder* (ed. R. M. Rapee and D. H. Barlow), pp. 187–209. Guilford Press, New York.
Butler, G. and Mathews, A. (1983). Cognitive processes in anxiety, *Advances in Behaviour Therapy and Research*, 5, 51–62.
Butler, G. and Mathews, A. (1987). Anticipatory anxiety and risk perception. *Cognitive Therapy and Research*, 11, 551–65.
Butler, G., Cullington, A., Hibbert, G., Klimes, I., and Gelder, M. (1987*a*). Anxiety management for persistent generalised anxiety. *British Journal of Psychiatry*, 151, 535–42.
Butler, G., Gelder, M., Hibbert, G., Cullington, A., and Klimes, I. (1987*b*). Anxiety management: developing effective strategies. *Behaviour Research and Therapy*, 25, 517–22.
Butler, G., Fennell, M., Robson, P., and Gelder, M. (1991). A comparison of behavior therapy and cognitive behavior therapy in the treatment of generalised anxiety disorder. *Journal of Consulting and Clinical Psychology*, 59, 167–75.
Butler, G., Wells, A., and Dewick, H. (1995). Differential effects of worry and imagery after exposure to a stressful stimulus: A pilot study. *Behavioural and Cognitive Psychotherapy*, 23, 45–56.
Cartwright-Hatton, S. and Wells, A. (submitted). Beliefs about worry and intrusions: The Meta-Cognitions Questionnaire and its Correlates.
Clark, D. A. and Purdon, C. (1993). New perspectives of a cognitive theory of obsessions. *Australian Psychologist*, 28, 161–7.
Clark, D. M. (1986). A cognitive model of panic. *Behaviour Research and Therapy*, 24, 461–70.
Clark, D. M. and Wells, A. (1995). A cognitive model of social phobia. In *Social phobia: Diagnosis, Assessment and Treatment* (ed. R. G. Heimberg, M. Liebowitz, D. Hope, and F. Schneier), pp. 69–93. Guilford Press, New York.
Clark, D. M., Ball, S., and Pape, D. (1991). An experimental investigation of thought suppression. *Behaviour Research and Therapy*, 29, 253–7.
Clark, D. M., Salkovskis, P. M., Hackmann, A., Middleton, H., Anastasiades, P., and Gelder, M. (1994). A comparison of cognitive therapy, applied relaxation and imipramine in the treatment of panic disorder. *British Journal of Psychiatry*, 164, 759–69.
Craske, M. G., Rapee, R. M., Jackel, L., and Barlow, D. M. (1989). Qualitative dimensions of worry in DSM-III-R generalised anxiety disorder subjects and non-anxious controls. *Behaviour Research and Therapy*, 27, 397–402.
Davey, G. C. L. (1994). Pathological worrying as exacerbated problem solving. In *Worrying: Perspectives on theory, assessment and treatment* (ed. G. C. L. Davey and F. Tallis), pp. 35–59. Wiley, Chichester, UK.
Davey, G. C. L., Hampton, J., Farrel, J., and Davidson, S. (1992). Some characteristics of worrying: evidence for worrying and anxiety as separate constructs. *Personality and Individual Differences*, 13, 133–47.
Durham, R. C. (1995). *Cognitive therapy, analytic psychotherapy and anxiety management training for generalised anxiety disorder: relative efficacy at one year follow-up and determinants of outcome*. Paper presented at the World Congress of Behavioural and Cognitive Therapy, Copenhagen.
Durham, R. C. and Turvey A. A. (1987). Cognitive therapy vs behaviour therapy in the treatment of chronic general anxiety: outcome at discharge and at six month follow-up.

Behaviour Research and Therapy, 25, 229–34.
Durham, R. C., Murphy, T., Allan, T., Richard, K., Treliving, L. R. and Genton, G. (1994). Cognitive therapy, analytic psychotherapy and anxiety management training for generalised anxiety disorder. British Journal of Psychiatry, 165, 315–23.
Eysenck, M. W. (1992). Anxiety: The cognitive perspective. Erlbaum, Hillsdale, NJ.
Foa, E. B. and Kozak, M. J. (1986). Emotional processing and fear: Exposure to corrective information. Psychological Bulletin, 99, 20–35.
Frith, C. (1992). The cognitive neuropsychology of schizophrenia. Erlbaum, Hove, UK.
Hibbert, G. A. (1984). Ideational components of anxiety: Their origin and content. British Journal of Psychiatry, 144, 618–24.
Hollon, S. D. and Beck, A. T. (1994). Cognitive therapy and cognitive behaviour therapy: a review. In Handbook of cognitive therapy and cognitive behaviour therapy (ed. Garfield and Bergin). Wiley, New York.
Kent, J. and Jambunathan, P. (1989). A longitudinal study of the intrusiveness of cognitions in test anxiety. Behaviour Research and Therapy, 27, 43–50.
Ladouceur, R., Dugas, M. J., and Freeston, M. H. (1995). Intolerance of uncertainty in normal and excessive worry. Paper presented at the World Congress of Behavioural and Cognitive Therapy, Copenhagen.
Meyer, T. J., Miller, M. L., Metzger, R. L., and Borkovec, T. D. (1990). Development and validation of the Penn State Worry Questionnaire. Behaviour Research and Therapy, 28, 487–95.
O'Leary, T. A., Brown, T. A., and Barlow, D. H. (1992). The efficacy of worry control treatment in generalized anxiety disorder: a multiple baseline analysis. Paper presented at the annual meeting of the Association for the Advancement of Behavior Therapy, Boston, MA.
Ottaviani, R. and Beck, A. T. (1987). Cognitive aspects of panic disorder. Journal of Anxiety Disorders, 1, 15–28.
Power, K. G., Jerrom, D. W. A., Simpson, R. J., Mitchell, M. J., and Swanson, V. (1989). A controlled comparison of cognitive behaviour therapy, diazepam and placebo in the management of generalised anxiety. Behavioural Psychotherapy, 17, 1–14.
Rachman, S, and Wilson T. (1980) The effects of psychological therapies. Pergamon, Oxford and New York.
Ramm, E., Marks, I. M., Yuksel, S., and Stern, R. S. (1981). Anxiety management training for anxiety states: Positive compared with negative self statements. British Journal of Psychiatry, 140, 367–73.
Rapee, R. M. (1985). Distinctions between panic disorder and generalized anxiety disorder: clinical presentations. Australian and New Zealand Journal of Psychiatry, 19, 227–32.
Rapee, R. M. (1989). Boundary issues: GAD and somatoform disorders; GAD and psychophysiological disorders. Paper prepared for the generalized anxiety disorder subcommittee for DSM–IV.
Rapee, R. M. (1991). Generalized anxiety disorder: A review of clinical features and theoretical concepts. Clinical Psychology Review, 11, 419–40.
Rapee, R. M., Adler, C., Craske, M., and Barlow, D. (1988). Cognitive restructuring and relaxation in the treatment of generalized anxiety disorder: a controlled study. Paper presented at the Behaviour Therapy World Congress, Edinburgh.
Salkovskis, P. M. (1985). Obsessional-compulsive problems: A cognitive behavioural

analysis. *Behaviour Research and therapy*, 23, 571–83.
Salkovskis, P. M. and Campbell, P. (1994). Thought-suppression in naturally occurring negative intrusive thoughts. *Behaviour Research and Therapy*, 32, 1–8.
Sanderson, W. C., Wetzler, S., Beck, A. T., and Betz, F. (1994a). Prevalence of personality disorders in patients with anxiety disorders. *Psychiatry Research*, 51, 167–74.
Sanderson, W. C., Beck, A. T., and McGinn, L. K. (1994b). Cognitive therapy for generalized anxiety disorder: significance of comorbid personality disorders. *Journal of Cognitive Psychotherapy*, 8, 13–18.
Stopa, L. and Clark, D. M. (1993). Cognitive processes in social phobia. *Behaviour Research and Therapy*, 31, 255–67.
Tallis, F., Eysenck, M. W., and Matthews, A. (1992). A questionnaire for the measurement of non-pathological worry. *Personality and Individual Differences*, 13, 161–68.
Turner, S. M., Beidel, D. C. and Stanley, M. A. (1992). Are obsessional thoughts and worry different cognitive phenomena? *Clinical Psychology Review*, 12, 257–70.
Vasey, W. W. and Borkovec, T. D. (1992). A catastrophizing assessment of worrisome thoughts. *Cognitive Therapy and Research*, 16, 505–20.
Wegner, D. M., Schneider, D. J., Carter, S. R., and White, T. L. (1987). Paradoxical effects of thought suppression. *Journal of Personality and Social Psychology*, 5, 5–13.
Wells, A. (1990). Panic disorder in association with relaxation induced anxiety: An attentional training approach to treatment. *Behavior Therapy*, 21, 273–80.
Wells, A. (1994a). Attention and the control of worry. In *Worrying: Perspective on theory, assessment and treatment* (ed. G. C. L. Davey and F. Tallis). Wiley, Chichester, UK.
Wells, A. (1994b). A multi-dimensional measure of worry: Development and preliminary validation of the Anxious Thoughts Inventory. *Anxiety, Stress and Coping*, 6, 289–99.
Wells, A. (1995). Meta-cognition and worry: A cognitive model of generalised anxiety disorder. *Behavioural and Cognitive Psychotherapy*, 23, 301–20.
Wells, A. (in prep.). *Cognitive therapy of anxiety disorders: A practical guide*. Wiley, Chichester, UK.
Wells, A. and Carter, K. (in prep.). Predictors of problematic worry: Tests of a meta-cognitive model.
Wells, A. and Clark, D. M. (in press). Social phobia: A cognitive perspective. In *Phobias: A handbook of description, treatment and theory* (ed. G. C. L. Davey). Wiley, Chichester, UK.
Wells, A. and Davies, M. (1994). The Thought Control Questionnaire: A measure of individual differences in the control of unwanted thoughts. *Behaviour Research and Therapy*, 32, 871–78.
Wells, A. and Hackmann, A. (1993). Imagery and core beliefs in health anxiety: Content and origins. *Behavioural and Cognitive Psychotherapy*, 21, 265–73.
Wells, A. and Matthews, G. (1994). *Attention and emotion: A clinical perspective.* Erlbaum, Hove, UK.
Wells, A. and Morrison, T. (1994). Qualitative dimensions of normal worry and normal obsessions: A comparative study. *Behaviour Research and Therapy*, 32, 867–70.
Wells, A. and Papageorgiou, C. (1995). Worry and the incubation of intrusive images following stress. *Behaviour Research and Therapy*, 33, 579–83.
Wells, A., White, J. and Carter, K. (in prep.). Attention training treatment: Effects on anxiety and belief in panic and social phobia.
Wenzlaff, R. M., Wegner, D. M. and Roper, D. W. (1988). Depression and mental control: the resurgence of unwanted negative thoughts. *Journal of Personality and Social*

Psychology, 53, 882-92.
Woodward, R. and Jones, R.B. (1980). Cognitive restructuring treatment: A controlled trial with anxious patients. Behaviour Research and therapy, 18, 401-7.

第6章　強迫性障害

Abel, J. L. (1993). Exposure with response prevention and serotonergic antidepressants in the treatment of obsessive–compulsive disorder: a review and implications for interdisciplinary treatment. Behaviour Research and Therapy, 31, 463-78.

APA (American Psychiatric Association) (1994). Diagnostic and Statistical Manual of Mental Disorders (4th edn). APA, Washington, DC.

Beck, A. T. (1976). Cognitive therapy and the emotional disorders. International Universities Press, New York.

Christensen, H., Hadzi-Pavlovic, D., Andrews, G., and Mattick, R. (1987). Behavior therapy and tricyclic medication in the treatment of obsessive–compulsive disorder: a quantitative review. Journal of Consulting and Clinical Psychology, 55, 701-11.

Clark, D. M., Ball, S., and Pape, D. (1991). An experimental investigation of thought suppression. Behaviour Research and Therapy, 29, 253-57.

Clark, D. M., Winton, E., and Thynn, L. (1993). A further experimental investigation of thought suppression. Behaviour Research and Therapy, 31, 207-10.

Emmelkamp, P. M. G., Visser, S., and Hoekstra, R. J. (1988). Cognitive therapy vs exposure in vivo in the treatment of obsessive–compulsives. Cognitive Therapy and Research, 12, 103-14.

Foa, E. B., and Goldstein, A. (1978). Continuous exposure and strict response prevention in the treatment of obsessive–compulsive neurosis. Behaviour Therapy, 9, 821-29.

Foa, E. B., Steketee, G., Grayson, J. B., and Doppelt, H. G. (1983). Treatment of Obsessive–compulsives: when do we fail? In Failures in behaviour therapy (ed. E. B. Foa and P. M. G. Emmelkamp), New York, Wiley.

Freeston, M. H., and Ladouceur, R. (1993). Appraisal of cognitive intrusions and response style: replication and extension. Behaviour Research and Therapy, 31, 185-91.

Freeston, M. H., Ladouceur, R., Gagnon, F., and Thibodeau, N. (1991). Cognitive intrusions in a non-clinical population. I. Response style, subjective experience and appraisal. Behaviour Research and Therapy, 29, 285-97.

Freeston, M. (1994). Characteristiques et traitement de l'obsession sans compulsion manifeste. Unpublished thesis. Université Laval, Québec.

Goodman, W. K., McDougle, C. J., and Price, L. H. (1992). The role of serotonin and dopamine in the pathophysiology of obsessive–compulsive disorder. International Clinical Psychopharmacology, 7 35-8.

Headland, K. and McDonald, R. (1987). Rapid audio-tape treatment of obsessional ruminations: a case report. Behavioural Psychotherapy, 15, 188-92.

Insel, T. R. (1992). Neurobiology of obsessive–compulsive disorder: a review. International Clinical Psychopharmacology, 7, 31-4.

Kirk, J. (1983). Behavioural treatment of obsessional–compulsive patients in routine clinical practice. Behaviour Research and Therapy, 21, 57-62.

Kasvikis, Y. and Marks, I. M. (1988). Clomipramine, self-exposure, and therapist-accompanied exposure in obsessive–compulsive ritualizers: two year follow-up. Journal of Anxiety Disorders, 2, 291-8.

Lavy, E. and van den Hout, M. (1990). Thought suppression induces intrusions. Behavioural Psychotherapy, 18, 251-8.

Maki, W. S., O'Neill, H. K., and O'Neill, G. W. (1994). Do nonclinical checkers exhibit deficits in cognitive control? *Behaviour Research and Therapy*, 32, 183–92.
Marks, I. M. (1981). *Cure and care of neurosis*. Wiley, New York.
Marks, I. M., Lelliott, P., Basoglu, M., and Noshirvani, H. (1988). Clomipramine, self-exposure and therapist aided exposure for obsessive–compulsive rituals. *British Journal of Psychiatry*, 152, 522–34.
Marks, I. M., Stern, R. S., Mawson, D., Cobb, J., and McDonald, R. (1980). Clomipramine and exposure for obsessive rituals: I. *British Journal of Psychiatry*, 136, 1–25.
Merckelbach, H., Muris, P., van den Hout, M. A., and de Jong, P. (1991). Rebound effects of thought suppression: instruction-dependent. *Behavioural Psychotherapy*, 19, 225–38.
Meyer, V. (1966). Modification of expectations in cases with obsessional rituals. *Behaviour Research and Therapy*, 4, 273–80.
Mowrer, O. H. (1947). On the dual nature of learning—a reinterpretation of "conditioning" and "problem solving". *Harvard Educational Review*, 17, 102–48.
Mowrer, O. H. (1960). *Learning theory and behaviour*. New York, Wiley.
Metzner, R. (1963). Some experimental analogues of obsession. *Behaviour Research and Therapy*, 1, 231–6.
Nisbett, R. E., and Ross, L. (1980). *Human inference: strategies and shortcomings of social judgement*. Prentice Hall, Englewood Cliffs.
Parkinson, L. and Rachman, S. J. (1980). Are intrusive thoughts subject to habituation? *Behaviour Research and Therapy*, 18, 409–18.
Purdon, C. and Clark, D. A. (1994). Obsessive intrusive thoughts in non-clinical subjects: II. Cognitive appraisal, emotional response and thought-control strategies. *Behaviour Research and Therapy*, 32, 403–10.
Rachman, S. J. (1976). The modification of obsessions; a new formulation. *Behaviour Research and Therapy*, 14, 437–43.
Rachman, S. J. and de Silva, P. (1978). Abnormal and normal obsessions. *Behaviour Research and Therapy*, 16, 233–38.
Rachman, S. J. (1993). Obsessions, responsibility and guilt. *Behaviour Research and Therapy*, 31, 149–54.
Rachman, S. J., de Silva, P., and Roper, G. (1976). The spontaneous decay of compulsive urges. *Behaviour Research and Therapy*, 14, 445–53.
Rachman, S. J. and Hodgson, R. (1980). *Obsessions and compulsions*. Prentice Hall, Englewood Cliffs, NJ.
Rachman, S. J., Hodgson, R., and Marks, I. M. (1971). The treatment of chronic obsessional neurosis. *Behaviour Research and Therapy*, 9, 237–47.
Reed, G. F. (1985). *Obsessional experience and compulsive behaviour*. Academic Press, London.
Riggs, D. and Foa, E. B. (1993). Obsessive–compulsive disorders. In *Clinical handbook of psychological disorders* (ed. D. H. Barlow). Guilford, New York.
Robins, L. N., Helzer, J. E., et al. (1984). Lifetime prevalence of specific disorders in three sites. *Archives of General Psychiatry*, 41, 949–58.
Roper, G. and Rachman, S. J. (1975). Obsessional–compulsive checking: replication and development. *Behaviour Research and Therapy*, 13, 25–32.
Roper, G., Rachman, S. J., and Hodgson, R. (1973). An experiment on obsessional checking. *Behaviour Research and Therapy*, 11, 271–77.
Roth, A. D., and Church, J. A. (1994). The use of revised habituation in the treatment of

obsessive–compulsive disorders. *British Journal of Clinical Psychology*, 33, 201–4.
Salkovskis, P. M. (1983). Treatment of an obsessional patient using habituation to audiotaped ruminations. *British Journal of Clinical Psychology*, 22, 311–13.
Salkovskis, P. M. (1985). Obsessional-compulsive problems: a cognitive–behavioural analysis. *Behaviour Research and Therapy*, 25, 571–83.
Salkovskis, P. M. (1989c). Cognitive-behavioural factors and the persistence of intrusive thoughts in obsessional problems. *Behaviour Research and Therapy*, 27, 677–82.
Salkovskis, P. M. (1989a). Obsessions and compulsions. In *Cognitive therapy: a clinical casebook* (ed. J. Scott, J. M. G. Williams, and A. T. Beck). Croom Helm, London.
Salkovskis, P. M. (1989b). Obsessions and intrusive thoughts: clinical and non-clinical aspects. In *Anxiety disorders: Annual series of European research in behaviour therapy*, vol. 4 (ed. P. Emmelkamp, W. Everaerd, F. Kraaymaat, and M. van Son). Swets, Amsterdam.
Salkovskis, P. M. (1991). The importance of behaviour in the maintenance of anxiety and panic: a cognitive account. *Behavioural Psychotherapy*, 19, 6–19.
Salkovskis, P. M. (1996a). The cognitive approach to anxiety: threat beliefs, safety seeking behaviour and the special case of health anxiety and obsessions. In *Frontiers of cognitive therapy: the state of the art and beyond* (ed. P. M. Salkovskis). Guilford Press, New York.
Salkovskis, P. M. (1996b). Avoidance behaviour is motivated by threat beliefs: a possible resolution of the cognition-behaviour debate. In *Trends in cognitive and behavioural therapy*, Vol. 1 (ed. P. M. Salkovskis). Wiley, Chichester.
Salkovskis, P. M. (1996c). Cognitive-behavioural approaches to the understanding of obsessional problems. In *Current controversies in the anxiety disorders* (ed. R. Rapee). Guilford Press, New York.
Salkovskis, P. M. and Campbell, P. (1994). Thought suppression in naturally occurring negative intrusive thoughts. *Behaviour Research and Therapy*, 32, 1–8.
Salkovskis, P. M. and Harrison, J. (1984). Abnormal and normal obsessions: a replication. *Behaviour Research and Therapy*, 22 549–52.
Salkovskis, P. M. and Kirk, J. (1989). Obsessional disorders. In *Cognitive-behavioural treatment for psychiatric disorders: a practical guide* (ed. K. Hawton, P. M. Salkovskis, J. Kirk and D. M. Clark). Oxford University Press.
Salkovskis, P. M. and Warwick, H. M. C. (1985). Cognitive therapy of obsessive–compulsive disorder — treating treatment failures. *Behavioural Psychotherapy*, 13, 243–55.
Salkovskis, P. M. and Warwick, H. M. C. (1988). Cognitive therapy of obsessive–compulsive disorder. In *The theory and practice of cognitive therapy* (ed. C. Perris, I. M. Blackburn and H. Perris). Springer, Heidelberg.
Salkovskis, P. M. and Westbrook, D. (1989). Behaviour therapy and obsessional ruminations: can failure be turned into success? *Behaviour Research and Therapy*, 27, 149–60.
Salkovskis, P. M., Rachman, S. J., Ladouceur, R., and Freeston, M. (1992). *Proceedings of the Toronto Cafeteria*.
Sher, K. J., Frost, R. O., Kushner, M., Crews, T. M., and Alexander, J. E. (1989). Memory deficits in compulsive checkers: replication and extension in a clinical sample. *Behaviour Research and Therapy*, 27, 65–9.
Solomon, R. L. and Wynne, L. C. (1960). Traumatic avoidance learning: the principles of anxiety conservation and partial irreversibility. *Psychological Review*, 61, 353–85.
Steketee, G. and Foa, E. B. (1985). In *Clinical handbook of psychological disorders: a step*

by step treatment manual (ed. D. H. Barlow), (1st edn). Guilford Press, New York.
Teasdale, J. D. (1983). Negative thinking in depression: Cause, effect or reciprocal relationship? *Advances in Behaviour Research and Therapy*, 5, 3–25.
Trinder, H. and Salkovskis, P. M. (1994). Personally relevant intrusions outside the laboratory: long term suppression increases intrusion. *Behaviour Research and Therapy*, 32, 833–42.
van Oppen, P., de Haan, E., van Balkom, A. J., Spinhoven, P., Hoogduin, K., and van Dyck, R. (1995). Cognitive therapy and exposure in vivo in the treatment of obsessive–compulsive disorder *Behaviour Research and Therapy*, 33, 379–90.
Wegner, D. M. (1989). *White bears and other unwanted thoughts: suppression, obsession and the psychology of mental control*. Viking, New York.

第7章 摂食障害

APA (American Psychiatric Association) (1994). *Diagnostic and Statistical Manual of Mental Disorders* (4th edn). APA, Washington, DC.
Beck, A. T., Rush, A. J., Shaw, B. F., and Emery, G. (1979). *Cognitive therapy of depression*. Guilford Press, New York.
Bents, H. (1995). Exposure therapy for bulimia nervosa: Clinical management at the Christoph-Dornier-Center for Clinical Psychology in Munster. In *Current research in eating disorders* (ed B. Tuschen and I. Florin), pp. 99–107. Verlag für Psychotherapie, Munster.
Bruch, H. (1973). *Eating disorders: Obesity, anorexia nervosa and the person within*. Basic Books, New York.
Bruch, H. (1978). *The golden cage*. Open Books, Shepton Mallet.
Carter, J. C. and Fairburn, C. G. (in prep.). Self-help and guided self-help in the treatment of binge eating disorder: A controlled study.
Carter, J. C. and Fairburn, C. G. (1995). Treating binge eating problems in primary care. *Addictive Behaviors*, 20, 765–72.
Channon, S., de Silva, P., Hemsley, D., and Perkins, R. (1989). A controlled trial of cognitive-behavioural and behavioural treatment of anorexia nervosa. *Behaviour Research Therapy*, 27, 529–35.
Cooper, P. J. (1995). *Bulimia nervosa and binge eating*. Robinson, London.
Craighead, L. W. and Agras, W. S. (1991). Mechanisms of action in cognitive-behavioral and pharmacological interventions for obesity and bulimia nervosa. *Journal of Consulting and Clinical Psychology*, 59, 115–25.
Davis, R., Olmsted, M. P., and Rockert, W. (1992). Brief group psychoeducation for bulimia nervosa. II: Prediction of clinical outcome. *International Journal of Eating Disorders*, 11, 205–11.
Fahy, T. A., Eisler, I., and Russell, G. F. M. (1993). Personality disorder and treatment response in bulimia nervosa. *British Journal of Psychiatry*, 162, 765–70.
Fahy, T. A. and Russell, G. F. M. (1993). Outcome and prognostic variables in bulimia nervosa. *International Journal of Eating Disorders*, 14, 135–45.
Fairburn, C. G. (1981). A cognitive behavioural approach to the management of bulimia. *Psychology and Medicine*, 11, 707–11.
Fairburn, C. G. (1985). Cognitive-behavioral treatment for bulimia. In *Handbook of psychotherapy for anorexia nervosa and bulimia* (ed. D. M. Garner and P. E. Garfinkel), pp. 160–92. Guilford Press, New York.
Fairburn, C. G. (1993). Interpersonal psychotherapy for bulimia nervosa. In *New*

applications of interpersonal psychotherapy (ed. G. L. Klerman and M. M. Weissman), pp. 353–78. American Psychiatric Press, Washington, DC.

Fairburn, C. G. (1995). *Overcoming binge eating*. Guilford Press, New York.

Fairburn, C. G. (1996). Interpersonal psychotherapy for bulimia nervosa. In *Handbook of treatment for eating disorders* (ed. D. M. Garner and P. E. Garfinkel). Guilford Press, New York.

Fairburn, C. G. and Beglin, S. J. (1990). Studies of the epidemiology of bulimia nervosa. *American Journal Psychiatry*, 147, 401–8.

Fairburn, C. G. and Walsh, B. T. (1995). Atypical eating disorders. In *Eating disorders and obesity: A comprehensive handbook* (ed. K. D. Brownell and C. G. Fairburn), pp. 135–40. Guilford Press, New York.

Fairburn, C. G., Cooper, Z., and Cooper, P. J. (1986). The clinical features and maintenance of bulimia nervosa. In *Handbook of eating disorders: physiology, psychology and treatment of obesity, anorexia and bulimia* (ed. K. D. Brownell and J. P. Foreyt), pp. 389–404. Basic Books, New York.

Fairburn, C. G., Kirk, J., O'Connor, M., Anastasiades, P., and Cooper, P. J. (1987). Prognostic factors in bulimia nervosa. *British Journal of Clinical Psychology*, 26, 223–4.

Fairburn, C. G., Jones, R., Peveler, R. C., Carr, S. J., Solomon, R. A., O'Connor, M. E., *et al.* (1991). Three psychological treatments for bulimia nervosa: A comparative trial. *Archives of General Psychiatry* 48, 463–9.

Fairburn, C. G., Agras, W. S., and Wilson, G. T. (1992). The research on the treatment of bulimia nervosa: practical and theoretical implications. In *The Biology of feast and famine: Relevance to eating disorders* (ed. G. H. Anderson and S. H. Kennedy), pp. 317–40. Academic Press, San Diego.

Fairburn, C. G., Jones, R., Peveler, R. C., Hope, R. A., and O'Connor, M. (1993*a*). Psychotherapy and bulimia nervosa: The longer-term effects of interpersonal psychotherapy, behaviour therapy and cognitive behaviour therapy. *Archives of General Psychiatry*, 50, 419–28.

Fairburn, C. G., Peveler, R. C., Jones, R., Hope, R. A., and Doll, H. A. (1993*b*). Predictors of twelve-month outcome in bulimia nervosa and the influence of attitudes to shape and weight. *Journal of Consulting and Clinical Psychology*, 61, 696–8.

Fairburn, C. G., Marcus, M. D., and Wilson, G. T. (1993*c*). Cognitive-behavioral therapy for binge eating and bulimia nervosa: A comprehensive treatment manual. In *Binge eating: Nature, assessment and treatment* (ed. C. G. Fairburn and G. T. Wilson), pp. 361–404. Guilford Press, New York.

Fairburn, C. G., Norman, P. A., Welch, S. L., O'Connor, M. E., Doll, H. A., and Peveler, R. C. (1995). A prospective study of outcome in bulimia nervosa and the long-term effects of three psychological treatments. *Archives of General Psychiatry*, 52, 304–12.

Garner, D. M. and Bemis, K. M. (1982). A cognitive-behavioral approach to anorexia nervosa. *Cognitive Therapy and Research*, 6, 123–50.

Garner, D. M. and Bemis, K. M. (1985). A cognitive-behavioral approach to anorexia nervosa. In *Handbook of psychotherapy for anorexia nervosa and bulimia* (ed. D. M. Garner and P. E. Garfinkel), pp. 107–46. Guilford Press, New York.

Garner, D. M., Rockert, W., Davis, R., Garner, M. V., Olmsted, M. P. and Eagle, M. (1993). Comparison of cognitive-behavioral and supportive-expressive therapy for bulimia nervosa. *American Journal of Psychiatry*, 150, 37–46.

Garner, D. M., Rockert, W., Olmsted, M. P., Johnson, C. and Coscina, D. V. (1985). Psychoeducational principles in the treatment of bulimia and anorexia nervosa. In

Handbook of psychotherapy for anorexia nervosa and bulimia (ed. D. M. Garner and P. E. Garfinkel), pp. 513–72. Guilford Press, New York.

Goldfried, M. R. and Goldfried, A. P. (1975). Cognitive change methods. In *Helping people change* (ed. F. R. Kanfer and A. P. Goldstein). Pergamon, New York.

Hawton, K., Salkovskis, P. M., Kirk, J., and Clark, D. M. (1989). *Cognitive behaviour therapy for psychiatric problems. A practical guide.* Oxford University Press.

Herzog, T., Hartman, A., Sandholz, A., and Stammer, H. (1991). Prognostic factors in outpatient psychotherapy of bulimia. *Psychotherapy and Psychosomatics*, 56, 48–55.

Hollon, S. D. and Beck, A. T. (1993). Cognitive and cognitive-behavioral therapies. In *Handbook of psychotherapy and behavior change: An empirical analysis* (ed. S. L. Garfield and A. E. Bergin). Wiley, New York.

Johnson, C., Tobin, D. L., and Dennis, A. (1990). Differences in treatment outcome between borderline and nonborderline bulimics at one-year follow-up. *International Journal of Eating Disorders*, 9, 617–27.

Jones, R., Peveler, R. C., Hope, R. A. and Fairburn, C. G. (1993). Changes during treatment for bulimia nervosa: A comparison of three psychological treatments. *Behaviour Research and Therapy*, 31, 479–85.

Klerman, G. L., Weissman, M. M., Rounsaville, B. J., and Chevron, E. S. (1984). *Interpersonal psychotherapy of depression.* Basic Books, New York.

Lacey, J. H. (1983). Bulimia nervosa, binge eating, and psychogenic vomiting: a controlled treatment study and long term outcome. *British Medical Journal*, 286, 1609–13.

Linehan, M. M. (1993). *Cognitive-behavioral treatment of borderline personality disorder.* Guilford Press, New York.

Maddocks, S. E. and Kaplan, A. S. (1991). The prediction of treatment response in bulimia nervosa. A study of patient variables. *British Journal of Psychiatry*, 159, 846–9.

Mahoney, M. H. and Mahoney, K. (1976). *Permanent weight control.* Norton, New York.

Marcus, M. D., Wing, R. R., and Fairburn, C. G. (1995). Cognitive treatment of binge eating vs. behavioral weight control in the treatment of binge eating disorder. *Annals of Behavioral Medicine*, 17, S090.

McCann, U. D. and Agras, W. S. (1990). Successful treatment of nonpurging bulimia nervosa with desipramine: a double-blind, placebo-controlled study. *American Journal of Psychiatry*, 147, 1509–13.

Mitchell, J. E., Raymond, N., and Specker, S. (1993). A review of the controlled trials of pharmacotherapy and psychotherapy in the treatment of bulimia nervosa. *International Journal of Eating Disorders*, 14, 229–47.

Mizes, J. S. and Christiano, B. A. (1995). Assessment of cognitive variables relevant to cognitive behavioral perspectives on anorexia nervosa and bulimia nervosa. *Behaviour Research and Therapy*, 33, 95–105.

Olmsted, M. P., Davis, R., Garner, D. M., Eagle, M., Rockert, W., and Irvine, M. J. (1991). Efficacy of a brief group psychoeducational intervention for bulimia nervosa. *Behaviour Research and Therapy*, 29, 71–83.

Olmsted, M. P., Kaplan, A. S., and Rockert, W. (1994). Rate and prediction of relapse in bulimia nervosa. *American Journal of Psychiatry*, 151, 738–43.

Palmer, J. L. (1988). *Anorexia nervosa.* Penguin, London.

Pike, K. M., Loeb, K., and Vitousek, K. (1996). Cognitive-behavioral therapy for anorexia nervosa and bulimia nervosa. In *Eating disorders, obesity and body image: A practical guide to assessment and treatment* (ed. J. K. Thompson). American Psychological Association, Washington.

Polivy, J. and Herman, C. P. (1993). Etiology of binge eating: psychological mechanisms. In *Binge eating: Nature, assessment and treatment* (ed. C. G. Fairburn and G. T. Wilson), pp. 173–205. Guilford Press, New York.

Rossiter, E. M., Agras, W. S., Telch, C. F., and Schneider, J. A. (1993). Cluster B personality disorder characteristics predict outcome in the treatment of bulimia nervosa. *International Journal of Eating Disorders*, 13, 349–57.

Russell, G. F. M. (1979). Bulimia nervosa: an ominous variant of anorexia nervosa. *Psychology and Medicine*, 9, 429–48.

Russell, G. F. M., Szmukler, G. I., Dare, C., and Eisler, I. (1987). An evaluation of family therapy in anorexia nervosa and bulimia nervosa. *Archives of General Psychiatry*, 44, 1047–56.

Steiger, H., Leung, F., Thibaudeau, J., and Houle, L. (1993). Prognostic utility of subcomponents of the borderline personality construct in bulimia nervosa. *British Journal of Clinical Psychology*, 32, 187–97.

Telch, C. F., Agras, W. S., Rossiter, E. M., Wilfley, D., and Kenardy, J. (1990). Group cognitive-behavioral treatment for the non-purging bulimic: an initial evaluation. *Journal of Consulting and Clinical Psychology*, 58, 629–35.

Tuschen, B. and Bents, H. (1996). Intensive brief inpatient treatment of bulimia nervosa. In *Eating disorders and obesity: A comprehensive handbook* (ed. K. D. Brownell and C. G. Fairburn), pp. 354–60. Guilford Press, New York.

Vitousek, K. B. and Hollon, K. B. (1990). The investigation of schematic content and processing in eating disorders. *Cognitive Therapy and Research*, 14, 191–214.

Vitousek, K. B. and Orimoto, L. (1993). Cognitive-behavioral models of anorexia nervosa, bulimia nervosa, and obesity. In *Psychopathology and cognition* (ed. K. S. Dobson and P. C. Kendall), pp. 191–243. Academic Press, San Diego.

Waller, D., Fairburn, C. G., McPherson, A., Kay, R., Lee, A., and Nowell, T. (1996). Treating bulimia nervosa in primary care: A pilot study. *International Journal of Eating Disorders*, 19, 99–103.

Wilfley, D. E., Agras, W. S., Telch, C. F., Rossiter, E. M., Schneider, J. A., Cole, A. G., et al. (1993). Group cognitive-behavioral therapy and group interpersonal psychotherapy for the nonpurging bulimic individual: a controlled comparison. *Journal of Consulting Clinical Psychology*, 61, 296–305.

Wilson, G. T. (1995). Empirically validated treatments as a basis for clinical practice: Problems and prospects. In *Scientific standards of psychological practice: Issues and recommendations* (ed. S. C. Hayes, V. M. Follette, R. D. Dawes, and K. Grady), pp. 163–96. Context Press, Reno, NV.

Wilson, G. T. (1996a). Treatment of bulimia nervosa: When CBT fails. *Behaviour Research and Therapy*, 34, 197–212.

Wilson, G. T. (1996b). Manual-based treatments: The clinical application of research findings. *Behaviour Research and Therapy*, 34, 295–314.

Wilson, G. T. and Fairburn, C. G. (in press). Treatment of eating disorders. In *Treatments that work* (ed. P. E. Nathan and J. M. Gorman). Oxford University Press, New York.

Wilson, G. T., Rossiter, E., Kleifield, E. I., and Lindholm, L. (1986). Cognitive-behavioral treatment of bulimia nervosa: a controlled evaluation. *Behaviour Research and Therapy*, 24, 277–88.

Wilson, G. T., Fairburn, C. G., and Agras, W. S. (in press). Cognitive-behavioral therapy for bulimia nervosa. In *Handbook of treatment for eating disorders* (ed. D. M. Garner and P. E. Garfinkel). Guilford Press, New York.

第8章 うつ病

Angst, J. (1988). Clinical course of affective disorders. In *Depressive illness: Prediction of clinical course and outcome* (ed. T. Helgason and R. J. Daly), pp. 1–48. Springer, Berlin.

Beck, A. T., Ward, C. H., Mendelson, M., Mock, J. E., and Erbaugh, J. K. (1961). An inventory for measuring depression. *Archives of General Psychiatry*, 4, 561–71.

Beck, A. T., Rush, A. J., Shaw, B. F., and Emery, G. (1979). *Cognitive therapy of depression*. Guilford Press, New York.

Beck, A. T., Hollon, S. D., Young, J. E., Bedrosian, R. C., and Budenz, D. (1985). Treatment of depression with cognitive therapy and amitriptyline. *Archives of General Psychiatry*, 42, 142–8

Bellack, A. S., Hersen, M., and Harmondsworth, J. (1981). Social skills training compared with pharmacotherapy and psychotherapy in the treatment of unipolar depression. *American Journal of Psychiatry*, 138, 1562–7.

Belsher, G. and Costello, C. G. (1988). Relapse after recovery from unipolar depression: a critical review. *Psychological Bulletin*, 104, 84–96.

Berti Ceroni, G., Neri, C., and Pezzoli, A. (1984). Chronicity in major depression: A naturalistic prospective study. *Journal of Affective Disorders*, 7, 121–44.

Blackburn, I. M., Bishop, S., Glen, I. M., Whalley, L. J., and Christie, J. E. (1981). The efficacy of cognitive therapy in depression: a treatment trial using cognitive therapy and pharmacotherapy, each alone and in combination. *British Journal of Psychiatry*, 139, 181–9.

Blackburn, I. M., Eunson, K. M., and Bishop, S. (1986). A two year naturalistic follow-up of depressed patients treated with cognitive therapy, pharmacotherapy and a combination of both. *Journal of Affective Disorders*, 10, 67–75.

Brittlebank, A., Scott, J., Ferrier, N., and Williams., J. M. G. (1993). Autobiographical memory in depression: state or trait marker? *British Journal of Psychiatry*, 162, 118–21.

Costello, C. G. (1972). Depression: loss of reinforcement or loss of reinforcer effectiveness. *Behavior Therapy*, 3, 240–7.

Coyne, J. C. (1976). Depression and the response of others. *Journal of Abnormal Psychology*, 85, 186–93.

D'Zurilla, T. J. and Goldfried, M. R. (1971). Problem solving and behaviour modification. *Journal of Abnormal Psychology*, 78, 107–26.

DeRubeis, R. J. and Feeley, M. (1990). Determinants of change in cognitive therapy for depression. *Cognitive Therapy and Research*, 14, 469–82.

Eaves, G. and Rush, A. J. (1984). Cognitive patterns in symptomatic and remitted unipolar major depression. *Journal of Abnormal Psychology*, 93, 31–40.

Elkin, I., Shea, M. T., Watkins, J. T., Imber, S. D., Sotsky, S, M., Collins, J. F., *et al*. (1989). NIMH treatment of depression collaborative research program: general effectiveness of treatments. *Archives of General Psychiatry*, 46, 971–83.

Evans, M., Hollon, S. D., DeRubies, R. J., Piasecki, J. M., Grove, W. M., Garvey, M. J., and Tuason, V. B. (1992*a*). Differential relapse following cognitive therapy, pharmacotherapy, and combined cognitive-pharmacotherapy for depression. *Archives of General Psychiatry*, 49, 802–8.

Evans, J., Williams, J. M. G., O'Loughlin, S., and Howells, K. (1992*b*). Autobiographical memory and problem solving strategies of individuals who parasuicide. *Psychological Medicine*, 22, 399–405.

Fennell, M. (1989). Depression. In *Cognitive behaviour therapy for psychiatric problems* (ed. K. Hawton, P. M. Salkovskis, J. Kirk, and D. M. Clark), pp. 169–234. Oxford University Press.

Frank, E., Kupfer, D. J., Perel, J. M., Cornes, C., Jarrett, D. B., Mallinger, A. G., et al. (1990). Three-year outcomes for maintenance therapies in recurrent depression. *Archives of General Psychiatry*, 47, 1093–9.

Friedman, A. S. (1975). Interaction of drug therapy with marital therapy in depressive patients. *Archives of General Psychiatry*, 32, 619–37.

Fuchs, C. and Rehm, L. P. (1977). A self-control behaviour therapy program for depression. *Journal of Consulting and Clinical Psychology*, 45, 206–15.

Glen, A. M., Johnson, A. L., and Shepard, M. (1984). Continuation therapy with lithium and amitriptyline in unipolar depressive illness: A randomised double-blind controlled trial. *Psychological Medicine*, 14, 37–50.

Goldfried, M. R. (1980). Toward a delineation of therapeutic change principles. *American Psychologist*, 35, 991–9.

Goldfried, M. R. and Goldfried, A. P. (1975). Cognitive change methods. In *Helping people change* (ed. F. H. Kanfer and A. P. Goldstein). Academic Press, New York.

Hammen, C. L. and Peters, S. D. (1978). Interpersonal consequences of depression: responses to men and women enacting a depressed role. *Journal of Abnormal Psychology*, 87, 322–32.

Hollon, S. D. and Beck, A. T. (1995). Cognitive and cognitive behavioral therapies. In *Handbook of psychotherapy and behavior change* (4th edn) (ed. S. L. Garfield and A. E. Bergin), pp. 428–66. Wiley, New York.

Hollon, S. D., DeRubeis, R. J., and Evans, M. D. (1987). Cause or mediation of change in treatment for depression: Discriminability between non-specificity and non-causability. *Psychological Bulletin*, 102, 139–49.

Hollon, S. D., Evans, M. D. and De Rubeis, R. J. (1990). Cognitive mediation of relapse prevention following treatment for depression: Implications of differential risk. In *Psychological aspects of depression* (ed. R. E. Ingram), pp. 117–36. Plenum, New York.

Hollon, S. D., DeRubeis, R. J., Evans, M. D., Wiemer, M. J., Garvey, M. J., Grove, W. M., and Tuason, V. B. (1992). Cognitive therapy and pharmacotherapy for depression: singly and in combination. *Archives of General Psychiatry*, 49, 774–81.

Howes, M. J. and Hokanson, J. E. (1979). Conversational and social responses to depressive interpersonal behaviour. *Journal of Abnormal Psychology*, 88, 625–34.

Keller, M. B., Klerman, G. L., Lavori, P. W., Coryell, W., and Endicott, J. (1984). Long-term outcome of episodes of major depression: Clinical and public health significance. *Journal of the American Medical Association*, 252, 788–92.

Klein, D. F. (1990). NIMH collaborative research on treatment of depression (Letter). *Archives of General Psychiatry*, 47, 682–4.

Klerman, G. L., DiMaschio, A., Weissman, M., et al. (1974). Treatment of depression by drugs and psychotherapy. *American Journal of Psychiatry*, 131, 186–91.

Klerman, G. L., Weissman, M. M., Rounsaville, B. J., and Chevron, E. S. (1984). *Interpersonal psychotherapy of depression*. Basic Books, New York.

Kupfer, D. J., Frank, E., Perel, J. M., Cornes, C., Mallinger, A. G., Thase, M. E., et al. (1992). Five-year outcome for maintenance therapies in recurrent depression. *Archives of General Psychiatry*, 49, 769–73.

Lewinsohn, P. M., Weinstein, M. S., and Alpere, T. A. (1970). A behavioral approach to

the group treatment of depressed persons: a methodological contribution. *Journal of Clinical Psychology*, 26, 525-32.
Libet, J. and Lewinsohn, P. M. (1973). The concept of social skill with special reference to the behaviour of depressed persons. *Journal of Consulting and Clinical Psychology*, 40, 301-12.
Lobitz, W. C. and Post, R. D. (1979). Parameters of self-reinforcement and depression. *Journal of Abnormal Psychology*, 88, 33-41.
MacLeod, A. K. (1989). Anxiety and judgement of future personal events. Unpublished D.Phil. Thesis. University of Cambridge.
Marx, E. M., Williams. J. M. G., and Claridge, G. S. (1992). Depression and social problem-solving. *Journal of Abnormal Psychology*, 101, 78-86.
McLean, P. D. and Hakstian, A. R. (1979). Clinical depression: comparative efficacy of outpatient treatments. *Journal of Consulting and Clinical Psychology*, 47, 818-36.
Mindham, R. H. J., Howland, C., and Shepherd, M. (1973). An evaluation of continuation therapy with tricyclic antidepressants in depressive illness. *Psychological Medicine*, 3, 5-17.
Murphy, G. E., Simons, A. D., Wetzel, R. D., and Lustman, P. J. (1984). Cognitive therapy and pharmacotherapy: singly and together in the treatment of depression. *Archives of General Psychiatry*, 41, 33-41.
Nolen-Hoeksema, S. (1991). Response to depression and their effects on the duration of depressive episodes. *Journal of Abnormal Psychology*, 100, 569-82.
Platt, J. J. and Sopivack, G. (1975). *Manual for the means-ends-problem-solving (MEPS): A measure of interpersonal problem solving skill*. Hahnemann Medical College and Hospital, Philadelphia, PA.
Prien, R. F., Clet, C. G., and Caffey, E. M. (1974). Lithium prophylaxis in recurrent affective illness. *American Journal of Psychiatry*, 131, 198-203.
Prien, R. F., Kupfer, D. J., Mansky, P. A., Small, J. G., Tuason, V. B., Voss, C. B., and Johnson, W. E. (1984). Drug therapy in the prevention of recurrences in unipolar and bipolar affective disorders: A report of the NIMH Collaborative Study group comparing lithium carbonate, imipramine, and a lithium carbonate–imipramine combination. *Archives of General Psychiatry*, 41, 1096-104.
Rehm, L. P. (1977). A self-control model of depression. *Behavior Therapy*, 8, 787-804.
Rehm, L. P., Fuchs, C. Z., Roth, D. M., Kornblith, S. J., and Romano, J. M. (1979). A comparison of self-control and assertion skills treatment of depression. *Behavior Therapy*, 10, 429-42.
Rehm, L. P., Kaslow, N. J., and Rabin, A. (1987). Cognitive and behavioural targets in a self-control therapy program for depression. *Journal of Consulting and Clinical Psychology*, 55, 60-7.
Rozensky, R. H., Rehm. L. P., Pry, G., and Roth, D. (1977). Depression and self-reinforcement behaviour in hospitalized patients. *Journal of Behavior Therapy and Experimental Psychiatry*, 8, 35-8.
Rush, A. J., Beck, A. T., Kovacs, M., and Hollon, S. (1977). Comparative efficacy of cognitive therapy and pharmacotherapy in the treatment of depressed out-patients. *Cognitive Therapy and Research*, 1, 17-37.
Schwarz, N. and Clore, G. L. (1983). Mood, misattribution and judgements of well being: Information and directive function of affective states. *Journal of Personality and Social Psychology*, 45, 513-23.
Segal, Z. V., Shaw, B. F., Vella, D. D., and Katz, R. (1992). Cognitive and life stress

predictors of relapse in remitted unipolar depressed patients: Test of the congruency hypothesis. *Journal of Abnormal Psychology*, 101, 26–36.

Shea, M. T., Elkin, I., Imber, S. D., Sotski, S. M., Watkins, J. T., Collins, J. F., *et al.* (1992). Course of depressive symptoms over follow-up: Findings from the NIMH treatment of depression collaborative research programme. *Archives of General Psychiatry*, 49, 782–7.

Simons, A. D., Murphy, G. E., Levine, J. L., and Wetzel, R. D. (1986). Cognitive therapy and pharmacotherapy for depression. *Archives of General Psychiatry*, 43, 43–50.

Sturt, E., Kumarkura, N., and Der, G. (1984). How depressing life is — Life long morbidity risk for depressive disorder in the general population. *Journal of Affective Disorders*, 6, 104–22.

Teasdale, J. D. and Barnard, P. J. (1993). *Affect, cognition and change: re-modelling depressive thought*. Erlbaum, Hillsdale, NJ.

Teasdale, J. D., Segal, Z. V., and Williams, J. M. G. (1994). How does cognitive therapy prevent depressive relapse and why should attentional control (mindfulness) training help? An information processing analysis. *Behaviour Research and Therapy*, 33, 25–39.

Van Valkenburg, C., Akiskal, H. W., Puzantian, V., and Rosenthal, T. (1984). Anxious depression: Clinical, family history, and naturalistic outcome — comparisons with panic and major depressive disorders. *Journal of Affective Disorders*, 6, 67–82.

Williams, J. M. G. (1992). *The psychological treatment of depression: A guide to the theory and practice of cognitive behaviour therapy*. Routledge, London.

Williams J. M. G. (1996). The specificity of autobiographical memory in depression. In *Remembering our past: Studies in autobiographical memory* (ed. D. C. Rubin), pp. 271–96. Cambridge University Press.

Zeiss, A. M., Lewinsohn, P. M., and Munoz, R. F. (1979). Nonspecific improvement effects in depression using interpersonal skills training, pleasant activity schedules, or cognitive training. *Journal of Consulting and Clinical Psychology*, 47, 427–39.

第9章 心気症

APA (American Psychiatric Association) (1987). *Diagnostic and Statistical Manual of Mental Disorders* (3rd edn, revised). APA, Washington, DC.

APA (American Psychiatric Association) (1994). *Diagnostic and Statistical Manual of Mental Disorders* (4th edn), Washington, DC.

Barsky, A. J., Wyshak, G., Klerman, G. L., and Latham K. S. (1990*a*). The prevalence of hypochondriasis in medical outpatients. *Social Psychiatry and Psychiatric Epidemiology*, 25, 89–94.

Barksy, A. J., Wyshak, G., and Klerman, G. L. (1990*b*). Transient hypochondriasis. *Archives of General Psychiatry*, 47, 746–52.

Becker, M. H., Maiman, L. A., Kirscht, J. P., Haefner, D. P., Drachman, R. H., and Taylor, D. W. (1979). Patient perceptions and compliance; recent studies of the health belief model. In *Compliance in health care* (ed. R. B. Haynes, D. W. Taylor, and D. L. Sackett), pp. 78–109. Johns Hopkins University Press, Baltimore, MD.

Bianchi, G. N. (1971). The origins of disease phobia. *Australia and New Zealand Journal of Psychiatry*, 5, 241–57.

Clark, D. M. (1988). A cognitive model of panic attacks. In *Panic: psychological perspectives* (ed. S. Rachman, and J. D. Maser), pp. 71–90. Erlbaum, Hillsdale, NJ.

Gillespie, R. D. (1928). Hypochondria: Its definition, nosology and psychopathology.

Guy's Hospital Reports, 8, 408–60.
Katon, W., Ries, R. K., and Kleinman, A. (1984). The prevalence of somatization in primary care. *Comprehensive Psychiatry*, 25, 208–11.
Kellner, R. (1982). Psychotherapeutic strategies in hypochondriasis: a clinical study. *American Journal of Psychiatry*, 36, 146–57.
Kellner, R. (1983). The prognosis of treated hypochondriasis; a clinical study. *Acta Psychiatrica Scandinavica*, 67, 69–79.
Kellner, R. (1985). Functional somatic symptoms and hypochondriasis. *Archives of General Psychiatry*, 42, 821–33.
Kellner, R. (1986). *Somatization and Hypochondriasis*. Praeger, New York.
Kellner, R. (1992). The treatment of hypochondriasis: to reassure or not to reassure? *International Review of Psychiatry*, 4, 71–5.
Kenyon, F. E. (1965). Hypochondriasis: A survey of some historical, clinical and social aspects. *British Journal of Psychiatry*, 119, 305–7.
Mayou, R. (1976). The nature of bodily symptoms. *British Journal of Psychiatry*, 129, 55–60.
Miller, D., Green, J., Farmer, R., and Carroll, G. (1985). A "pseudo-AIDS" syndrome following from fear of AIDS. *British Journal of Psychiatry*, 146, 550–1.
Miller, D., Acton, T. M. G., and Hedge, B. (1988). The worried well: their identification and management. *Journal of the Royal College of Physicians*, 22, 158–65.
Noyes, R., Reich, J., Clancy, J., and O'Gorman, J. W. (1986). Reduction in hypochondriasis with treatment of panic disorder. *British Journal of Psychiatry*, 149, 631–5.
Philips, H. C. (1988). *The psychological management of chronic pain: a manual*. Springer, New York.
Pilowsky, I. (1968). The response to treatment in hypochondriacal disorders. *Australian and New Zealand Journal of Psychiatry*, 2, 88–94.
Rachman, S. J. (1974). Some similarities and differences between obsessional ruminations and morbid preoccupations. *Canadian Psychiatric Association Journal*, 18, 71–3.
Rachman, S. J., de Silva, P., and Roper, G. (1976). The spontaneous decay of compulsive urges. *Behaviour Research and Therapy*, 14, 445–53.
Salkovskis, P. M. (1988). Phenomonology, assessment and the cognitive model of panic attacks. In *Panic: psychologial views* (ed. S. J. Rachman, and J. Maser). Erlbaum, Hove, UK.
Salkovskis, P. M. (1989a). Obsessions and compulsions. In *Cognitive therapy: a clinical casebook* (ed. J. Scott, J. M. G. Williams, and A. T. Beck). Routledge, London.
Salkovskis, P. M. (1989b). Somatic problems. In *Cognitive-behavioural approaches to adult psychological disorder: a practical guide* (ed. K. Hawton, P. M. Salkovskis, J. W. Kirk, and D. M. Clark). Oxford University Press.
Salkovskis, P. M. (1990). The nature of and interaction between cognitive and physiological factors in panic attacks and their treatment. Unpublished Ph.D. thesis. University of Reading.
Salkovskis, P. M. (1991). The importance of behaviour in the maintenance of anxiety and panic: a cognitive account. *Behavioural Psychotherapy*, 19, 6–19.
Salkovskis, P. M. (1995). *Treatment of hypochondriasis*. Paper presented at the World Congress of Behavioural and Cognitive Therapies, Copenhagen.
Salkovskis, P. M. and Clark, D. M. (1993). Panic disorder and hypochondriasis. *Advances in Behaviour Research and Therapy*, 15, 23–48.

Salkovskis, P. M. and Warwick, H. M. C. (1986). Morbid preoccupations, health anxiety and reassurance: a cognitive-behavioural approach to hypochondriasis. *Behaviour Research and Therapy*, 24, 597–602.

Salkovskis, P. M., Warwick, H. M. C., and Clark, D. M. (1990). Hypochondriasis. Paper for DSM IV working groups.

Simon, G. E. and von Korff, M. (1991). Somatization and psychiatric disorder in the NIMH Epidemiologic Catchment Area Study. *American Journal of Psychiatry*, 148, 1494–500.

Tyrer, P., Fowler-Dixon, R. T., and Ferguson, B. (1990). The justification for the diagnosis of hypochondriacal personality disorder. *Journal of Psychosomatic Research*, 34, 637–42.

Warwick, H. M. C. (1992). Provision of appropriate and effective reassurance. *International Review of Psychiatry*, 4, 76–80.

Warwick, H. M. C. and Marks, I. M. (1988). Behavioural treatment of illness phobia. *British Journal of Psychiatry*, 152, 239–41.

Warwick, H. M. C. and Salkovskis, P. M. (1985). Reassurance. *British Medical Journal*, 290, 1028.

Warwick, H. M. C. and Salkovskis, P. M. (1989). Hypochondriasis. In *Cognitive therapy in clinical practice* (ed. J. Scott, J. M. G. WIlliams, and A. T. Beck). Gower, London.

Warwick, H. M. C., Clark, D. M., Cobb, A., and Salkovskis, P. M. (in press). A controlled trial of cognitive-behavioural treatment of hypochondriasis. *British Journal of Psychiatry*.

索　引

〈 あ　行 〉

暗示的記憶　*54*
暗示的記憶課題　*55*
安全行動　*42, 83, 85, 90, 91, 92*
ERP　*130*
ERP 抵抗性　*144*
イミプラミン　*82, 96*
うつ病　*33, 193*
OCD　*127*

〈 か　行 〉

外傷後ストレス障害　*30, 37, 44*
回避行動　*42, 71*
過換気　*39*
学習理論　*27*
確認行動　*132*
偏り　*60*
記憶　*36*
儀式　*127*
強迫性障害　*127*
恐怖　*62*
恐怖条件付け反応　*8*
系統的脱感作　*9*
健康不安　*219, 222*
後続性心配　*117*
後続性認知　*38, 109, 123*
後続性認知モデル　*120*
行動療法　*3, 4*

〈 さ　行 〉

再保証　*193*
視覚イメージ　*37*
思考　*31*
自己誘発嘔吐　*161*
自助治療　*187*
疾病恐怖　*239*
疾病利得　*195*
自伝的記憶　*213*

自動思考　*66, 200*
自動的な処理　*56*
社会恐怖　*34, 69, 71, 72, 75, 84*
社会的相互作用　*86*
情動　*47, 62*
情動刺激　*50*
情報処理　*47*
情報処理の偏り　*49*
心気症　*219*
神経性大食症　*157, 164*
神経性無食欲症　*157, 168*
身体化　*222*
身体感覚　*78, 91*
侵入思考　*41, 136, 137, 151*
心配　*37, 103, 110*
スキナー理論　*4*
スキーマ　*14*
制御　*56, 63*
責任　*134*
摂食障害　*157*
セルフモニタリング　*171, 234*
選択的記憶　*87*
全般性不安障害　*37, 103*

〈 た　行 〉

ダイエット　*176*
代替療法　*202*
タイプ１　*117*
タイプ２　*117*
注意　*34, 62*
中和　*128*
中和行動　*134*
トークンエコノミー　*6*

〈 な　行 〉

内部感覚　*91*
二酸化炭素　*81, 82*
二酸化炭素吸入　*39*
乳酸　*39, 81, 82*

認知行動療法　*3*
認知的再構成　*179*
認知モデル　*74, 75, 84*
認知療法　*3, 13, 95*

〈 は 行 〉

バイアス　*49, 64*
排出行動　*161*
破局的解釈　*74, 84*
曝露反応妨害法　*69, 130*
パニックコントロール治療　*99*
パニック障害　*30, 31, 53, 69, 70, 72, 73*
パニック発作　*70*
破滅的認知　*33*
BMI　*184*
引き金　*88*
肥満恐怖　*158*
広場恐怖　*7, 78*
不安　*62*

不安障害　*53*
符号化　*50*
プライミング効果　*56*
保証　*221*
ボディマスインデックス　*174*

〈 ま 行 〉

むちゃ食い障害　*157*
明示的記憶　*54*
明示的記憶課題　*56*

〈 や 行 〉

やせの追求　*158*
予期不安　*87*
予期憂慮　*104*
抑うつ　*62*

〈 ら 行 〉

リラクゼーション　*95*

著者一覧

JOHN BANCROFT
Director, The Kinsey Institute, Indiana University, Bloomington, USA

DAVID H. BARLOW
Distinguished Professor, Department of Psychology, State University of New York at Albany, USA

CHRISTOPHER BASS
Consultant Psychiatrist, Department of Psychological Medicine, John Radcliffe Hospital, Oxford, UK

GILLIAN BUTLER
Consultant Psychologist, Department of Clinical Psychology, Warneford Hospital, Oxford, UK

DAVID M. CLARK
Professor and Wellcome Principal Research Fellow, Department of Psychiatry, University of Oxford, Warneford Hospital, Oxford, UK

CHRISTOPHER G. FAIRBURN
Professor and Wellcome Principal Research Fellow, Department of Psychiatry, University of Oxford, Warneford Hospital, Oxford, UK

DENNIS GATH
Clinical Reader in Psychiatry, Department of Psychiatry, University of Oxford, Warneford Hospital, Oxford, UK

MICHAEL GELDER
W. A. Handley Professor, Department of Psychiatry, University of Oxford, Warneford Hospital, Oxford, UK

KEITH HAWTON
Professor and Consultant Psychiatrist, Department of Psychiatry, University of Oxford, Warneford Hospital, Oxford, UK

STEFAN G. HOFMANN
Program Director, Center for Stress and Anxiety Disorders, State University of New York at Albany, USA

DEREK W. JOHNSTON
Professor, School of Psychology, University of St. Andrews, Scotland

JOAN KIRK
Consultant Psychologist, Department of Clinical Psychology, Warneford Hospital, Oxford, UK

ANDREW MATHEWS
Special Scientific Appointment, MRC Applied Psychology Unit, Cambridge, UK

RICHARD MAYOU
Clinical Reader in Psychiatry, Department of Psychiatry, University of Oxford, Warneford Hospital, Oxford, UK

LAURENCE MYNORS-WALLIS
Consultant Psychiatrist, Littlemore Hospital, Oxford, UK

STANLEY RACHMAN
Professor, Department of Psychology, University of British Columbia, Canada

PAUL M. SALKOVSKIS
Wellcome Trust Senior Research Fellow, Department of Psychiatry, University of Oxford, Warneford Hospital, Oxford, UK

MICHAEL SHARPE
Clinical Tutor, Department of Psychiatry, University of Oxford, Warneford Hospital, Oxford, UK

JOHN D. TEASDALE
Special Scientific Appointment, MRC Applied Psychology Unit, Cambridge, UK

ADRIAN WELLS
Senior Lecturer in Clinical Psychology, University of Manchester, Manchester Royal Infirmary, Manchester, UK

J. MARK G. WILLIAMS
Professor, Department of Psychology, University of Wales, Bangor, UK

翻訳者一覧

千葉大学医学部附属病院精神神経科

　　岡田　眞一　　　前助教授
　　小松　尚也　　　講　師
　　清水　栄司　　　講　師
　　山内　直人　　　前講師
　　篠田　直之　　　助　手
　　中里　道子　　　助　手
　　渡邊　博幸　　　助　手
　　熊切　力　　　　助　手
　　野田　慎吾　　　医　師
　　小澤　公良　　　医　師
　　大上　俊彦　　　医　師
　　吉野　美幸　　　医　師
　　佐藤　康一　　　医　師
　　須山　章　　　　医　師
　　荒川　志保　　　医　師
　　小泉　裕紀　　　医　師
　　小林　圭介　　　医　師
　　椎名　明大　　　医　師
　　橋本　佐　　　　医　師
　　松澤　大輔　　　医　師

監訳者紹介

伊豫 雅臣（いよ まさおみ）

〈略歴〉
1958年4月　東京都生まれ
1984年3月　千葉大学医学部卒業
1984年6月　千葉大学医学部附属病院神経精神科　研修医
1986年10月　国立精神・神経センター精神保健研究所　薬物依存研究部　薬物依存研究室研究員
1988年10月　NIH 米国立老化研究所神経科学研究部　客員研究員（1989年9月30日まで）
1991年4月　国立精神・神経センター精神保健研究所　薬物依存研究部　薬物依存研究室室長
1997年1月　浜松医科大学精神神経医学講座　助教授
2000年6月　千葉大学医学部精神医学講座　教授
2001年4月　千葉大学大学院医学研究院精神医学　教授
　　　　　　現在に至る

〈学位等〉
医学博士，精神保健指定医

〈主な著作・翻訳等〉
『精神の病理学 多様と凝集』（金芳堂，1995），『臨床精神医学講座12：老年期精神障害』（中山書店，1998），『疾患からみた臨床薬理学』（薬業時報社，1999），『臨床精神医学講座8：薬物・アルコール関連障害』（中山書店，1999）〔以上分担執筆〕
『コカイン』（星和書店，1991），『ニュートンはなぜ人間嫌いになったのか』（白揚社，1993），『生と死とその間』（白揚社，1995）〔以上分担翻訳〕

認知行動療法の科学と実践

2003年4月28日　初版第1刷発行

監訳者　伊豫雅臣
発行者　石澤雄司
発行所　㈱星和書店
　　　　東京都杉並区上高井戸1-2-5　〒168-0074
　　　　電話　03(3329)0031（営業）／03(3329)0033（編集）
　　　　FAX　03(5374)7186

ⓒ2003　星和書店　　　　Printed in Japan　　　　ISBN4-7911-0502-8

不安障害の認知行動療法(1)
パニック障害と広場恐怖
〈治療者向けガイドと患者さん向け
　マニュアル〉

アンドリュース 他著
古川壽亮 監訳

A5判
292p
2,600円

不安障害の認知行動療法(1)
パニック障害と広場恐怖
〈患者さん向けマニュアル〉

アンドリュース 他著
古川壽亮 監訳

A5判
112p
1,000円

パニック・ディスオーダー入門
不安を克服するために

B.フォクス 著
上島国利、
樋口輝彦 訳

四六判
208p
1,800円

心のつぶやきが
あなたを変える
認知療法自習マニュアル

井上和臣 著

四六判
248p
1,900円

CD-ROMで学ぶ認知療法
Windows95・98&Macintosh対応

井上和臣 構成・監修　3,700円

発行：星和書店

価格は本体(税別)です